試験に

日商簿記1級
とおるテキスト

工業簿記・原価計算 I

管理会計編

'原価計算'を
得意科目に!

JN076331

ネットスクール出版

『日商簿記１級に合格するための学校　テキスト』からの主な改訂点

1 2分冊構成で効率よく学習！

　旧版（学校シリーズ）では「基礎編Ｉ」、「基礎編II」、「完成編」という３分冊構成であったものを、『管理会計編』、『製品原価計算編』の２分冊に再構成しました。

　これにより、工業簿記・原価計算の各学習分野について、基本レベルから応用レベルまでをスムーズに学習を進めることができるようになりました。

　また、基本的に、『管理会計編』は、試験科目の「原価計算」での出題内容に対応し、『製品原価計算編』は、試験科目の「工業簿記」での出題内容に対応しています。

　これにより、テキストと試験科目が１対１で対応するため、直前期の答案練習などで「この内容、どのテキストに載っていたっけ？」と迷うことなく、効率的に学習することができます。

2 丁寧に、メリハリの利いた説明！

　説明文はできるだけ平易な言葉で、そして短い文章としました。もちろん、それによって大切な内容の説明がカットされているわけではありません。特に、試験対策として重要、だけど少し難しい内容は、段階的にしっかりと理解を積み重ねることができるように、丁寧な説明に努めました。

はじめに

選ばれし者達よ、さあ最高峰に挑もう！

　商業簿記・会計学では『収益の認識基準』や『時間価値の計算』、工業簿記・原価計算では『意思決定会計』や『予算実績差異分析』といった、本当に力になる知識が、いよいよ皆さんの前に展開されてきます。それが、日商1級です。

　これらの知識の修得は、日商2級という壁を超えるレベルの人にしか許されていない、というのが現実でしょう。でも、本書を手に取った皆さんは、既にその条件をクリアしていることでしょう。
　すべての人の中で、簿記を学ぶ人の割合、その中で2級レベルまで修得した人の割合を考えれば、それだけでも素晴らしいことです。

　では、この最高峰から見える景色を想像してみましょう。
　今の知識は、皆さんの足元を固める存在になり、目には真実を見る力が、耳にはあらゆる情報をキャッチする能力が、足には利害を見ての行動力、手には物事を動かす力が宿っているはずです。そしてそこからは、峯続きに税理士、その向こうには公認会計士という人生も見渡せることでしょう。
　つまり、スーパーなビジネスパーソンや経営者になるにしても、税理士や公認会計士といった士（サムライ）業を目指すにしても、大いに展望が開ける、それが日商1級です。

　いま皆さんは、日商1級という名の大きな扉の前に立ち尽くしているかもしれません。
　でも、よく見てください。
　目の前にあるのは、そんな大きな扉ではなく、商業簿記であれば現金預金、有価証券といった、いくつもの小さな扉が並んでいるに過ぎません。未知の扉を1つ1つ開けていくというのは、これまで皆さんがやってきたことと同じです。

　最後にこの扉をうまく開けるコツを、お伝えしておきましょう。
　それは「楽しむこと」です。
　これから目の前に展開されてくる1つ1つの扉を、ぜひ楽しみながら開けていってください。
　この、楽しむという気持ちが、皆さんの未来を輝けるものにしていきますから。

CONTENTS

※「重要度」は3段階（3→2→1）で表示しています。

本書の特徴

ネットスクールでは、日商簿記2級を修了された方が1級に合格するまでの過程として、次の3段階があると考えています。

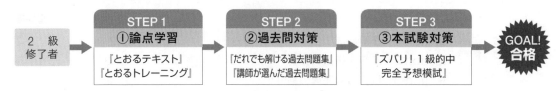

本書は、このうち①**論点学習を行うためのテキスト**で、2級を修了された方が「無理なく効率的に1級の内容をマスターでき、さらに次のステップの②**過去問対策**や③**本試験対策**に役立つ知識を身につけることができる」ように構成され、次の特徴があります。

❶ 1級の合格に必要な論点をすべて網羅

本書は、日商簿記検定1級の合格に必要と考えられる論点をすべて網羅したテキストです。もちろん出題実績のある論点だけでなく、今後の出題が予想される論点も掲載しているため、他のテキストはまったく必要ありません。

❷ 過去問レベルまでムリなくステップアップ

本書は、商業簿記・会計学のテキストのように「基礎編」、「応用編」という構成ではなく、「管理会計編」と「製品原価計算編」という構成にしています。

2級を学習された皆さんはご存知のように、例えば商業簿記の財務諸表作成問題は、細切れの決算整理の集合体なので、まずは基礎的な決算整理をマスターしていくという学習方法が有効です。

一方、工業簿記や原価計算の問題は、**設問と設問につながりがあり、少し応用的な設問までを正解しないと合格ラインに届かない**ことが通常です。そこで、本書では、各学習分野について、基礎的な内容から応用的な内容までを続けて学習することのメリットを重視しました。

これにより、全範囲の修了前に、学習分野ごとにすぐに過去問にチャレンジすることができます。

例)

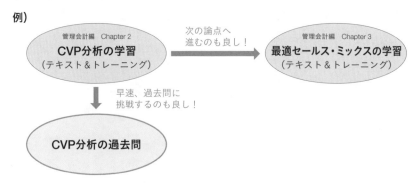

❸ 重要度が一目でわかる

　本書は、読者の皆さんが効率的に学習を進められるように、Sectionごとに重要度を示してあります。この重要度は、本試験での出題頻度や受験対策としての必要性の観点から3段階にランク付けしています。

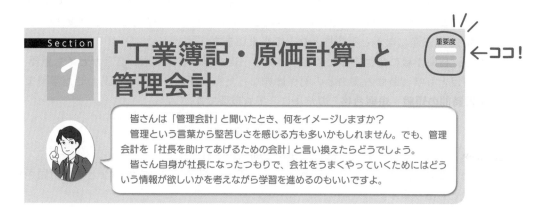

❹ 問題集『とおるトレーニング』(別売り)で問題を解いて実力UP！

　基礎知識を合格レベルに引き上げるためには、問題演習が欠かせません。テキストを読んで理解し、自分で1つの問題を解けるようになって初めて得点能力が1つ上がります。合格するためにはそれを1つずつ積み上げていくしかありません。そのためには『とおるテキスト』の完全対応問題集である『とおるトレーニング』をあわせてご利用いただくことをおすすめします。

❺ 過去問題集『だれでも解ける過去問題集』(別売り)で、本試験への対応力を付ける！

　『だれでも解ける過去問題集』の工業簿記・原価計算編は、過去問題の中でも特に重要なテーマについて、一つの問題を複数の問題に分解して、基本的な設問から応用的な設問までを段階的に解いていくスタイルになっています。これにより、どの資料を使ってどのように解いていけばよいのかという解答手順を身に付けることができます。また、現時点の実力をチェックしながら進めることができるので、テキストの復習の重点箇所を把握することができます。

　『だれでも解ける過去問題集』の次は、本試験問題をそのまま掲載した『講師が選んだ過去問題集』に進みましょう。数多くの過去問題から、受験生が解いておくべき問題がピックアップされているので、短期間での実力アップを図ることができます。

日商1級の攻略方法

　日商1級の試験科目は**商業簿記・会計学・工業簿記・原価計算**の4科目で各25点の100点満点で出題されます。合格点は70点ですが、各科目に40％（10点）の合格最低点が設けられていて、1科目でも10点未満になると不合格となってしまいます。

　ですから、日商1級に合格するためには極端な不得意科目を作らないことがとても重要です。

　また各科目とも学習時間と実力との関係は異なった特性があり、それにあわせた学習をすることは"**学習時間の短縮＝短期合格**"のためにとても重要です。

| 工 業 簿 記

出題形式➡　工業簿記は、通常、総合問題が1問出題されます。

　　　　　　これに加えて、原価計算基準などに関する理論問題（穴埋めなど）が出題されることもあります。

科目特性➡　工業簿記の学習内容の多くは、2級の内容がベースになっています。近年の試験では、2級の受験生でも得点できる設問も珍しくありません。

　　　　　　1級の工業簿記は、2級の内容に肉付けしていく学習となるため、2級レベルの理解度が学習の進み具合に大きな影響を及ぼします。

　　　　　　また、工業"簿記"なので、「帳簿への記入」に関する

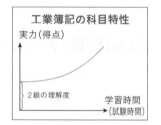

内容も重要です。例えば、総合原価計算での完成品原価や月末仕掛品原価の計算も大切ですが、それを仕掛品勘定などの勘定にどのように記入するのかまでを理解することが工業簿記の学習です。

学習方法➡　1級の学習をスムーズに進めるためには、まずは2級の内容が重要です。1級での各分野の学習前に2級の内容を復習し、1級の『テキスト（製品原価計算編）』と『トレーニング』での学習後に苦手を感じた部分は、再度2級の内容をチェックしましょう。

| 原 価 計 算

出題形式➡　原価計算は、通常、総合問題が1～2問出題されます。計算問題に加えて、理論問題（穴埋めなど）が出題されることもあります。

科目特性➡　原価計算で出題の多くは、2級では学習していない分野（意思決定会計や予算管理など）からです。また、工業簿記に比べて、各分野が内容的に独立しているため、学習時間に比例して実力が伸びていきます。

学習方法➡　『テキスト』（本書（管理会計編））と『トレーニング』で、まずは最後までひと通り学習しましょう。上でも触れたように、比較的各分野が独立しているため、苦手と感じる分野があってもそこに時間をかけすぎずに、いったん先に進むことが得策です。

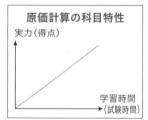

Section
1・2

Chapter 1

工業簿記・原価計算の基礎

Point

1級合格に向けた学習のスタートです！

このChapterでは、「工業簿記・原価計算」での管理会計の基礎を中心に学習します。

まずは、あまり難しく考えすぎずに読み進めましょう。

用語集

財務会計
企業外部の投資家などに会計情報を提供するための会計

管理会計
企業内部の経営管理者に会計情報を提供するための会計

経営意思決定
新たな設備を導入するか否かなど、企業の未来の行動を決定すること

PDCAサイクル
経営管理上の計画と統制の循環プロセス（Plan → Do → Check → Action）

原価計算制度
工業簿記とセットで常時継続的に行われる原価計算

特殊原価調査
経営意思決定のために、必要なときに随時行われる原価計算

原価計算基準
1962年に制定された原価計算に関する会計基準

「工業簿記・原価計算」と
管理会計

皆さんは「管理会計」と聞いたとき、何をイメージしますか？

管理という言葉から堅苦しさを感じる方も多いかもしれません。でも、管理会計を「社長を助けてあげるための会計」と言い換えたらどうでしょう。

皆さん自身が社長になったつもりで、会社をうまくやっていくためにはどういう情報が欲しいかを考えながら学習を進めるのもいいですよ。

1 1級試験科目としての「工業簿記・原価計算」

1. 日商簿記2級の「工業簿記」

▶ 皆さんのほとんどが受験した2級の試験科目は、商業簿記と工業簿記でした。商業簿記は商品売買業での簿記、工業簿記は製造業での簿記です。ほんの少しだけ、初めて工業簿記を学習したときの内容を復習しましょう[01]。

01) 2級の復習はとても大切です。1級の学習がひと通り終わるまで、2級の教材も手元に置いておきましょう。

▶ 工業簿記の大きな特徴は、材料を加工して製品を製造するという企業内部の活動についても簿記上の取引として帳簿に記録することです[02]。

02) 商業簿記では、外部から商品を仕入れて外部に販売するという、企業外部との取引がメインです。

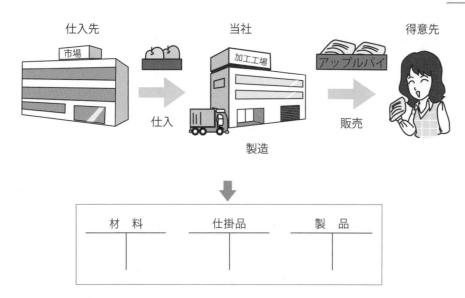

▶ そのため、材料勘定、仕掛品勘定、製品勘定といった商業簿記には登場しない独特の勘定科目が用いられます。

— また、決算によって作成する財務諸表についても、商業簿記で作成する貸借対照表や損益計算書に加えて、当期に製造した製品の原価の内訳を示す製造原価報告書を作成します。

2. 日商簿記1級の「工業簿記・原価計算」

1級の試験科目は「工業簿記」ではなく、「工業簿記・原価計算」[03]です。「原価計算」が加わっているのはなぜでしょうか？

03) 試験では、工業簿記と原価計算の問題が別々に出題され、解答時間はあわせて90分です。

もちろん、2級を学習した皆さんは「原価計算」は初耳ではなく、例えば、次のような内容をすでに学習しています。

● 原価計算とは
… 製品を製造するためにかかった金額を計算すること

● 個別原価計算
… 受注生産の場合に、製造指図書ごとに原価を計算[04]

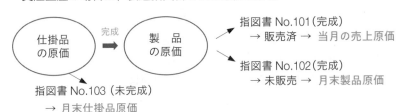

04) この例では、当月の生産活動は、指図書No.101、102、103に関して行われています。
それぞれの当月末時点の状況の違いを確認しましょう。

● 総合原価計算[05]
… 見込大量生産[06]の場合に、当月の完成品原価などをまとめて計算

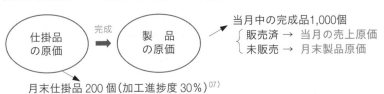

05) 総合原価計算にも、単純総合原価計算、等級別総合原価計算、組別総合原価計算などがあると学習しました。
06) 販売できることを見込んで、製品を大量に生産すること。
07) 加工費は完成品換算量60個（＝200個×30%）を用いて計算します。

このような原価計算による計算結果を、仕訳によって帳簿に記入するのが工業簿記であり、その帳簿にもとづいて財務諸表が作成されます。

また、原価計算のためにも工業簿記が必要です。例えば、原価計算には材料費のデータが必要ですが、そのデータは工業簿記によって記入された帳簿の金額が用いられるからです[08]。

08) 材料をいくらで購入し、どれだけ消費したかが、工業簿記によって仕訳され帳簿に記入されます。

▶▶ 　前記の個別原価計算や総合原価計算といった内容は、さらに計算量や難易度がレベルアップして1級の試験範囲に含まれます[09]。これも1級の試験科目が「工業簿記・原価計算」であることの理由の一つといえるでしょう。

▶▶ 　しかし、より大きい理由は他にあります。その理由は、1級の試験範囲には管理会計のための原価計算に関する内容が多く含まれるという点です[10]。

▶▶ 　それでは、管理会計について見ていきましょう。

3. 財務会計と管理会計

▶▶ 　企業会計は、誰に会計情報を提供するために行われるのかにより、財務会計と管理会計に分類されます。

▶▶ 　日商簿記3級や2級の商業簿記では、貸借対照表や損益計算書を学習しましたが、そのような財務諸表は主に投資家、株主、債権者のために作成するものです。

▶▶ 　このような企業外部の利害関係者に対して会計情報を提供するために行われる会計を、財務会計といいます。

▶▶ 　2級の工業簿記でも、個別原価計算や総合原価計算による計算結果にもとづいて、損益計算書には製品の売上原価、貸借対照表には期末の製品や仕掛品の金額が記載されることを学習しました。よって、そのような原価計算は、財務会計のための原価計算といえます[11]。

▶▶ 　上記の財務会計に対して、企業内部の経営管理者[12]に対して会計情報を提供するために行われる会計を管理会計といいます。

▶▶ 　経営管理者は、企業環境の変化に対応しながら企業をさらに発展させるために経営活動を管理しますが、そのためにはその企業の様々な会計情報を必要とします。

▶▶ 　財務会計と管理会計の相違点をまとめると、次のようになります。

	財務会計[13]	管理会計
会計情報の利用者	企業外部の投資家、株主など	企業内部の経営管理者
会計情報の主な内容	投資判断のための企業間比較などに役立つ情報	利益管理、意思決定などの経営管理に役立つ情報
会計情報に求められる性質	客観性や信頼性	有用性や適時性[★1]
法律等による規制	会社法、各会計基準など	特になし[★2]

★1　経営管理者にとって役立つ情報であること（有用性）、経営管理者が必要とするときに必要な情報を
　　提供すること（適時性）が求められます。

★2　管理会計は、企業が必要に応じて自由に行うものなので、法律等によって規制されることはありま
　　せん。

13）詳しくは、「商業簿記・会計学」で学習します。

4. 経営管理

▶▶　経営管理者による経営管理の基本的な流れは、次のようになります。

　経営管理者は、まずは経営戦略[14]のもとに中長期的な経営計画を立て、さらに1年ごとの短期の経営計画を立てます。

14）企業がどのように事業を行っていくかという長期的な方針のことです。

▶▶　そして、実際の業務活動の段階で、計画どおりに業務が行われているかをチェックしながら、必要に応じて是正策を実施し、さらにそこでの情報を次の計画に反映させるという統制（コントロール）活動を行います。

▶▶　このような計画と統制の循環プロセスを PDCA サイクルといいます。

計画（Plan）➡ 実施（Do）➡ チェック（Check）➡ 改善（Action）

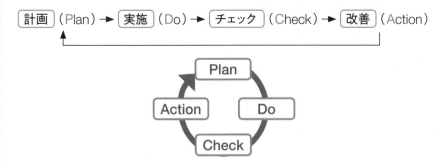

5. 経営管理と管理会計

▶▶　経営管理のために管理会計が提供する会計情報は、次の2つに大きく分類することができます。

●経営意思決定のための会計情報

　経営管理者が経営計画を立てるさいには、様々な経営意思決定[15]が行われます。

　経営意思決定は、企業の未来の活動の決定なので、工業簿記によって帳簿に記入されている過去の情報（財務会計の情報）だけでは不十分です。

　管理会計はこのような経営意思決定に必要な情報を提供します。

15）新たな設備を導入するか否か、製品を作るための部品を自製するか購入するかなどを決定することです。

●業績評価のための会計情報

　経営意思決定にもとづいて利益計画が立てられ、その後の統制活動へとつながっていきます。これを業績評価（業績管理）[16]といい、業績評価には利益管理と原価管理[17]があります。

　管理会計はこのような業績評価に必要な情報を提供します。

16) 単に結果の良し悪しを評価することではなく、利益計画に始まるPDCAサイクルを意味します。

17) 例えば、社長は会社全体の利益を管理する立場にいますが、製造部長は原価のみを管理する立場の管理者です。

6. 管理会計の学習内容

▶▶　以下は、次のChapterから始まる管理会計の学習内容の概要です。

■経営意思決定のための管理会計

●経営意思決定（Chapter 4〜6）

　……経営管理者による経営意思決定に役立つ情報を提供するための意思決定会計を学習します。差額原価、機会原価など、意思決定会計だけに使用する特殊な原価が登場します。

■業績評価のための管理会計

●CVP分析（Chapter 2）

　……2級でも学習したCVP分析は、経営管理者による短期の利益計画に役立つ情報を提供します。1級では、複数種類の製品を販売しているときのCVP分析など、応用的な内容を学習します。

●最適セールス・ミックス（Chapter 3）

　……最適セールス・ミックスとは、利益を最大にする各製品の生産販売量の組合わせのことです。例えば2種類の製品を扱っているときに、どちらを優先して生産販売すべきかを決定するプロセスなどを学習します。

●直接原価計算（Chapter 7）

　……2級でも学習した直接原価計算による損益計算は、経営管理者による利益管理に適した方法です。1級では、直接原価計算と標準原価計算を組み合わせた直接標準原価計算を学習します。

● 予算管理（Chapter 8）

…… 予算とは、経営計画を金額で表したものです。この Chapter では、予算編成での予算損益計算書・予算貸借対照表の作成や、予算実績差異分析（予算上の営業利益と実績の営業利益の差異の分析）を学習します。

● セグメント別損益計算（Chapter 9）

…… セグメント別損益計算とは、製品種類別や事業部別に損益を計算することです。セグメント別の業績を測定するには、どのような損益計算を行うべきかを学習します。また、事業部制のもとでの事業部自体の業績測定と事業部長の業績測定について学習します。

■ **新しい原価計算と管理会計**（Chapter 10）

…… 企業環境の変化に対応するために、新しい原価計算や管理会計の手法が生み出されています。本書では、工場の自動化が進み、標準原価計算の役割が低下したことによって登場した原価企画などを学習します。

▶▶ 　２級でも学習した標準原価計算では、原価の目標としての原価標準を設定し、当月の標準原価と実際発生額の差異（標準原価差異）を計算します。

▶▶ 　よって、標準原価計算は、経営管理者の原価管理に役立つ情報を提供します。その一方で、標準原価計算は製品原価を標準原価で計算し、それにもとづいて財務諸表を作成するという財務会計目的の側面も重要です。

▶▶ 　そこで、勘定記入の方法（工業簿記）などを含めた標準原価計算の全般的内容は、『テキストⅡ／製品原価計算編』で学習します。

トレーニングⅠ　Ch1　問題１へ

2 原価計算の基礎

重要度

> このSectionの中心は、原価計算の目的についてです。
> そして、「原価計算の目的」の規定から始まる会計基準が『原価計算基準』です。1962年（昭和37年）に制定された、ちょっと古めかしい（？）基準ではありますが、今でも現役です。ただし、管理会計の具体的な内容に関する規定はあまりなく、多くは財務会計のための原価計算に関する規定です。

1 原価計算の目的

Section 1で、原価計算には財務会計のための原価計算と管理会計のための原価計算があることを学習しました。

ここで、あらためて原価計算の目的を整理しておきましょう。

原価計算の目的
- 財務会計のため …… 財務諸表作成目的
- 管理会計のため
  - 原価管理目的
  - 利益管理目的
  - 経営意思決定目的

●財務諸表作成目的

製造業の貸借対照表には、期末製品や期末仕掛品などの原価を資産として記載しなければなりません。また、損益計算書には、当期に販売された製品の原価（売上原価）などを費用として記載しなければなりません。

そのためには材料費、労務費、経費を集計して、製品の原価を計算する必要があります[01]。

01) 詳しくは、『テキストⅡ／製品原価計算編』で学習します。

貸借対照表	
⋮	
製　品	××
材　料	××
仕掛品	××

損益計算書		
⋮		
Ⅱ　売上原価		
1.　期首製品棚卸高	××	
2.　当期製品製造原価	××	
合　計	××	
3.　期末製品棚卸高	××	××

● 原価管理目的

　原価計算は、単に原価が実際どれだけかかったかを計算するだけでなく、そこに無駄が含まれていないかといった分析を通じて、原価の引下げを図るという目的があります。

　この原価管理目的のための代表的な原価計算が標準原価計算です。

● 利益管理目的

　目標の利益の達成に向けて利益計画が立てられます。CVP分析はこの利益計画に役立つ情報を提供します。また、利益計画にもとづく具体的な予算と実績を比較して、その差異の分析結果を経営管理者に提供します。

● 経営意思決定目的

　原価計算は、経営管理者による経営意思決定に必要な情報を提供します。

　例えば、もしも現在使用している生産設備をより多くの製品を生産できる新しい設備に取り替えると、製品の製造原価や売上がどのように変化するか、そして利益がどのように変化するかといった情報です。

2 ｜ 原価計算制度と特殊原価調査

▶▶　原価計算は、工業簿記とセットで常時継続的（日常的）に行われるかどうかによって、原価計算制度と特殊原価調査に分類されます。

● 原価計算制度

　原価計算の目的のうちの財務諸表作成、原価管理、予算と実績の比較など、日々の経常的な活動として行われる原価計算のことです。

● 特殊原価調査

　原価計算の目的のうちの経営意思決定のために、必要なときに随時行われる原価計算のことです[02]。

02) 特殊原価について詳しくは、Chapter 4で学習します。

3 ｜ 原価計算基準

▶▶　原価計算に関する会計基準があります。それは、1962年に当時の大蔵省の企業会計審議会によって制定された『原価計算基準』[03]です。

03) 「商業簿記・会計学」では数多くの会計基準が関係しますが、「工業簿記・原価計算」では、基本的にこの原価計算基準だけです。

▶▶　原価計算基準は上記の原価計算制度を対象にしています。検定試験でも、特に製品原価計算の問題は原価計算基準に沿った解答が求められます[04]。

04) 原価計算基準の全文を読み込む必要はありません。必要な内容はテキストに反映しています。

▶▶ 参考までに、原価計算の目的と原価計算制度に関する原価計算基準の規定を示します。

一　原価計算の目的 （一部抜粋）

　原価計算には、各種の異なる目的が与えられるが、主たる目的は、次のとおりである。

（一）　企業の出資者、債権者、経営者等のために、過去の一定期間における損益ならびに期末における財政状態を財務諸表に表示するために必要な真実の原価を集計すること。

（二）　価格計算に必要な原価資料を提供すること[05]。

（三）　経営管理者の各階層に対して、原価管理に必要な原価資料を提供すること。

（四）　予算の編成ならびに予算統制のために必要な原価資料を提供すること。

（五）　経営の基本計画を設定するに当たり、これに必要な原価情報を提供すること[06]。

二　原価計算制度 （一部抜粋）

　この基準において原価計算とは、制度としての原価計算をいう。原価計算制度は財務諸表の作成、原価管理、予算統制等の異なる目的が、重点の相違はあるが相ともに達成されるべき一定の計算秩序である。かかるものとしての原価計算制度は、財務会計機構のらち外において随時断片的に行なわれる原価の統計的、技術的計算ないし調査ではなくて、財務会計機構と有機的に結びつき常時継続的に行なわれる計算体系である。

---

05) この価格計算は一般的な企業とは無関係です（例えば、防衛省が民間から購入する戦車の価格を原価にもとづいて決める場合など）。

06) 経営意思決定目的のことです。

▶▶ このように、原価計算基準は難しい表現が多いのですが、過去の検定試験で空欄補充（穴埋め）問題が出題されたことがあります。下線は、過去の出題を踏まえて、できればおさえておきたい語句です[07]。

07) 多くの場合、語群からの選択です。覚えるにしても、本書の学習がひと通り終わってからがよいでしょう。

トレーニングⅠ　Ch1　問題２へ

Chapter 2

CVP分析

Point

　このChapterでは、CVP分析とそのための原価の固変分解を中心に学習します。

　どちらも2級の復習にあたる内容も説明していますが、先に2級の問題集の問題を解いておくのもよいと思います。

　1級では、複数種類の製品を販売しているときのCVP分析などが追加されます。

用語集

CVP分析
　原価（Cost）、販売量（Volume）、利益（Profit）の関係にもとづく分析のこと

貢献利益
　売上高から変動費を差し引いて計算される利益

直接原価計算
　変動製造原価のみを製品原価とし、固定製造原価を期間原価とする計算方法

全部原価計算
　すべての製造原価から製品原価を計算する方法

損益分岐点
　売上高と総原価が等しく、営業利益がゼロとなる点

損益分岐図表
　販売量が変化すると、原価や利益がどのように変化するかというCVPの関係をグラフ上に示した図表

変動費率
　売上高に対する変動費の割合

貢献利益率
　売上高に対する貢献利益の割合

安全余裕率（安全率）
　ある売上高から何パーセント減ると損益分岐点になってしまうのかを示す比率

損益分岐点比率
　ある売上高に対する損益分岐点売上高の割合

経営レバレッジ係数
　売上高が増減したときに営業利益がどの程度変化するのかを計算するための係数

感度分析
　販売価格などの変化に応じて、営業利益はどのように変化するのかを分析すること

高低点法
　過去の最高操業度のときの原価と最低操業度のときの原価を用いて、原価を変動費と固定費に分解する方法

最小自乗法
　過去の原価データをもとに、数学的な計算によって原価を変動費と固定費に分解する方法

CVP分析の基礎知識

> まずは、とても大切な2級の内容の復習からです。
> CVP分析は損益分岐点分析ともいわれるように、一番の基本は損益分岐点の計算です。1級の検定試験でのCVP分析の問題も、最初に損益分岐点売上高などが問われることが通常です。つまり、2級の内容の理解がそのまま1級での得点になるということです！

1 │ CVP分析

▶ CVP分析とは、原価（Cost）、販売量（Volume）、利益（Profit）の関係にもとづく分析のことです。日商簿記2級では、まず次のような計算を学習しました。

| 損益分岐点販売量 | ➡ | 利益も損失も生じない販売量は何個？
（赤字にならないための最低販売量） |

▶ CVP分析は、経営管理者による短期利益計画[01] に役立つ情報を提供することを目的としています。

01) 来年度はいくらの利益の獲得を目標にしようかという計画です。その中で、販売量や原価の目標も設定されます。

| 目標利益を達成する
ための販売量 | ➡ | ある目標利益額を得るために必要な販売量は何個？ |

▶ 日商簿記2級で学習した目標利益を達成するための販売量の計算は、短期利益計画を立てるさいの基本となる重要な分析です。

▶ 例えば、10億円の利益の獲得を目標にすると、製品を100万個販売しなければならないとわかったとします。でも、どんなにがんばっても80万個しか売れそうにない…としたら？

▶ 「販売量が増やせないなら、製造原価を減らすことはできないか？」、「販売価格を下げれば販売量が増えるのではないか？」、「他の製品も販売したらどうか？」といった内容が検討されることになるでしょう[02]。

02) 製造原価を減らしたり、販売価格を下げたり、取扱製品を増やしたりすると、CVPの関係が変化します。

こういった検討のためにも、まずはそれぞれの状況に応じたCVP分析が必要です。

▶ それでは、この経営管理者にとって大切なツールであるCVP分析の内容を具体的に見ていくことにしましょう。

2 | 直接原価計算とCVP分析の関係

▶ CVP分析は、通常、直接原価計算による損益計算を前提に行います[03]。それはなぜでしょうか？

03) 例えば、損益分岐点は、直接原価計算によって計算される営業利益がゼロの点です。

▶ まずは、直接原価計算による損益計算書です。

損益計算書（直接原価計算方式）

Ⅰ 売 上 高	4,000 円	
Ⅱ 変動売上原価	1,500	
変動製造マージン	2,500	売上高 − 変動費 = 貢献利益
Ⅲ 変 動 販 売 費	100	
貢献利益	2,400 円	
Ⅳ 固 定 費	1,800	貢献利益 − 固定費 = 営業利益
営業利益	600 円	

▶ 利益を管理する経営管理者[04]にとって大切なのは、利益計算（損益計算）のわかりやすさです。

04) 経営管理者は、利益計画を立て、その後実際に得られた利益とのズレを分析し、その結果をまた次の利益計画に生かしていくという流れで利益を管理します。

▶ 例えば、次期の販売量は当期の2倍になるとしたら利益も2倍になる、これ以上のわかりやすさはありません。

	当 期		次期の見込み
Ⅰ 売 上 高	4,000 円	→2倍→	8,000 円
Ⅱ 変動売上原価	1,500		3,000
変動製造マージン	2,500		5,000
Ⅲ 変 動 販 売 費	100		200
貢献利益	2,400 円	→2倍→	4,800 円
Ⅳ 固 定 費	1,800		1,800
営業利益	600 円		3,000

特に注目すべきは、変動売上原価です。直接原価計算では、全部原価計算[05]とは異なり、変動製造原価だけを製品原価として集計します。

05) 全部原価計算では、変動製造原価と固定製造原価のすべてを製品原価として集計します。

直接原価計算では、販売量が2倍になると貢献利益も2倍になるのは、貢献利益の計算要素すべてが販売量に比例する項目だからです[06]。

06) 営業利益は2倍にはなりませんが、貢献利益が増える額だけ営業利益も増えるというわかりやすい関係があります。

このように、直接原価計算による損益計算は、経営管理者がC・V・Pの関係をより明確に把握できるような計算方法になっています。結果、CVP分析は直接原価計算を前提にすることが多いのです。

３ 損益分岐点の基礎

損益分岐点について、2級の内容をもう少し復習しておきましょう。

1. 損益分岐点

損益分岐点とは、売上高と総原価が等しく、営業利益がゼロになる点です。

例えば、売価@30円の製品100個を販売し、変動製造原価が@10円、変動販売費が@2円であった場合、貢献利益は@18円、100個分で1,800円となります。

Ⅰ 売 上 高（@30円× 100個）	3,000 円	
Ⅱ 変動売上原価（@10円× 100個）	1,000	
変動製造マージン	2,000	
Ⅲ 変動販売費（@2円× 100個）	200	
貢献利益	1,800 円	← @18円（1個あたりの貢献利益）× 100個
Ⅳ 固 定 費	?	
営業利益	? 円	← 0になるときが損益分岐点

このとき、固定費の額が1,800円であれば、営業利益は0円になります。つまり、損益分岐点では貢献利益と固定費が等しくなります[07]。

07) 1個につき18円の貢献利益をコツコツ集めて、ちょうど固定費の金額1,800円になった状態が損益分岐点です。

Ⅰ 売 上 高	3,000 円
Ⅱ 変動売上原価	1,000
変動製造マージン	2,000
Ⅲ 変動販売費	200
貢献利益	1,800
Ⅳ 固 定 費	1,800
営業利益	0 円

貢献利益 = 固定費[08]

08) 検定試験の問題を解くためには、この関係がとても重要です。

2. 損益分岐図表

▶ 損益分岐図表とは、販売量が変化すると、原価や利益がどのように変化するかというCVPの関係をグラフ上に示した図表です。

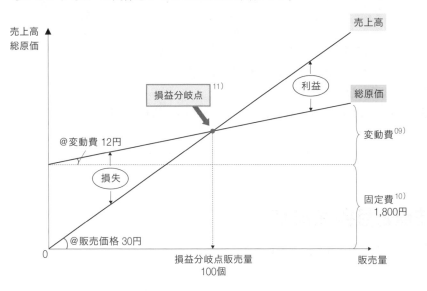

09) 変動費は、販売量に比例して発生する原価です。

10) 固定費は、販売量にかかわらず一定額が発生する原価です。

11) 売上高と総原価が等しいため、営業利益が0になる点です。

▶ 上記の損益分岐図表の変動費と固定費の位置を入れ替えると、損益分岐点では「貢献利益＝固定費」となることが、よりはっきりとわかります。

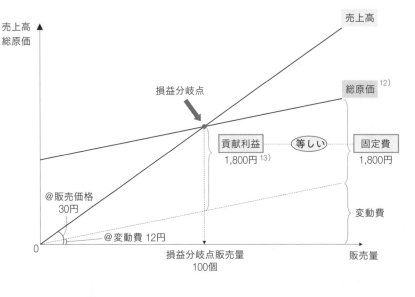

12) 変動費と固定費の位置を変えただけなので、総原価の線は変化しません。

13) 売上高 3,000円
－変動費 1,200円
＝ 1,800円

問題を解くために図表を作る必要はありませんが、図表をイメージできる力は大切です！

基本的なCVP分析

損益分岐点は、貢献利益と固定費が等しくなる点です。
このようにとらえることで、CVP分析での"公式"といわれるものを無理に覚える必要がなくなります。
このSectionの最後では、経営レバレッジ係数を学習します。1級のCVP分析の問題では定番の内容です！

1 │ 損益分岐点と目標達成点

▶ まずは、損益分岐点の具体的な計算を見ていきましょう。

Q 2-1 │ **損益分岐点①** │

当社では製品Aを製造・販売しており、損益計算書は次のとおりであった。当期における損益分岐点販売量、損益分岐点売上高を求めなさい。

損 益 計 算 書（単位：円）

Ⅰ 売 上 高	5,000,000	（＝＠1,000円× 5,000個）
Ⅱ 変動売上原価	2,500,000	（＝＠ 500円× 5,000個）
変動製造マージン	2,500,000	
Ⅲ 変動販売費	500,000	（＝＠ 100円× 5,000個）
貢献利益	2,000,000	
Ⅳ 固 定 費	1,800,000	
営業利益	200,000	

A │ 2-1 │ **解答** │

損益分岐点販売量	4,500 個
損益分岐点売上高	4,500,000 円

2-1 │ 解説 │

損益分岐点の販売量を X（個）とおいて、損益計算書を作成すると次のようになります。

なお、変動売上原価（@500円）と変動販売費（@100円）は、まとめて変動費（@600円）として計算します。

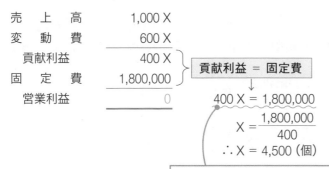

売 上 高	1,000 X
変 動 費	600 X
貢献利益	400 X
固 定 費	1,800,000
営業利益	0

貢献利益 = 固定費

400 X = 1,800,000

$$X = \frac{1,800,000}{400}$$

$\therefore$ X = 4,500（個）

1級受験生としては、ここから計算を始められるように！
問題資料から、すぐに1個あたりの貢献利益（@400円）を把握しましょう。

損益分岐点販売量は、次の公式で計算できます[01]。

$$損益分岐点販売量 = \frac{固定費}{1 個あたりの貢献利益}$$

01) 公式の丸暗記だけで試験に臨むことは避けましょう（この後に登場する公式についても同様です）。

この計算式は、解説の中の $X = \dfrac{1,800,000}{400}$ です。どうしてこのような公式で計算できるのかを理解することが大切です[02]。

損益分岐点売上高 = @1,000円 × 4,500個 = 4,500,000円

02) 暗記せずともこの公式をいつでも自ら導けるというのが理想です。

▶ 次の問題は、上記の手順では解答できないパターンです。

Q 2-2 │ 損益分岐点② │

当期の損益計算書は次のとおりであった。当期における損益分岐点売上高を求めなさい。

損 益 計 算 書（単位：円）

Ⅰ 売 上 高	5,000,000	
Ⅱ 変動売上原価	3,200,000	
変動製造マージン	1,800,000	
Ⅲ 変 動 販 売 費	300,000	
貢献利益	1,500,000	
Ⅳ 固 定 費	900,000	
営業利益	600,000	

A 2-2 | 解答 |

損益分岐点売上高 _____3,000,000_____ 円

💡 2-2 | 解説 |

製品1個あたりの販売価格や変動費が不明なので、1個あたりの貢献利益も不明です。

このようなときは、売上高に対する貢献利益の割合である貢献利益率を用いて計算します。

$$貢献利益率 = \frac{貢献利益}{売上高} （\%）$$

本問の貢献利益率は、30%（ $= \frac{1,500,000（貢献利益）}{5,000,000（売上高）}$ ）です[03]。

03) 売上高に対する変動費の割合は、70%です。これを変動費率といいます。

04) S は Sales（売上）の頭文字をとっています。

損益分岐点の売上高を S（円）[04]とおいて損益計算書を作成すると、次のようになります。

売　上　高	S
変　動　費	0.7 S
貢献利益	0.3 S
固　定　費	900,000
営業利益	0

貢献利益 ＝ 固定費
↓
$0.3\ S = 900,000$

$S = \frac{900,000}{0.3}$

∴ $S = 3,000,000$ （円）

損益分岐点売上高は、次の公式で計算できます。

$$損益分岐点売上高 = \frac{固定費}{貢献利益率}$$

この計算式は、解説の中の $S = \frac{900,000}{0.3}$ です。

公式は覚えるのではなく、計算練習の結果、自然に覚えてしまうものです！

続いて、目標達成点⁰⁵⁾の具体的な計算を見ていきましょう。

05) 目標とする営業利益などを達成するための売上高または販売量のことです。

Q | 2-3 | 目標達成点① |

当期の損益計算書は次のとおりであった。次期の目標営業利益400,000円を達成するために必要な売上高を求めなさい。

損 益 計 算 書（単位：円）

Ⅰ 売 上 高	5,000,000	（＝＠1,000円×5,000個）
Ⅱ 変動売上原価	2,500,000	（＝＠ 500円×5,000個）
変動製造マージン	2,500,000	
Ⅲ 変 動 販 売 費	500,000	（＝＠ 100円×5,000個）
貢献利益	2,000,000	
Ⅳ 固 定 費	1,800,000	
営業利益	200,000	

A | 2-3 | 解答 |

目標達成売上高 　　　　5,500,000　　　円

2-3 | 解説 |

目標利益の達成点では、貢献利益 − 固定費 ＝ 目標営業利益、したがって、

貢献利益 ＝ 固定費 ＋ 目標営業利益 となります。

目標達成点の販売量をX（個）とおいて、損益計算書を作成します。

売 上 高	1,000 X
変 動 費	600 X
貢献利益	400 X
固 定 費	1,800,000
営業利益	400,000

貢献利益 ＝ 固定費 ＋ 目標営業利益

$$400 X = 1,800,000 + 400,000 \quad ^{06)}$$

$$X = \frac{2,200,000}{400}$$

$$\therefore X = 5,500 \text{（個）}$$

06) 損益計算書を作らずに、ここから計算を始められると有利です。

$$目標営業利益達成点販売量 = \frac{固定費 + 目標営業利益}{1個あたりの貢献利益}$$

損益分岐点売上高＝＠1,000円×5,500個＝5,500,000円

次の問題は、目標営業利益が金額ではなく、利益率となっているパターンです[07]。

07) 株主が利益率を重視するため、上場企業ではこのような目標を立てることがよくあります。

Q | 2-4 | **目標達成点②** |

【Q2-3】の損益計算書にもとづいて、次期の目標売上高営業利益率15%を達成するために必要な売上高を求めなさい。

A | 2-4 | **解答** |

目標達成売上高　　　　　　　　　7,200,000　　円

💡 | 2-4 | **解説** |

売上高営業利益率は、売上高に対する営業利益の割合です。

$$売上高営業利益率 = \frac{営業利益}{売上高}(\%)$$

貢献利益率も、同じく売上高に対する割合です（本問では40%）。そこで、次のように目標達成点の売上高をS（円）、目標達成点の営業利益（売上高の15%）を 0.15 S（円）として計算することが効率的です。

売　上　高	S
変　動　費	0.6 S
貢献利益	0.4 S
固　定　費	1,800,000
営業利益	0.15 S

貢献利益 ＝ 固定費 ＋ 目標営業利益

$$\downarrow$$

$$0.4\,S = 1,800,000 + 0.15\,S$$

$$(0.4 - 0.15)\,S = 1,800,000$$

$$S = \frac{1,800,000}{0.4 - 0.15}$$

$$\therefore S = 7,200,000 (円)$$

$$目標売上高営業利益率達成点売上高 = \frac{固定費}{貢献利益率 - 目標売上高営業利益率}$$

この計算式は、解説の中の $S = \dfrac{1,800,000}{0.4 - 0.15}$ です。公式として、無理に暗記する必要はありません。

トレーニング I　Ch2　問題 1 へ

2 │ 安全余裕率と損益分岐点比率

▶ 企業の状況を示すものさしとして、安全性があります。ここでの安全性とは、「企業が今後も利益をあげられるどうか」、言い換えると「損失が生じてしまうリスクはどれくらいあるのか」ということです。

1. 安全余裕率

▶ 安全余裕率(安全率ともいいます)は、安全性を測る指標の一つです。

$$\text{安全余裕率} = \frac{\text{売上高} - \text{損益分岐点売上高}}{\text{売上高}} \ (\%)$$

▶ この計算式の分子は、ある売上高[08]が損益分岐点をどれだけ上回っているか[09]を示しています。よって、この金額が大きいほど安全性は高いということになります。

08) 当期の実際売上高や次期の予定売上高という分析の基準となる売上高です。

09) この金額を安全余裕額といいます。

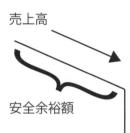

売上高

安全余裕額

赤字の谷

▶ そして、安全余裕額を売上高で割った値が安全余裕率であり[10]、ある売上高から何%減ると損益分岐点になってしまうのか[11]を表します。

10) 何%という率で計算することによって、過去との比較ができます。売上高の規模が変わると、安全余裕額の金額では単純に比較できません。

11) それを超えて減ると赤字になってしまうことを意味します。

2. 損益分岐点比率

▶ 損益分岐点比率も、安全性を測る指標の一つです。

$$\text{損益分岐点比率} = \frac{\text{損益分岐点売上高}}{\text{売上高}} \ (\%)$$

▶ この計算式のとおり、損益分岐点比率はある売上高に対する損益分岐点売上高の割合です[12]。よって、この比率が低いほど安全性は高いということになります。

12)「損益分岐点売上高は現在の売上の〜%のところに位置する」などといわれることから、損益分岐点比率は「損益分岐点の位置」ともいいます。

▶ 安全余裕率と損益分岐点比率を合計すると、必ず100%となります(%表示にする前の小数の段階で合計すると、必ず1になります)[13]。

13) 合計すると1になる数字を補数といい、この関係を「補数の関係」といいます。

Q | 2-5 | **安全余裕率と損益分岐点比率**

次の売上高に関する資料にもとづいて、安全余裕率と損益分岐点比率を求めなさい。

📄 **資料**

次期に予定されている売上高　　7,500,000 円

損益分岐点売上高　　　　　　　4,500,000 円

A | 2-5 | **解答**

安全余裕率　　　　　　<u>　　40　</u>　%

損益分岐点比率　　　　<u>　　60　</u>　%

💡 | 2-5 | **解説**

1. 安全余裕率

$$\frac{7,500,000\,(\text{売上高}) - 4,500,000\,(\text{損益分岐点売上高})}{7,500,000\,(\text{売上高})} = 40\%$$

2. 損益分岐点比率

$$\frac{4,500,000\,(\text{損益分岐点売上高})}{7,500,000\,(\text{売上高})} = 60\%$$

　または、安全余裕率と損益分岐点比率の合計は必ず100％となることから、次のように求めることもできます。

損益分岐点比率 = 100％ − 40％（安全余裕率）= 60％

3 | 経営レバレッジ係数とその利用

1. 経営レバレッジ係数

▶ 経営レバレッジ係数とは、企業における固定費の利用度を表す指標です。

この固定費の利用度とは、何を意味するのでしょうか？ 次の2つの製造業の企業を比較することで考えてみましょう。

A社
製造作業の機械化が進んでおり、総原価に占める固定費（機械の減価償却費など）の割合が高い。

B社
工員の技術（職人技）に頼る部分が多く、機械化ができないため、総原価に占める固定費の割合はA社より低い。

<A社の損益計算書>

売上高	100,000円
変動費	10,000
貢献利益	90,000円
固定費	70,000
営業利益	20,000円

<B社の損益計算書>

売上高	100,000円
変動費	70,000
貢献利益	30,000円
固定費	10,000
営業利益	20,000円

▶ 売上高と営業利益はまったく同じです。よって、総原価も同じでともに80,000円です。

▶ 異なるのは総原価の内訳です。A社の固定費は60,000円だけB社よりも高くなっていて、その分変動費はB社より低くなっています。つまり、A社の方が総原価に占める固定費の割合が高く、これを「A社の方が固定費の利用度が高い」と表現します。

▶ ここで、A社の固定費はB社よりも60,000円高い分、貢献利益はB社よりも60,000円高くなっていることに注目してください。

▶ このように、同じ営業利益のもと、固定費の利用度の高い企業は貢献利益も高くなることから、営業利益と貢献利益の金額を用いることによって、固定費の利用度を数値で表すことができます。この数値が経営レバレッジ係数です。

$$経営レバレッジ係数 = \frac{貢献利益}{営業利益}$$

▶ 各社の経営レバレッジ係数を計算してみましょう。

＜Ａ社の経営レバレッジ係数＞　　　　　＜Ｂ社の経営レバレッジ係数＞

$$\frac{貢献利益}{営業利益} = \frac{90,000\,円}{20,000\,円} = 4.5 \qquad \frac{貢献利益}{営業利益} = \frac{30,000\,円}{20,000\,円} = 1.5$$

▶ Ａ社の方が経営レバレッジ係数が大きく、固定費の利用度が高いことを示しています。

2. 経営レバレッジ係数の利用

▶ 経営レバレッジ係数の計算方法を学習しました。しかし、実はそれだけを知っていてもあまり意味がありません。

　そもそも、「係数」というのは、何か他の数値に掛けて、ある数値を計算するためのものです [14]。

14) 例えば、y＝2x という計算式では、係数である 2 を x に掛けて、y が計算されます。

▶ 経営レバレッジ係数は、次の計算式で利用されます。

営業利益の増減率 ＝ 経営レバレッジ係数 × 売上高の増減率

▶ この計算式 [15] により、例えば、現在の売上高が 20％増加したときには営業利益が何％増加するかを簡単に計算することができます。

15) この計算式の成立ちについて、深入りする必要はありません。

▶ 先ほどのＡ社の例で見ていきましょう。まずは、損益計算書を利用して計算してみます。

	現　在		売上高が 20％増加したとき	
売上高	100,000 円	売上高	120,000 円	（＝ 100,000 円× 1.2）
変動費	10,000	変動費	12,000	（＝ 10,000 円× 1.2）
貢献利益	90,000 円	貢献利益	108,000 円	
固定費	70,000	固定費	70,000	
営業利益	20,000 円	営業利益	38,000 円	← 18,000 円増加

▶ 売上高が 20％増加すると、営業利益が 90％（ ＝ $\frac{18,000\,円}{20,000\,円}$ ）増加することがわかりました。

▶ それでは、経営レバレッジ係数を使った計算式で確かめてみましょう。

営業利益の増減率 ＝経営レバレッジ係数 × 売上高の増減率

$$= 4.5 × 20\% = 90\%$$

▶ このように、経営レバレッジ係数を利用すると、損益計算書を作成しなくても、売上高の増減が営業利益に与える影響を知ることができます。

▶▶ 　最後に、Ａ社とＢ社を比較してみます。Ｂ社の場合、売上高が20％増加しても、営業利益は30％しか増加しません（Ｂ社の経営レバレッジ係数×売上高の増減率＝ 1.5 × 20％ ＝ 30％）。

▶▶ 　景気が良く、将来の売上高の増加を見込めるときには、経営レバレッジ係数の大きい（固定費の利用度が高い）Ａ社の方が営業利益を大きく伸ばすことができます [16]。
　逆に景気が悪く、売上高が減少していく状況では、経営レバレッジ係数の小さい（固定費の利用度が低い）Ｂ社の方が営業利益の減少を小幅にとどめることができるため、経営上のリスクが低いといえます [17]。

3. 経営レバレッジ係数と安全余裕率

▶▶ 　経営レバレッジ係数と安全余裕率には、次の関係があります。

$$経営レバレッジ係数 × 安全余裕率 ＝ 1$$

または、

$$経営レバレッジ係数 ＝ \frac{1}{安全余裕率}$$

▶▶ 　この関係 [18] を知っておくと、経営レバレッジ係数と安全余裕率のどちらか一方が計算できれば、もう一方を簡単に計算することができます。

16)「レバレッジ」の意味は、小さな力で重いものを動かす「てこ」です。Ａ社の方がてこの働きが大きくなっています。

17) 検定試験で、この「経営上のリスク」が問われたことがあります。Ａ社は売上が減少すると、営業利益が大きく減少するため、リスクが高いといえます。

18)「逆数の関係」といいます。

トレーニングⅠ　Ch2　問題2〜4へ

Section 3 応用的なCVP分析

　このSectionの中心は、複数種類の製品を販売しているときのCVP分析です。各製品の1個あたりの販売価格や変動費が異なり、共通に発生する固定費があるとき、損益分岐図表も作れません…。
　本文中に、"ラーメン店のＮＳ軒"が登場します。次のChapter以降も度々出てきますので、ご愛顧（？）のほど、よろしくお願いします！

1 | 感度分析

▶▶ 　Section 2で学習した基本的なCVP分析では、製品の販売価格、1個あたりの変動費、固定費などは変化しないものとして、損益分岐点売上高などを計算しました。

▶▶ 　しかし、短期利益計画に役立つためのCVP分析は将来に向けた分析なので、「製品の販売価格を上げるかもしれない」、「材料価格の高騰によって変動費が高くなるかもしれない」といったことを考慮する必要があります。

▶▶ 　このような販売価格などの変化に応じて、営業利益はどのように変化するのかを分析することを感度分析といいます。

Q | 3-1 | 感度分析 |
　次期の予定損益計算書は次のとおりであった。下記の(1)～(4)の変化予測にもとづいて、それぞれの場合の営業利益を求めなさい。

損 益 計 算 書（単位：円）

Ⅰ 売 上 高	5,000,000	（＝@1,000 円× 5,000 個）
Ⅱ 変動売上原価	2,500,000	（＝@ 500 円× 5,000 個）
変動製造マージン	2,500,000	
Ⅲ 変 動 販 売 費	500,000	（＝@ 100 円× 5,000 個）
貢献利益	2,000,000	
Ⅳ 固 定 費	1,600,000	
営業利益	400,000	

(1) 販売価格が 10％高くなった場合
(2) 販売価格が 15％高くなり、同時に販売量が 10％減少した場合
(3) 1 個あたりの変動製造原価が 12％高くなった場合
(4) 固定費が 50,000 円低くなった場合

A ３-１ │解答│

(1) _____900,000_ 円　　(2) _____875,000_ 円

(3) _____100,000_ 円　　(4) _____450,000_ 円

３-１ │解説│

(1)　販売価格の変化

販売価格の変化が影響するのは、売上高のみです。

よって、販売価格が高くなったことによる売上高の増加額が、そのまま営業利益の増加額となります。

売上高の増加額：5,000,000 円 × 0.1 = 500,000 円

営業利益：400,000 円 + 500,000 円 = 900,000 円

(2)　販売価格の変化と販売量の変化

販売価格の変化と同時に販売量が変化する場合、売上高のみならず、変動売上原価や変動販売費も変化します。

変化後の売上高：@1,000 円 × 1.15 × 5,000 個 × (1 − 0.1) = 5,175,000 円
　　　　　　　　販売単価@1,150 円　　　　　販売量 4,500 個

売上高の増加額：5,175,000 円 − 5,000,000 円 = 175,000 円

変動費の減少額：(2,500,000 円 + 500,000 円) × 0.1 = 300,000 円

営業利益：400,000 円 + 175,000 円 + 300,000 円 = 875,000 円

(3)　1個あたり変動製造原価の変化

1個あたり変動製造原価の変化が影響するのは、変動売上原価のみです。

よって、1個あたり変動製造原価が高くなったことによる変動売上原価の増加額が、そのまま営業利益の減少額となります。

変動売上原価の増加額：2,500,000 円 × 0.12 = 300,000 円

営業利益：400,000 円 − 300,000 円 = 100,000 円

(4)　固定費の変化

固定費の変化は貢献利益には影響しません。

よって、固定費の減少額はそのまま営業利益の増加額となります。

営業利益：400,000 円 + 50,000 円 = 450,000 円

トレーニングⅠ　Ch2　問題 5 へ

2 | 製品種類が複数のときのCVP分析

▶ Section 2 で学習した基本的な CVP 分析では、生産販売している製品が1
種類のみであることを前提としていました。しかし、現実にはそのような企
業はほとんどないでしょう。

▶ 例えば、家族連れがよく訪れる、あるラーメン店（ＮＳ軒）ではラーメンだ
けでなく、チャーハンも人気です。

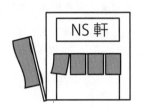

ラーメン　　　　チャーハン

▶ ＮＳ軒の損益分岐点販売量を考えたとき、ラーメン何杯、チャーハン何個
…とすぐには答えが決まりません。たとえば、ラーメンが売れなければ、代
わりにチャーハンが売れてくれればよいわけなので、損益分岐点での販売量
の組合わせは無数にあるからです。

▶ そこで、製品種類が複数のときの CVP 分析では、各製品の売れ方について、
次のどちらかの仮定のもとに計算します。

> ① 各製品の販売量の割合は一定 [01]
> ② 各製品の売上高の割合は一定 [02]

01) 例えば、4 人家族が来店し
たときには、3 人がラーメ
ン、1 人がチャーハンを注
文するという仮定です。

02) 例えば、家族の会計が
3,000 円のとき、ラーメン代
が 2,400 円、チャーハン代
が 600 円（ラーメン：チャー
ハン＝ 4：1）という仮定です。

Q | 3-2 | 製品種類が複数のときのCVP分析

当社では、2 種類の製品（製品Ａと製品Ｂ [03]）を生産販売している。次の資料にもとづいて、(1)
の場合の各製品の損益分岐点販売量、(2)の場合の各製品の損益分岐点売上高を求めなさい。

03) 製品Ａがラーメン、製品Ｂ
がチャーハンと考えてみま
しょう。

📄 **資料**

1. 各製品の１個あたりのデータ（単位：円）

	製品Ａ	製品Ｂ
販売価格	800	600
変動費	700	540
貢献利益	100	60

2. 共通固定費

792,000 円

(1) 各製品の販売量の割合は、製品Ａ：製品Ｂ＝ 3：1 であると仮定した場合

(2) 各製品の売上高の割合は、製品Ａ：製品Ｂ＝ 4：1 であると仮定した場合

A ３-２ | 解答 |

(1) 製品A _____6,600___ 個　　製品B _____2,200___ 個

(2) 製品A ____5,280,000___ 円　　製品B ___1,320,000___ 円

2

C V P 分 析

💡 ３-２ | 解説 |

(1) 販売量の割合 …… 製品A：製品B＝3：1

製品A 3 個、製品B 1 個を1 セット[04] として、何セット販売したときに
損益分岐点になるかを考えます。

> 04) 4 人家族向けのラーメン 3 杯、チャーハン 1 個のファミリーセットです。

1 セットあたりの貢献利益：＠100 円×3 個＋＠60 円×1 個＝＠360 円
　　　　　　　　　　　　　　　　　 製品A　　　　 　製品B

損益分岐点販売セット量：$\dfrac{固定費}{1\,セットあたりの貢献利益} = \dfrac{792,000\,円}{360\,円} = 2,200\,セット$

製品Aの損益分岐点販売量：3 個×2,200 セット＝6,600 個

製品Bの損益分岐点販売量：1 個×2,200 セット＝2,200 個

(2) 売上高の割合 …… 製品A：製品B＝4：1

まず、各製品の貢献利益率を計算します。

製品A：$\dfrac{100\,円}{800\,円} = 12.5\%$　　　製品B：$\dfrac{60\,円}{600\,円} = 10\%$

各製品の売上高の割合が一定なので、製品の売上高合計に対する貢献利
益の割合も一定になります[05]。

> 05) ファミリーセットの価格に対する貢献利益の割合は一定です。

この貢献利益率は次のように計算します。

$12.5\% \times \dfrac{4}{5} + 10\% \times \dfrac{1}{5} = 12\%$ [06]

> 06) $\dfrac{4}{5}$ … 売上高合計に対する製品Aの売上高の割合
>
> この貢献利益率は、各製品の売上高の割合にもとづいて計算されているため、加重平均貢献利益率と呼ばれます。

損益分岐点売上高：$\dfrac{固定費}{加重平均貢献利益率} = \dfrac{792,000\,円}{0.12} = 6,600,000\,円$

製品Aの損益分岐点売上高：6,600,000 円×$\dfrac{4}{5}$ ＝5,280,000 円

製品Bの損益分岐点売上高：6,600,000 円×$\dfrac{1}{5}$ ＝1,320,000 円

トレーニングⅠ　Ch2　問題 6・7 へ

Section 3 ● 応用的なCVP分析　　2-19

原価の固変分解

　CVP分析に必須の原価の固変分解について学習します。2級では、高低点法を学習しました。高低点法は1級でも出題されるので、とても大切です。
　1級ではさらに、最小自乗法という方法を学習します。連立方程式を立てる、連立方程式を解くという数学的な色合いの濃い内容ですが、出題頻度は決して高くないので、まずはご安心を。

1 | 原価の固変分解

▶ 原価の固変分解とは、原価を変動費と固定費に分けることです。

▶ 　CVP分析では、将来、原価がいくら発生するかを予測しなければなりません。この予測のために、製品の生産販売量に応じて原価がどう変化するかによって、原価を変動費と固定費に分解します[01]。

01) 原価を材料費、労務費、経費に分類しても、将来の原価予測にはあまり役立ちません。

2 | 原価の固変分解の方法

▶ 　原価の固変分解の方法には、費目別精査法、スキャッター・チャート法、高低点法、最小自乗法といった方法があります[02]。

02) これらの方法のうち、検定試験での計算問題で出題されているのは、高低点法と最小自乗法です。

1. 費目別精査法

▶ 　勘定科目法ともいわれ、過去の経験によって、勘定科目ごとに変動費と固定費に分解する方法です[03]。

03) 材料費は変動費、減価償却費は固定費というように科目別に分解します。

2. スキャッター・チャート法

▶ 　過去の原価データをグラフ上に記入し、目分量で原価線を引くことにより分解する方法です[04]。

04) "目分量で"線を引くのですから、検定試験での出題には適しません。

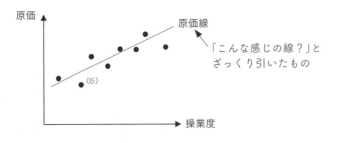

05) ●は、ある操業度のときの原価の実績データです。この例では、8つのデータを用いています。

3. 高低点法

▶ 過去の最高操業度のときの原価と最低操業度のときの原価を用い、その差額が操業度に比例して直線的に変化する変動費であると仮定して、変動費と固定費に分解する方法です。

Q | 4-1 | 高低点法 |

過去6カ月間の月別の操業度と製造原価発生額に関するデータは、次のとおりである。高低点法により、製造原価の変動費率（1時間あたりの変動費）と月間固定費を求めなさい。

	操 業 度	製造原価発生額		操 業 度	製造原価発生額
10 月	6,000 時間	2,400,000 円	1 月	7,000 時間	2,610,000 円
11 月	4,000 時間	1,960,000 円	2 月	9,000 時間	3,250,000 円
12 月	3,000 時間	1,750,000 円	3 月	5,000 時間	2,300,000 円

（注）上記の操業度（直接作業時間）は、いずれも正常操業圏内である。

A | 4-1 | 解答 |

変動費率 _____250_____ 円 / 時間　　月間固定費 _____1,000,000_____ 円

💡 | 4-1 | 解説 |

1. 最高点の操業度と最低点の操業度

操業度の最高点は2月の9,000時間、最低点は12月の3,000時間です [06]。

06）問題文（注）の正常操業圏とは、通常あり得る操業度の範囲のことです。この範囲外の操業（異常な操業）の月があったときには、最高点や最低点を判断する上で除外します。

2. 変動費率

2月の原価と12月の原価の差額は、すべて変動費と考えます。

差額：3,250,000 円（2 月）− 1,750,000 円（12 月）＝ 1,500,000 円

➡ 6,000 時間分（= 9,000 時間（2 月）− 3,000 時間（12 月））

変動費率：1,500,000 円 ÷ 6,000 時間 = 250 円 / 時間

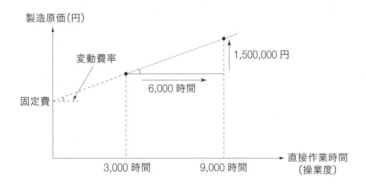

3. 月間固定費

最高点の原価または最低点の原価から、変動費を差し引いて固定費を求めます。

$$3,250,000 円（2月）- \underset{\text{2月の変動費}}{\underline{@250 円 \times 9,000 時間}} = 1,000,000 円$$

$$または、1,750,000 円（12月）- \underset{\text{12月の変動費}}{\underline{@250 円 \times 3,000 時間}} = 1,000,000 円$$

トレーニング I　Ch2　問題 9 へ

4. 最小自乗法

▶ 　最小自乗法は、スキャッター・チャート法のように目分量で原価線を引くのではなく、数学的な計算によって、より正確な原価線を求める方法です[07]。

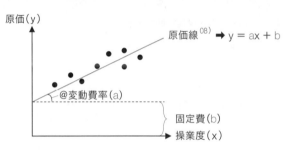

> 07) 高低点法では、最高点と最低点の2つのデータのみを用いましたが、最小自乗法ではもっと多くのデータを用います。
>
> 08) すべての●（原価の実績データ）からのズレがもっとも少なくなるように平均的な線を求めます。

▶ 　操業度を x、原価を y、変動費率を a、固定費を b とおくと、原価線は次の式で示すことができます。

$$y = \underset{\text{変動費}}{\underline{ax}} + \underset{\text{固定費}}{\underline{b}}$$

▶ 　この a と b を連立方程式[09]によって求めるのが最小自乗法です。具体例を次の問題で見ていきましょう。

> 09) 連立方程式は、原価の部門別計算（補助部門費）の学習でも必要になります。

Q | 4-2 | **最小自乗法** |

　過去6カ月間の月別の操業度と製造原価発生額に関するデータは次のとおりである。最小自乗法により、製造原価の変動費率（1時間あたりの変動費）と月間固定費を求めなさい。

	操 業 度	製造原価発生額（単位：千円）
10 月	6 千時間	2,400
11 月	4 千時間	1,960
12 月	3 千時間	1,750
1 月	7 千時間	2,610
2 月	9 千時間	3,250
3 月	5 千時間	2,300

（注）上記の操業度（直接作業時間）は、いずれも正常操業圏内である。

A 4-2 解答

変動費率 ＿＿＿＿＿242＿＿ 円 / 時間　　月間固定費 ＿＿＿1,007,000＿＿ 円

💡 4-2 解説

1. 連立方程式

　最小自乗法では、次の連立方程式を解くことにより、変動費率と固定費を計算します[10]。

$$\begin{cases} \sum y = a\sum x + nb \\ \sum xy = a\sum x^2 + b\sum x \end{cases}$$

y：原価　　　　　a：変動費率　　　n：実績データの数[11]
x：操業度　　　　b：固定費　　　　∑（シグマ）：∑〜は〜の合計の意味

　1つ目の方程式は、y = ax + b の x と y に各月の実績のデータを入れて、すべてを合計したものです（下記の①）。

　2つ目の方程式は、y = ax + b の x と y に各月の実績のデータを入れて、さらに両辺に x を掛けて、すべてを合計したものです（下記の②）。

10) "こんなもん解けるか！" とツッコミを入れたくなりますよね。でも大丈夫です。最初はみんな同じ感想で、やがて必ず解けるようになりますから。

11) 本問では、6カ月の実績データがあるので、n = 6 です。

	①各月の「y = ax + b」を合計する	②各月の「xy = ax² + bx」を合計する
10 月	2,400 = 6a + b	6 × 2,400 = a × 6² + 6b
11 月	1,960 = 4a + b	4 × 1,960 = a × 4² + 4b
12 月	1,750 = 3a + b	3 × 1,750 = a × 3² + 3b
1 月	2,610 = 7a + b	7 × 2,610 = a × 7² + 7b
2 月	3,250 = 9a + b	9 × 3,250 = a × 9² + 9b
3 月	2,300 = 5a + b	5 × 2,300 = a × 5² + 5b
合計	14,270 = 34a + 6b	合計　86,510 = 216a + 34b

連立方程式 $\begin{cases} 14,270 = 34a + 6b \cdots ①式 \\ 86,510 = 216a + 34b \cdots ②式 \end{cases}$

2. 連立方程式を解く

　連立方程式には様々な解き方があります。以下はその一例です。

（I）　①式と②式の b の係数を揃える。

　　①式に34、②式に6をそれぞれ掛けて、b の係数を 204 に揃えます。

$\begin{cases} 14,270 \times 34 = (34a + 6b) \times 34 \quad ←①式 \times 34 \\ 86,510 \times 6 = (216a + 34b) \times 6 \quad ←②式 \times 6 \end{cases}$

↓

$\begin{cases} 485,180 = 1,156a + 204b \quad \cdots ③式 \\ 519,060 = 1,296a + 204b \quad \cdots ④式 \end{cases}$

(2) ③式から④式を引いて、a の解を求める。

$$485,180 = 1,156a + 204b$$
$$-\underline{)519,060 = 1,296a + 204b}$$
$$-33,880 = -140a \qquad \therefore a（変動費率）= 242\ 千円$$

$$\rightarrow 242\ 千円 \div 1,000\ 時間 = 242\ 円 / 時間$$

(3) a = 242 を①式（または②式）に代入して、b の解を求める。

a = 242 を①式に代入します。

$$14,270 = 34 \times 242 + 6b$$
$$6b = 6,042 \qquad \therefore b（固定費）= 1,007\ 千円 \rightarrow 1,007,000\ 円$$

トレーニング I　Ch2　問題 10 へ

■ 参考 | 全部原価計算のもとでのCVP分析

▶ 以下の内容は、本書の内容がすべてマスターできた後に余裕があれば学習しましょう [12]。

12) 問題集には、対応問題を収載しています。

▶ CVP 分析は、通常、直接原価計算による損益計算を前提に行いますが、全部原価計算による損益計算を前提に行う場合もあります。

▶ まず、生産量と販売量が等しい場合には、直接原価計算と全部原価計算のどちらを前提にしても、損益分岐点販売量などの分析結果は一致します。

▶ 生産量と販売量が異なる場合における、全部原価計算のもとでの損益分岐点販売量の計算式は次のようになります。

> 損益分岐点販売量 ＝
>
> $$\dfrac{固定販売費及び一般管理費＋操業度差異}{1\ 個あたりの売上総利益\ -\ 1\ 個あたりの変動販売費}$$

▶ 分母の「1 個あたりの売上総利益 － 1 個あたりの変動販売費」は、製品が 1 個販売されることによって営業利益がいくら増えるかを意味します [13]。

13) 直接原価計算での 1 個あたりの貢献利益にあたる金額です。

▶ 直接原価計算のもとでの分析と同じように、分子は固定費としますが、固定製造原価を入れる必要はありません [14]。

14) 全部原価計算では、固定製造原価は製品原価に含めるからです。

▶ ただし、固定製造原価を予定配賦しているときの不利差異の操業度差異は、損益計算書上の費用となるため、分子に加算する必要があります [15]。

15) 有利差異のときは、減算します。

トレーニング I　Ch2　問題 8 へ

Chapter 3

最適セールス・ミックス

Point

　この Chapter では、利益を最大にするためには各製品を何個ずつ生産販売すればよいかという最適セールス・ミックスを学習します。

　2級ではまったく扱わない1級ならではの内容です。

　企業の利益を1円でも増やすための具体的な計算なので、この学習の後、「管理会計って意外と面白いかも！」と感じる方が多いようです。

用語集

セールス・ミックス
　複数種類の製品を生産販売しているときの各製品の生産販売量の組合わせのこと

線型計画法
(リニアー・プログラミング(LP))
　制約条件によって優先すべき製品が異なる場合に、最適セールス・ミックスを決定する方法

1 最適セールス・ミックス

> 誰しも1日は24時間しかありません。私たちは、この"制約"の中で、何に何時間ずつ配分するかを決めながら、日々を暮らしています。1級の学習に時間を配分すると決めた皆さんはそれがベストの選択だったからですよね。
> 企業でも、1ヵ月あたり1,000個の製品しか作れないとか、800個しか売れないといった制約が必ずあるはずです。

1 | 最適セールス・ミックス

▶▶　セールス・ミックス（プロダクト・ミックスともいいます）とは、複数種類の製品を生産販売しているときの各製品の生産販売量の組合わせのことです。

▶▶　最適セールス・ミックスとは、無数にあるセールス・ミックスのうち、企業の利益を最大にするものです[01]。といっても、単純に大量に生産販売すればよい、というわけではありません[02]。

01) NS軒の例でいえば、ラーメンとチャーハンをそれぞれどれだけ売ればもっとも儲かるかということです。

02) 来月にラーメンが3億杯、チャーハンが1億個売れればいいのですが…。

▶▶　なぜなら、企業には競争相手もいますし、一定期間に生産できる製品の量にも限界があることが通常だからです。

▶▶　どんな企業も、何らかの制約条件（販売面、生産面）に常に直面しています。その制約条件の中で、企業が利用できる資源をどのように各製品に振り分けて最大の利益を獲得するかを考える、それが最適セールス・ミックスの決定です。

> 今の私にとっては試験に合格するまでの限られた時間を勉強・仕事・遊びにどう振り分けたら良いかってことね

2 │ 共通の制約条件が 1 つだけの場合

» 共通の制約条件とは、複数種類の製品の両方に共通する制約条件のことです[03]。

03) NS軒の料理人は一人、
営業は一日8時間。
→ラーメンとチャーハンの
調理時間の合計は最長で
8時間しかありません。

» 2種類の製品を生産販売していて、共通の制約条件があるとき、どちらの製品を優先的に生産販売すべきでしょうか?

» もちろん、より儲かる製品を優先すべきです。ポイントは、何を基準にどちらの方がより儲かると考えるかです。必ずしも、製品 1 個あたりの利益額が大きい方を優先すべきとは限りません。

» ラーメン店のNS軒の例で、1日の最適セールス・ミックスを考えてみましょう。

● 1 人前あたりの貢献利益と調理時間

	ラーメン	チャーハン
販売価格	800 円	600 円
変動費	700	540
貢献利益	100 円	60 円
調理時間	10 分	5 分

● 共通の制約条件

調理時間の合計は 1 日 8 時間（= 480 分）まで

● 個別の制約条件[04]

チャーハン用の白飯を用意できるのは 50 人前分まで

04) チャーハンのみに関係する
制約です。

» 1 人前あたりの貢献利益はラーメンの方が大きいので、仮にラーメンを優先して販売すると、4,800 円（= @100 円× 48 杯[05]）の貢献利益が得られます。

05) 480 分÷ 10 分= 48 杯
調理時間のすべてをラーメ
ンに使ってしまうので、
チャーハンの販売はゼロで
す。

» しかし、このセールス・ミックスは最適ではありません。その理由は、共通の制約条件の調理時間 1 分あたりの貢献利益を計算してみるとわかります。

ラーメン：100 円÷ 10 分= 1 分あたり 10 円

チャーハン： 60 円÷ 5 分= 1 分あたり 12 円

» 調理時間に限りがあるため、同じ 1 分でより大きい儲けを生むチャーハンを優先して販売すべきです。

» 調理時間からは 96 個[06]のチャーハンが作れますが、個別の制約条件から 50 個までしか作れません。このとき、調理時間が 230 分[07]余るため、これを使ってラーメンを 23 杯[08]作ることができます。

06) 480 分÷ 5 分= 96 個
07) 480 分− 50 個× 5 分
= 230 分
08) 230 分÷ 10 分= 23 杯

▶▶　よって、最適セールス・ミックスは、ラーメン 23 杯、チャーハン 50 個と
なり、そのときの貢献利益は 5,300 円 [09] です。

09) @ 100 円× 23 杯+ @ 60 円
× 50 個= 5,300 円

▶▶　このように、共通の制約条件があるときには、共通の制約条件についての
1 単位あたりの貢献利益が大きい方の製品を優先して生産販売することで利
益を最大化することができます。

> 共通の制約条件が 1 つだけの場合の最適セールス・ミックス
> ➡　共通の制約条件の 1 単位あたりの貢献利益の大きい製品を優先的に！

Q | 1-1 | 共通の制約条件が 1 つだけの場合の最適セールス・ミックス |

　当社は組立作業により、2 種類の製品を生産している。次の資料にもとづいて、(1) 最適セールス・
ミックスにおける各製品の生産販売量、(2) そのときの営業利益を求めなさい。

📄 資料
1. 各製品の 1 個あたりのデータ

	製品 A	製品 B
販売価格	2,000 円	2,000 円
1 個あたり変動費	800 円	1,000 円
1 個あたり組立作業時間	4 時間	2 時間

2. 制約条件
　　年間組立作業時間　　10,000 直接作業時間
　　年間市場需要量　　製品 A：2,200 個　　製品 B：1,800 個
3. 固定費
　　両製品に共通的に発生する固定費は、年間 1,000,000 円である。

A | 1-1 | 解答 |

(1)　製品 A ＿＿＿＿＿1,600＿ 個　　製品 B ＿＿＿＿＿1,800＿ 個
(2)　＿＿＿＿2,720,000＿ 円

3-4　　工業簿記・原価計算 ● テキスト I ● 管理会計編

💡 | 1-1 | 解説 |

1. 共通の制約条件1単位あたりの貢献利益

(1) 製品1単位あたりの貢献利益

製品A：2,000円 − 800円＝ 1,200円

製品B：2,000円 − 1,000円＝ 1,000円

(2) 組立作業時間1時間あたりの貢献利益

組立作業時間の合計が年間10,000時間までということが共通の制約条件です。

そこで、組立作業時間1時間あたりの貢献利益を計算します。

製品A：1,200円 ÷ 4時間＝ 300円 / 時間

製品B：1,000円 ÷ 2時間＝ 500円 / 時間

よって、1時間でより大きい儲けを生む製品Bを優先して生産販売すべきです。

2. 製品Bの生産販売量

製品Bの生産可能量は、5,000個（＝ 10,000時間 ÷ 2時間）ですが、市場需要量（販売可能量）は1,800個しかありません。よって、製品Bの生産販売量は1,800個となり、これに使用される組立作業時間は3,600時間（＝ 1,800個 × 2時間）です。

3. 製品Aの生産販売量

残りの組立作業時間6,400時間（＝ 10,000時間 − 3,600時間）を使用して製品Aを生産します。

このときの製品Aの生産可能量は、1,600個（＝ 6,400時間 ÷ 4時間）で、市場需要量の2,200個を下回っています。よって、製品Aの生産販売量は1,600個となります。

4. 最適セールス・ミックスと営業利益

以上より、最適セールス・ミックスは、製品A 1,600個、製品B 1,800個となります。

営業利益：1,200円 × 1,600個 ＋ 1,000円 × 1,800個 − 1,000,000円

　　　　　製品Aの貢献利益　　　　製品Bの貢献利益　　　　固定費

　　　　＝ 2,720,000円

∃ │ 共通の制約条件が複数の場合

次に、共通の制約条件が複数ある場合を考えていきましょう。

NS軒では、ライバル店との差別化を図るため、ラーメンとチャーハンに使う焼豚を高ランク品に変えることにしました。しかし、この焼豚は1日に仕入れることのできる量に限りがあります。

● 1人前あたりの貢献利益と調理時間

	ラーメン	チャーハン
販売価格	850 円	660 円
変動費	750	600
貢献利益	100 円	60 円
調理時間	10 分	5 分
焼豚使用量	50 g	60 g

● 共通の制約条件 [10]

調理時間の合計は1日8時間（＝480分）まで

焼豚の仕入可能量は1日3,000gまで

10) 共通の制約条件が2つに
なりました。

では、共通の制約条件の1単位あたりの貢献利益を計算してみましょう。

〈調理時間の制約〉

ラーメン：100円 ÷ 10分 ＝ 1分あたり 10円

チャーハン： 60円 ÷ 5分 ＝ 1分あたり 12円 ➡ チャーハンを優先すべき

〈焼豚の仕入の制約〉

ラーメン：100円 ÷ 50g ＝ 1gあたり 2円 ➡ ラーメンを優先すべき

チャーハン： 60円 ÷ 60g ＝ 1gあたり 1円

俺の労働だけを考えれば、チャーハン優先だけど、焼豚からするとラーメン優先ってことか。
どっちもおいしく作るけど！

どちらを優先すべきかが異なる結果となりました。このような場合は、線型計画法（リニアー・プログラミング（LP））によって、最適セールス・ミックスを求めます。

▶ 線型計画法では、次の３つを式で表すことから始めます。

● **目的関数**

貢献利益の計算式（関数）を用いて、その最大化が目的であることを表します。

● **制約条件**

共通の制約条件、個別の制約条件を不等式で表します[11]。

11）もっとも重要なのが、この制約条件です。

● **非負条件**

生産販売量の値はマイナスではない、つまり必ずゼロ以上であることを表します。

▶ 次の問題で、具体的に学習しましょう。

Q | 1-2 | 線型計画法 |

当社は直接工による組立作業とその後の機械による仕上作業により、２種類の製品を生産している。次の資料にもとづいて、(1) 最適セールス・ミックスにおける各製品の生産販売量、(2) そのときの営業利益を求めなさい。

📄 **資料**

1. 各製品の１個あたりのデータ

	製品 A	製品 B
販売価格	2,000 円	2,000 円
１個あたり変動費	800 円	1,000 円
１個あたり組立作業時間	4 時間	2 時間
１個あたり仕上作業時間	2 時間	4 時間

2. 制約条件

年間組立作業時間　　10,000 直接作業時間

年間仕上作業時間　　8,000 機械作業時間

年間市場需要量　　製品 A：2,200 個　　製品 B：1,800 個

3. 固定費

両製品に共通的に発生する固定費は、年間 1,000,000 円である。

A | 1-2 | 解答 |

(1)　製品 A _____ 2,000 個　　製品 B _____ 1,000 個

(2)　_____ 2,400,000 円

1-2 | 解説 |

1. 共通の制約条件 1 単位あたりの貢献利益

(1) 製品 1 単位あたりの貢献利益

製品 A：2,000 円 −　 800 円 = 1,200 円

製品 B：2,000 円 − 1,000 円 = 1,000 円

(2) 共通の制約条件 1 単位あたりの貢献利益

・組立作業時間

製品 A：1,200 円 ÷ 4 時間 = 300 円 / 時間

製品 B：1,000 円 ÷ 2 時間 = 500 円 / 時間 ➡ 製品 B を優先すべき

・仕上作業時間

製品 A：1,200 円 ÷ 2 時間 = 600 円 / 時間 ➡ 製品 A を優先すべき

製品 B：1,000 円 ÷ 4 時間 = 250 円 / 時間

よって、制約条件によって優先すべき製品が異なるため、線型計画法を用いて最適セールス・ミックスを求めます。

2. 線型計画法

(1) 目的関数、制約条件、非負条件

●目的関数

貢献利益を Z、製品 A の生産販売量を a、製品 B の生産販売量を b とすると、貢献利益は次の計算式 (関数) で示すことができます。

$$Z = 1,200\,a + 1,000\,b$$

本問の目的は貢献利益を最大化することなので、目的関数は次のように表します。

$$\text{Max } Z = \text{Max}\,(1,200\,a + 1,000\,b)\,[12]$$

12) Max Z は、Z の最大値という意味です。

●制約条件

組立作業時間の合計が 10,000 時間までという制約を、次のように不等式で表します。

$$4\,a + 2\,b \leqq 10,000 \cdots\cdots ①$$

仕上作業時間の合計が 8,000 時間までという制約を、次のように不等式で表します。

$$2\,a + 4\,b \leqq 8,000 \cdots\cdots ②$$

さらに、各製品の市場需要量の制約を、次のように不等式で表します。

$$a \leqq 2,200 \cdots\cdots ③$$

$$b \leqq 1,800 \cdots\cdots ④$$

●非負条件

製品 A と製品 B の生産販売量はゼロ以上であることを、次のように不等式で表します。

$$a \geqq 0, b \geqq 0$$

(2) グラフの作成

最適セールス・ミックスを求めるために、グラフを作成します。

まず、前記の非負条件からグラフは下記のように、a、b のどちらもゼロ以上の部分のみを作成します。

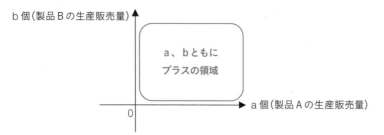

次に、制約条件の①～④をグラフ上に示します。

たとえば、①の $4a + 2b \leqq 10,000$ という制約については、

$4a + 2b = 10,000$　という直線をグラフに描きます。

$\rightarrow 2b = 10,000 - 4a$

$b = 5,000 - 2a$

※ グラフの描き方

・$b = 5,000 - 2a$ に
a ＝ 0 を代入
$\rightarrow b = 5,000$

・$b = 5,000 - 2a$ に
b ＝ 0 を代入
$\rightarrow 0 = 5,000 - 2a$
a ＝ 2,500

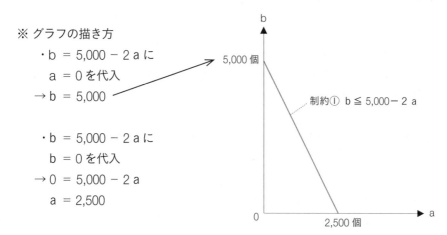

このグラフは、制約条件の①は、三角形 ◺ の中からセールス・ミックスを選ぶ必要があることを示しています。

同じように、制約条件の②～④をグラフに描くと次のようになります。

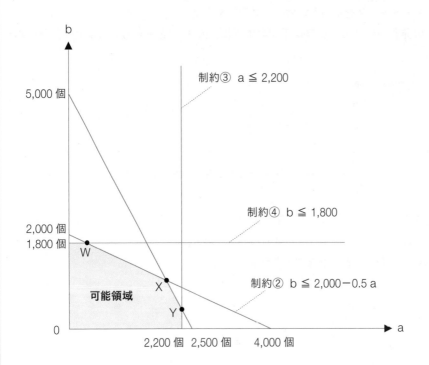

制約条件の①～④によって囲まれた領域は、この企業が選択することができるセールス・ミックスを示しているため、可能領域といいます。

この可能領域の中で、右上の方にあるW点、X点、Y点のいずれかのセールス・ミックスが最適セールス・ミックスです。

貢献利益を示す計算式（Z＝1,200 a＋1,000 b）から明らかなように、aやbが大きいほど貢献利益は大きくなるため、W点、X点、Y点以外のセールス・ミックスはどの点を取っても、W点、X点、Y点での貢献利益を上回ることはないからです。

(3) 最適セールス・ミックス

最後に、W点、X点、Y点それぞれのセールス・ミックスでの貢献利益を計算し、どの点が最適セールス・ミックスかを調べます。

・W点（製品A 400個、製品B 1,800個）の貢献利益

1,200円 × 400個 + 1,000円 × 1,800個 = 2,280,000円

・X点（製品A 2,000個、製品B 1,000個）の貢献利益

1,200円 × 2,000個 + 1,000円 × 1,000個 = 3,400,000円 ← 最大

・Y点（製品A 2,200個、製品B 600個）の貢献利益

1,200円 × 2,200個 + 1,000円 × 600個 = 3,240,000円

※ W点、X点、Y点のセールス・ミックスの求め方

W点は、制約②と制約④のグラフ上の交点です。

→連立方程式 $\begin{cases} 2a + 4b = 8,000 \cdots\cdots ② \\ b = 1,800 \cdots\cdots ④ \end{cases}$ ∴ a = 400

X点は、制約①と制約②のグラフ上の交点です。

→連立方程式 $\begin{cases} 4a + 2b = 10,000 \cdots\cdots ① \\ 2a + 4b = 8,000 \cdots\cdots ② \end{cases}$ ∴ a = 2,000、b = 1,000

Y点は、制約①と制約③のグラフ上の交点です。

→連立方程式 $\begin{cases} 4a + 2b = 10,000 \cdots\cdots ① \\ a = 2,200 \cdots\cdots ③ \end{cases}$ ∴ b = 600

以上より、最適セールス・ミックスはX点の製品A 2,000個、製品B 1,000個となります。

営業利益：3,400,000円 − 1,000,000円 = 2,400,000円
　　　　　　貢献利益　　　　固定費

トレーニングⅠ　Ch3　問題1～4へ

参考 | 最適セールス・ミックスと目的関数

【Q1-2】での最適セールス・ミックスは、X 点の製品 A 2,000 個、製品 B 1,000 個であり、そのときの貢献利益は 3,400,000 円であるとわかりました。

そこで、貢献利益の計算式、$Z = 1,200\,a + 1,000\,b$ に $Z = 3,400,000$ を代入すると、$1,200\,a + 1,000\,b = 3,400,000$ となり、これをグラフに示すと、次のようになります [13]。

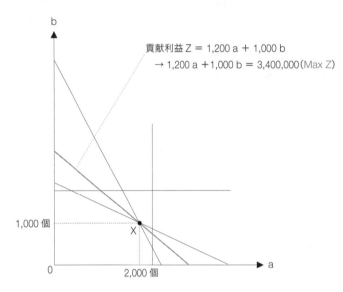

貢献利益 $Z = 1,200\,a + 1,000\,b$
→ $1,200\,a + 1,000\,b = 3,400,000$(Max Z)

> 13)この線上のセールス・ミックスは、3,400,000 円の貢献利益が得られることを示します。

目的関数の Max Z は貢献利益の最大値です。よって、この線($1,200\,a + 1,000\,b = 3,400,000$)は、Max Z を表した線であるといえます。

このグラフから、確かに 3,400,000 円を超える貢献利益が得られるセールス・ミックスはなく、X 点での 3,400,000 円が貢献利益の最大値であることがわかります [14]。

> 14)3,400,000 円を超える貢献利益の線を考えると、可能領域の外側になってしまうからです。

線型計画法は、難関テーマの一つです。その分、マスターしたときは大きな自信となるので、がんばりましょう！

Chapter 4

業務的意思決定

Point

この Chapter4 から Chapter6 にわたって、意思決定会計を学習します。
3つもの Chapter に分かれていることから、お察しのとおり、意思決定会計はボリュームが多く、検定試験対策としてとても重要です。近年の出題傾向を見ても、50％超の確率で出題されています。
「意思決定会計を制する者は、1級工原を制する！」といっても過言ではありません！

用語集

経営意思決定
経営管理者が企業のとるべき行動を決定すること

意思決定会計
経営意思決定に役立つ情報を提供することを目的とする会計

構造的意思決定
製品の生産販売能力などの経営の基本についての意思決定

業務的意思決定
現状の生産販売能力などを前提とした日々の業務活動の個々の部分についての意思決定

関連原価
複数の案から1つを選択する意思決定を行うときに、どの案を選択するかによって未来の発生額が異なる原価のこと

差額原価
ある案と他の案の関連原価の差額のこと

機会原価
ある案を選択することによって得られなくなってしまう他の案からの利益額のうち最大の額のこと

無関連原価（埋没原価）
無視しても意思決定の結果には影響を与えない原価

差額原価収益分析
差額収益、差額原価、差額利益の計算によって意思決定を行う方法

経済的発注量
発注費と保管費の合計が最も小さくなる1回あたりの発注量

重要度

1 意思決定会計の基礎知識

　意思決定は、未来の行動を決めることです。過去の行動の結果による数値を
まとめる財務諸表の作成とは対照的です。意思決定は、未来の財務諸表上の数
値を決めるともいえるでしょう。
　この Section では、意思決定を分類すると、構造的意思決定と業務的意思
決定の２つがあることを学習します。

1 意思決定会計とは

▶▶ 　企業の経営管理者は、「意思決定」を行うことが仕事といっても過言ではあ
りません。

▶▶ 　企業の存続、発展には、利益の獲得が必要です。そのために、経営管理者
は様々な場面で企業がとるべき行動を決定します。これを経営意思決定とい
います[01]。

01) 現代の企業は、利益の獲
得だけを追求するわけには
いきません。しかし、利益
あっての企業なので、ここ
での学習上は１円でも利
益が増える決定を考えま
す。

▶▶ 　ＮＳ軒の店主も経営管理者です。そもそも「ラーメン店を経営する？」に始
まり、「どこに店を出す？」、「券売機を入れる？」、「ラーメンの価格は？」、「冷
やし中華始めます？」など、これまでも意思決定の連続の日々でした。

▶▶ 　このような経営意思決定に役立つ情報の提供を目的とする会計を意思決定
会計といいます。

▶▶ 　意思決定会計には、次のような特徴があります。
●**未来の収益、原価、利益を考える。**
　意思決定は、未来の行動を決定することなので、計算対象は未来の収益、
原価、利益です。
●**差額を考える。**
　意思決定は、未来の行動についての２つ以上の案から１つを選択すること
です。よって、どの案を選ぶかによって変化する収益や原価のみを考えれば
よいことになります。

▶ これらの特徴から、意思決定会計では、2級で学習した製品原価計算での原価の情報だけでは足りず、意思決定のための特殊な情報[02] が必要になります。

02) 特殊な原価の情報を得るための調査を「特殊原価調査」といいます。詳しい特殊原価の内容は、Section 2 で学習します。

2 | 経営意思決定の分類

▶ 経営管理者による経営意思決定は、経営の基本に関わるものか、日常の業務活動に関わるものかによって、構造的意思決定と業務的意思決定の2つに分類されます。

1. 構造的意思決定

▶ 構造的意思決定とは、製品の生産販売能力などの経営の基本についての意思決定です。

経営管理者の経営戦略に密接に関連する意思決定で、その決定内容は、長期にわたって企業の活動や業績に影響を与えることになります[03]。

03) 戦略的意思決定ともいわれます。

▶ 具体的には、次のような意思決定が該当します。
- どのような製品を生産販売するか？[04]
- 新たな設備を導入するか？[05]
- 古い設備を取り替えるか？[06]

04) NS軒の選択肢（案）
…ラーメン店？ カフェ？
05) … 券売機？ 店主がレジ打ち？
06) … 製麺機を高機能モデルに取替え？

▶ これらのうち、設備の導入や取替えの意思決定について、詳しくは次のChapterで学習します。

2. 業務的意思決定

▶ 業務的意思決定とは、現状の生産販売能力などを前提とした日々の業務活動の個々の部分についての意思決定です。

▶ 1. 構造的意思決定の結果によって、日々の業務活動の大筋は決まっています。業務的意思決定は、その中でより多くの利益を獲得するための短期的な決定です[07]。

07) 戦術的意思決定ともいわれます。多くの場合、1年以内の期間を対象にします。

▶ 具体的には、次のような意思決定が該当します。
- 新たな注文を引き受けるか？[08]
- 部品を内製するか購入するか？[09]
- 製品を追加加工して別の製品にするか？[10]
- 製品のセールス・ミックスは？[11]

08) NS軒の選択肢（案）
… デリバリーサービスを始める？
09) … 麺は有名製麺所からの購入に変更？
10) … 不人気メニューにひと手間かける？
11) すでに学習した最適セールス・ミックスの決定も、業務的意思決定の一つといえます。

2 特殊原価と差額原価収益分析

　意思決定会計では、個別原価計算や総合原価計算を行うための原価の詳しい知識を必要としない代わりに、意思決定会計でのみ用いる特殊な原価が登場します。
　よって、現時点では個別原価計算などが苦手という方も、新たな気持ちで、意思決定会計を一気に得意分野にしてしまいましょう！

1 特殊原価

▶　意思決定会計で必要とされる特殊な原価は、大きく次の3つに分類することができます。

●**関連原価**
　複数の案から1つを選択する意思決定を行うときに、どの案を選択するかによって未来の発生額が異なる原価のこと。

●**差額原価**
　ある案と他の案の関連原価の差額のこと。

●**機会原価**
　ある案を選択することによって得られなくなってしまう他の案からの利益額のうち最大の額のこと。

▶　それでは、これらの特殊原価の詳細とともに、意思決定会計の基本的手法をみていきましょう。

2 関連原価

▶　ここでは、2つの案から1つを選択する意思決定を考えます。どちらの案を選択するにしても、様々な原価が発生します。関連原価は、2つの案には具体的にどのような原価に違いがあるかを調査することによって把握します。

▶　今、ラーメン店のNS軒の店主は、近年流行している外部の配達業者を使ったデリバリーサービスも始めようかと検討中です。
　そこで、デリバリーのときの原価と店内飲食のときの原価を比較してみました。なお、デリバリーで1杯提供すると、店内飲食が1杯減ってしまうと仮定します。

	デリバリー	店内飲食
1杯あたりの変動製造原価	750 円	750 円
1杯あたりの配達コスト	250 円	0 円
店内の光熱費などの月間固定費	66,000 円	66,000 円

▸ これらの原価のうち、関連原価は配達コストです。配達コストは、デリバリーのときだけに発生するからです。

▸ 一方、1杯あたりの変動製造原価や、店内の光熱費などの固定費は、デリバリーサービスを始めても始めなくても、同じ金額が発生するため、意思決定には無関係です[01]。

01)「同じ金額」というと、固定費をイメージしがちですが、発生額が同じであれば変動費も無関係になります。

▸ このような意思決定には無関係、つまりたとえ無視しても意思決定の結果には影響を与えない原価を無関連原価（または埋没原価）といいます。

▸ なお、上記の固定費には、調理設備の減価償却費が含まれています。この減価償却費は、発生額が同じである以前に、過去に購入した設備からの原価なので、意思決定会計では考慮する必要がありません。このような原価を過去原価といいます。

3 | 差額原価

▶ 先の例での、差額原価を計算してみましょう。差額原価は関連原価の差額なので、1杯あたりの配達コストから計算され、以下のようになります。

デリバリーサービスを行う ときの配達コスト		デリバリーサービスを行わない ときの配達コスト		
250 円	−	0 円	=	250 円

▶ 差額原価は、どちらの案の方がどれだけ原価が高いか（または低いか）を表します。よって上記の計算は、デリバリーサービスを行うときの方が250円だけ原価が高いことを表しています。

▶ 上記の引き算の順番を変えてみましょう。
0 円 − 250 円 ＝ △ 250 円

▶ 計算結果のプラス、マイナスが逆になるだけで意味は変わらず、デリバリーサービスを行う方が原価が高い（＝行わない方が原価が低い）ことを表しています。

▶ つまり、引き算の順番はどちらでもよいのですが[02]、複雑な問題になると混乱して、どちらの原価が高いのかの判断ミスが生じやすくなるので注意しましょう。

02) ただし、検定試験の問題文に指示があれば、必ずその指示に従わなくてはなりません。

4 | 関連収益と差額収益

▶ ここまでの検討結果によれば、デリバリーサービスを始めるべきではありません。店内飲食に限定した方が原価が低く、よって「利益」が大きくなるからです。
しかし、利益 ＝ 収益 − 費用（原価）ですから、収益について考えていない検討では不十分です。

▶ 経営意思決定では、どの案を選択するかによって原価だけでなく、収益も未来の発生額が異なってくることもよくあります。その場合には、収益と原価の両方から利益が大きいのはどの案なのかを考えなくてはなりません。

▶▶ ＮＳ軒の店内飲食でのラーメンの価格は１杯850円、デリバリーでは１杯1,150円と決めています。

▶▶ どちらの案を選択するかによって、ラーメンの売上高という収益の発生額が異なるため、このような収益を関連収益[03]といいます。そして、２つの案の関連収益の差額を差額収益[04]といいます。

03) 発生する金額が同じで、意思決定の結果には影響を与えない収益は、無関連収益といいます。

04) 関連収益や差額収益は、特殊原価に対するいわば「特殊収益」です。

▶▶ 差額収益を計算してみましょう。

デリバリーサービスを行うときの売上高		デリバリーサービスを行わないときの売上高	
1,150 円	－	850 円	= 300 円

▶▶ 差額収益は、どちらの案がどれだけ収益が高いか（または低いか）を表します。よって上記の計算は、デリバリーサービスを行うときの方が300円だけ収益が高いことを表しています。

▶▶ 差額収益の計算も、引き算の順番（どの案からもう一方の案を引くか）はどちらでもよいのですが、差額原価の計算と同じ順番にするのがよいでしょう。

5 ┃ 差額利益

▶▶ 以上の計算を総合して、ＮＳ軒の意思決定の結論を出しましょう。

▶▶ デリバリーサービスを始めるべきかどうかは、差額収益から差額原価を差し引いて差額利益を計算することで判断します。

差額収益	300 円	… 4 より（デリバリーサービスを行う方が 300 円高い）
差額原価	250 円	… 3 より（デリバリーサービスを行う方が 250 円高い）
差額利益	50 円	➡ デリバリーサービスを行う方が利益が 50 円大きい

▶▶ 差額利益が50円のプラスとなりました。これは、デリバリーサービスを行う方がラーメン１杯からの利益が50円大きいことを意味するため、ＮＳ軒はデリバリーサービスを始めるべきです。

▶▶ 以上のような差額収益、差額原価、差額利益の計算によって意思決定を行う方法を、差額原価収益分析といいます。

⑥ 機会原価

» デリバリーサービスを行うか否かの意思決定について、機会原価の考え方を取り入れて考えてみることにしましょう。

» デリバリーサービスを始めると得られなくなってしまう利益（収益）が機会原価です。

» デリバリーによってラーメンを販売すると、その分店内での販売が減ってしまいます。つまり、デリバリーでの販売は、同時に店内販売で売上を得る機会を逃すことになります。

» そこで、この逃してしまう店内売上をデリバリーを行う案の原価として扱う、というのが機会原価の考え方です。

差額収益　　1,150 円 … デリバリーでの売上
差額原価 ⎰ 　250 円 … デリバリーでの配達コスト
　　　　 ⎱ 　850 円 … 機会原価（店内での売上）
差額利益　　　 50 円

» まず、差額収益が ⑷ で計算した 300 円と異なっていることに注目してください。

» ⑷ での差額収益 300 円は、デリバリーでの売上高 1,150 円からデリバリーを行わないときの売上高 850 円を差し引いて計算しました。

» このうちのデリバリーを行わないときの売上高、つまり店内売上の 850 円を差額収益の計算には含めずに、デリバリーを行うときの原価と考えて差額利益を計算します。

▶▶ このように、機会原価を取り入れた計算を行っても、結論（差額利益50円）
は変わりません。

トレーニングⅠ　Ch4　問題1へ

機会原価は、あまり難しく考えないように
しましょう。4-7ページまでの計算で
充分正しい意思決定ができるわけですから

Section 3 差額原価収益分析の ケース・スタディ

このSectionでは、業務的意思決定のための差額原価収益分析について、代表的な4つのケースを学習します。

差額原価収益分析では、まずは、どういう案とどういう案を比較するのかをはっきりさせることが大切です。難しい問題になればなるほど、この確認が疎かになってしまいがちなので、今のうちから強く意識するようにしましょう。

1 │ 製品の追加加工可否の意思決定

▶ 製品の追加加工可否の意思決定とは、現在生産販売している製品を今後もそのままの状態で販売するか、それとも追加の加工を行って別の製品として販売するかという意思決定です。

▶ 追加加工を行うと製品の価値が高まり、より高い価格で販売することが可能ですが、追加加工を行った分だけコストもかかります。

▶ そのため、追加加工の可否の意思決定では、追加加工を行うことによって増える収益（差額収益）と追加加工に要するコスト（差額原価）により、差額利益を求めます。

追加加工

追加加工すると高く売れるけど製造コストも心配…。

Q | 3-1 | 製品の追加加工の可否 |

　当社はこれまで製品Aを生産販売してきたが、次期は製品Aに追加加工を施し、製品A-Ⅱとして販売することを検討している。次の資料にもとづいて、追加加工の可否を答えなさい。

📄 **資料**

1. 製品Aのデータ

　　販売価格　　@　900円

　　次期の生産販売量　　500個

　　（変動製造原価　160,000円　　固定製造原価　200,000円）

2. 製品A-Ⅱのデータ

　　販売価格　　@1,300円

　　追加加工費　@　300円（すべて変動費）

　　なお、製品A-Ⅱ1個は、製品A1個を追加加工することにより生産される。

3. その他の原価（販売費など）80,000円は、追加加工を行うか否かの影響を受けない。

A | 3-1 | 解答 |

　追加加工を行うことは、追加加工を行わない場合に比べて、

　　　　50,000　円 有利 なので、追加加工すべきで ある[01]。

> 01) 採用すべき案を「有利」な案といいます。また、「50,000円有利」は、採用すべき案の方が50,000円だけ利益が大きいことを意味します。

💡 | 3-1 | 解説 |

　差額原価収益分析の具体的な計算方法には、総額法と差額法があります。また、意思決定において比較する選択肢（〜する案、〜しない案など）のことを代替案と呼ぶことがあります。

1. 総額法

　総額法は、各代替案について、収益と原価のそれぞれの総額から利益を計算し、差額利益を求める方法です。

		追加加工する案		追加加工しない案
〈収益〉				
製品Aの売上		—	@900円×500個=	450,000円
製品A-Ⅱの売上	@1,300円×500個=	650,000円		—
〈原価〉				
製品Aの製造原価		360,000円		360,000円
追加加工費	@　300円×500個=	150,000円		—
その他		80,000円		80,000円
小計		590,000円		440,000円
〈利益〉		60,000円		10,000円

追加加工する案の利益 60,000 円と追加加工しない案の利益 10,000 円から、差額利益は 50,000 円（= 60,000 円 − 10,000 円）となります。

よって、追加加工する案の方が 50,000 円有利である（利益が大きい）ため、追加加工すべきです。

総額法は、収益と原価の総額を用いるため、無関連原価も含めて計算します[02]。

よって、関連原価と無関連原価を厳密に区別しなくても差額利益を計算できる反面、原価や収益の集計に手間がかかってしまう方法です。

2. 差額法

差額法は、各代替案の関連収益と関連原価に注目して、差額収益と差額原価を計算し、差額利益を求める方法です。

I	差額収益			
	製品 A-II の売上	@1,300 円× 500 個 =	650,000 円	
	製品 A の売上	△@900 円× 500 個 =	△ 450,000 円	200,000 円
II	差額原価			
	追加加工費	@300 円× 500 個	=	150,000 円
III	差額利益			50,000 円

差額収益 200,000 円と差額原価 150,000 円から、差額利益は 50,000 円（= 200,000 円 − 150,000 円）となります。

よって、追加加工する案の方が 50,000 円有利である（利益が大きい）ため、追加加工すべきです。

差額法は、直接的に差額収益と差額原価を計算する方法なので、無関連原価は除外して計算します。よって、効率的に差額利益を計算できる反面、どの原価が無関連原価にあたるのかを慎重に見極めなければなりません。

トレーニング I　Ch4　問題 2 へ

2 注文の引受可否の意思決定

▶ 注文の引受可否の意思決定とは、現在生産販売している製品に対し、新規の顧客から特別の条件（格安価格で！など）で注文があったときに、それを引き受けるかどうかという意思決定です。

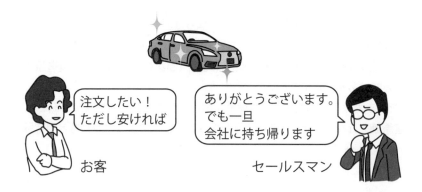

注文したい！
ただし安ければ

お客

ありがとうございます。
でも一旦
会社に持ち帰ります

セールスマン

▶ 注文を引き受けると、売上は増加しますが、製品の製造コストも増加します。
　そのため、注文の可否の意思決定では、受注によって増える収益（差額収益）と受注によって増えるコスト（差額原価）により、差額利益を求めます。

Q | 3-2 | 注文の引受可否 ①

当社が生産販売している製品Bについて、本日、新規の顧客から注文があった。次の資料にもとづいて、この注文の引受可否を答えなさい。

📖 資料

1. 製品Bのデータ
　（1）年間の生産販売量　　　500個
　（2）現在の販売価格　　　@4,000円
　（3）1個あたりの標準製造原価（全部原価計算による）
　　　直接材料費　100円/kg × 2kg　　＝　　200円
　　　変動加工費　200円/時間 × 4時間　＝　　800円
　　　固定加工費　500円/時間 × 4時間　＝　2,000円
　　　　　　　　　　　　　　　　　　　　　　3,000円

（注）変動加工費と固定加工費は、ともに機械作業時間を基準に配賦している。
　また、固定加工費率（@500円）は、年間固定加工費予算1,200,000円と年間基準操業度2,400時間（製品Bの年間生産能力を示している）により計算されている。

　（4）販売費及び一般管理費
　　　変動販売費　50円/個　　　年間固定販売費及び一般管理費　100,000円

2. 新規の顧客からの注文について
　　販売量は100個、販売価格@2,500円を条件とする。変動販売費は生じない。

注文を引き受けることは、引き受けない場合に比べて、

_____150,000_____ 円 **有利** なので、引き受けるべきで **ある** 。

💡 | 3-2 | 解説 |

注文を引き受ける場合、引き受けないときより利益が増えるならば、つまり注文を引き受けることによって差額利益が生じるならば、引き受けるべきです。

【Q3-1】では、製品Aの製造原価360,000円はすべて無関連原価なので、特に変動製造原価と固定製造原価を区別する必要はありませんでした。

しかし、本問では、注文を引き受けると、製品Bの生産量が増えて変動製造原価が増加するため、すべての製造原価が無関連原価とはなりません。このような場合には、次のように変動費と固定費をしっかり区別しながら分析しましょう。

1. 総額法

	注文を引き受ける案	注文を引き受けない案
〈収益〉		
既存分の売上	@4,000円× 500個＝ 2,000,000円	@4,000円× 500個＝ 2,000,000円
新規注文分の売上	@2,500円× 100個＝ 250,000円	―
小計	2,250,000円	2,000,000円
〈原価〉		
変動費		
製造原価(03)		
既存分	@1,000円× 500個＝ 500,000円	@1,000円× 500個＝ 500,000円
新規注文分	@1,000円× 100個＝ 100,000円	
変動販売費	@ 50円× 500個＝ 25,000円	@ 50円× 500個＝ 25,000円
固定費		
製造原価	1,200,000円	1,200,000円
販売費及び一般管理費	100,000円	100,000円
小計	1,925,000円	1,825,000円
〈利益〉	325,000円	175,000円

03) 製品 1 個あたりの変動製造原価：@ 200 円＋@ 800 円＝@ 1,000 円

注文を引き受ける案の利益 325,000 円と引き受けない案の利益 175,000 円から、差額利益は 150,000 円（＝ 325,000 円 − 175,000 円）となります。

よって、引き受ける案の方が 150,000 円有利なので、注文を引き受けるべきです。

問題資料の固定加工費＠2,000 円は、全部原価計算によって製品原価を計算するときのデータであって、そのまま意思決定のための計算に用いると、次のような誤りのもととなるので注意しましょう[04]。

04) 前ページの総額法の計算のなかで、「1 個あたりの固定加工費」は用いられていないことを確認しましょう。

05) 正しくは、両案ともに同額の 1,200,000 円発生するため、無関連原価です。

注文を引き受ける案の固定加工費：　＠2,000 円× 600 個＝ 1,200,000 円
注文を引き受けない案の固定加工費：＠2,000 円× 500 個＝ 1,000,000 円
→ よって、引き受けない方が固定加工費が 200,000 円低くなる[05]。

次に、問題資料に製品 B の年間生産能力が 2,400 時間であることが示されています。本問では、注文を引き受けると、ちょうど 2,400 時間（＝ 600 個× 4 時間）の機械作業時間を使用することになりますが、生産能力の範囲内です。

少し複雑な意思決定になると、注文を引き受けるには生産能力が足りず、生産能力を増やすための原価が追加で発生するといったケースもあり得ます。

2. 差額法

Ⅰ	差額収益		
	売上（新規注文分）	＠2,500 円× 100 個＝	250,000 円
Ⅱ	差額原価		
	変動製造原価	＠1,000 円× 100 個＝	100,000 円
Ⅲ	差額利益		150,000 円

差額収益 250,000 円と差額原価 100,000 円から、差額利益は 150,000 円（＝ 250,000 円 − 100,000 円）となります。

よって、引き受ける案の方が 150,000 円有利なので、追加加工すべきです。

差額法は、直接的に差額収益と差額原価を計算する方法なので、無関連収益や無関連原価は除外して計算します。

無関連収益：既存分の売上 2,000,000 円

無関連原価：既存分の変動製造原価 500,000 円、変動販売費 25,000 円、固定加工費 1,200,000 円、固定販売費及び一般管理費 100,000 円

⯈ ここで、機会原価について考えてみましょう。機会原価とは、「ある案」を選択することによって得られなくなってしまう「他の案」からの利益額のうち最大の額のことです。

⯈ その利益額を、「ある案」の原価としてとらえたものが機会原価です。よって、機会原価の金額だけ「ある案」の利益が小さくなりますが、その利益の金額は何を意味するのでしょうか？
　　【Q3-2】の総額法による計算結果を用いて確認してみましょう。

	注文を引き受ける案	注文を引き受けない案
〈収益〉	2,250,000 円	2,000,000 円
〈原価〉	1,925,000 円	1,825,000 円
〈利益〉	325,000 円	175,000 円

⯈ 「注文を引き受ける案」を選択することによって得られなくなってしまう「注文を引き受けない案」の利益額は 175,000 円です。これを、「注文を引き受ける案」の機会原価として、注文を引き受ける案の利益を計算してみます。

	注文を引き受ける案
〈収益〉	2,250,000 円
〈原価〉	1,925,000 円
機会原価	175,000 円
〈利益〉	150,000 円

⯈ このように、「注文を引き受ける案」の利益は 150,000 円と計算されますが、これは【Q3-2】の解答の金額でもある差額利益です。

⯈ 「注文を引き受けない案」の利益を原価ととらえ、それを差し引いてもプラスの利益が計算されるわけですから、「注文を引き受ける案」の方がそれだけ利益が大きい、つまり差額利益が生じることを表しています。

⯈ 次に、機会原価を用いた差額法の計算を学習します。まずは次の問題で、新規の顧客からの注文を引き受ける案にとって、何を機会原価ととらえることができるかを考えてみてください。

Q │ ∃-∃ │ **注文の引受可否 ②** │

【Q∃-2】の意思決定に関して、新規の顧客に製品 B を低価格で販売するとなると、既存の顧客に対する販売価格も引き下げなければ、既存の顧客との取引を継続できないことがわかった。

仮に、既存の顧客に対する販売価格を@3,400 円に引き下げることになる場合、新規の顧客からの注文の引受可否を答えなさい。

A │ ∃-∃ │ **解答** │

注文を引き受けることは、引き受けない場合に比べて、

　　　<u>150,000</u>　円 **不利** なので、引き受けるべきで **ない** 。

💡 │ ∃-∃ │ **解説** │

注文を引き受けると、既存の顧客への売上が減少するため、この売上の減少を注文を引き受ける案の機会原価ととらえることができます。

この場合の差額法による計算は、次のようになります[06]。

06）現在の既存の顧客に対する 500 個分の売上 2,000,000 円は無関連収益、原価 1,825,000 円は無関連原価です。

Ⅰ	差額収益				
	売上（新規注文分）	@2,500 円　× 100 個		=	250,000 円
Ⅱ	差額原価				
	変動製造原価	@1,000 円　× 100 個 =	100,000 円		
	機会原価（既存分の売上減少）	@600 円[07]× 500 個 =	300,000 円		400,000 円
Ⅲ	差額利益				△ 150,000 円

差額利益は△ 150,000 円（差額損失）となるため、引き受ける案の方が 150,000 円不利なので、注文を引き受けるべきではありません。

07）@ 4,000 円－@ 3,400 円
＝@ 600 円

なお、既存の顧客への売上の減少を機会原価ではなく、注文を引き受ける案の収益のマイナスととらえて計算すると、次のようになります。最終的な差額利益の計算は同じです。

Ⅰ	差額収益			
	売上（新規注文分）	@2,500 円　× 100 個 =	250,000 円	
	売上（既存分の減少）	△@600 円[07]× 500 個 =	△ 300,000 円	△ 50,000 円
Ⅱ	差額原価			
	変動製造原価	@1,000 円　× 100 個	=	100,000 円
Ⅲ	差額利益			△ 150,000 円

トレーニング I　Ch4　問題 5 〜 7 へ

∃ 内製か購入かの意思決定

▶ 内製か購入かの意思決定とは、製品の生産に必要な部品について、これまでどおり外部から購入するか、それとも内製（自社内で製造）するかという意思決定です。

▶ 購入しても、内製しても、同じ部品なので生産される製品も同じです。よって、製品の売上収益には影響を与えないため、原価だけを比較することでどちらが有利かを判断できます。

▶ また、部品の内製が検討されているということは、現在そのための生産能力が余っていることを意味します。内製か購入かの意思決定は、このような遊休生産能力をうまく活用して企業の利益を増やす方策の一つとして検討されるものです。

Q │ ∃-4 │ 内製か購入か

当社の第2製造部は製品Cのための部品Xを生産しているが、次期において1,000機械作業時間の遊休生産能力が生じることが判明した。そこで、この遊休生産能力を利用して、現在は外部から購入している部品Yの内製化を検討している。

次の資料にもとづいて、部品Yを内製すべきかどうかを答えなさい。

資料

・部品Yのデータ

⑴ 年間必要量　　2,000個

⑵ 現在の購入単価　　@6,800円

⑶ 内製する場合の1個あたりの標準製造原価（全部原価計算による）

直接材料費　2,500円／kg × 1kg　＝　2,500円

加　工　費　13,000円／時間× 0.5時間＝　6,500円

9,000円

(注) 加工費は、機械作業時間を基準に配賦している。

また、加工費率のうちの固定費率は、年間固定加工費予算30,000,000円と年間基準操業度5,000時間（第2製造部の年間生産能力）により計算されている。

A | 3-4 | 解答 |

部品Yを内製することは、外部から購入する場合に比べて、

__1,600,000__ 円 有利 なので、内製すべきで ある 。

🔍 | 3-4 | 解説 |

部品を内製したときの原価が購入する場合より低いならば、つまり内製することによって差額利益が生じるのであれば内製すべきです。

本問では、1,000 機械作業時間の遊休生産能力を利用して部品Yを内製するかどうかが検討されています（部品Yの年間必要量 2,000 個× 0.5 時間＝ 1,000 時間）。

この遊休生産能力を利用してもしなくても、固定加工費は同額が発生するため、固定加工費は無関連原価になります。

一方、変動加工費は遊休生産能力を利用すると増加するため、関連原価です。

部品Y1個あたりの変動加工費：7,000 円（変動費率）[08] × 0.5 時間

＝@3,500 円

08) 固定費率：30,000 千円÷
5,000 時間＝ 6,000 円
変動費率：13,000 円
－ 6,000 円＝ 7,000 円

以下に総額法による計算を示します。

	内製する案		購入する案	
〈原価〉				
変動費				
製造原価				
直接材料費	@2,500 円× 2,000 個＝	5,000 千円		—
変動加工費	@3,500 円× 2,000 個＝	7,000 千円		—
購入原価		—	@6,800 円× 2,000 個＝	13,600 千円
固定費				
製造原価		30,000 千円		30,000 千円
		42,000 千円		43,600 千円

内製する案の原価は 42,000 千円、購入する案の原価は 43,600 千円となるため、内製する案の方が原価が 1,600 千円低くなります（内製する案の差額利益は 1,600 千円）。

よって、内製する案の方が 1,600 千円有利なので内製すべきです。

4

業務的意思決定

▸ 【Q3-4】では、部品Yの年間必要量が2,000個とされていましたが、年間必要量にかかわらず内製案が常に有利です。

▸ 内製案の変動費は@6,000円（＝@2,500円＋@3,500円）、購入案の変動費はそれよりも800円高い@6,800円、そして固定費は同額なので、年間必要量が何個でも内製案の方が有利だからです。

▸ ところが、年間必要量によって、どちらの案が有利かが変わることがあります。それは、固定費に差額がある場合です。

▸ 次のグラフで考えてみましょう。

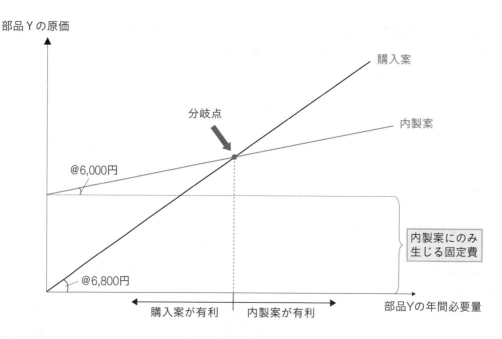

▸ このように、内製案にのみ生じる固定費がある場合、ある年間必要量が分岐点になり、年間必要量がその点を超えるときには内製案の方が有利になることがわかります。

▸ では、次の問題で、上記の分岐点を求め、部品Yの年間必要量が何個以上であれば内製案の方が有利になるかを考えてみましょう。

Q | 3-5 | 内製か購入かの条件 |
　【Q3-4】の資料に加えて、部品Yを内製する場合には、当社が保有していない検査機械が必要であり、そのリース料が年間900,000円（固定費）であることがわかった。
　このとき、部品Yの年間必要量が何個以上ならば、内製または購入が有利になるかを答えなさい。

A | 3-5 | 解答 |

　　部品Yの年間必要量が、___1,126___ 個以上ならば、

　　部品Yを 内製 する方が有利である。

💡 | 3-5 | 解説 |

　　部品Yの内製に必要な検査機械のリース料は、内製する場合にのみ発生する関連原価です。
部品Yの年間必要量をX（個）として、総額法による計算（原価のみ）を示します。

	内製する案	購入する案
〈原価〉		
変動費		
製造原価		
直接材料費	@2,500円×X個 円	—
変動加工費	@3,500円×X個 円	—
購入原価	—	@6,800円×X個 円
固定費		
製造原価（リース料を除く）	30,000千円	30,000千円
リース料	900千円	—
	6,000X円 + 30,900千円	6,800X円 + 30,000千円

　内製する案の方が有利となる条件は、次のようになります。

$$6,000X + 30,900,000 < 6,800X + 30,000,000$$
　　内製する案の原価　　　　　　購入する案の原価

　　→　800X > 900,000

　　　∴　X > 1,125　… 年間必要量が1,125個よりも多いとき

　　　　　　　　　　（1,126個以上のとき）という条件を示しています。

　よって、部品Yの年間必要量が1,126個以上ならば、内製が有利になります。

　なお、差額法によって内製する場合の差額利益を計算すると、次のようになります。計算が少しややこしくなりますが、ぜひ確認してみてください。

Ⅰ　差額収益		0 円
Ⅱ　差額原価		
製造原価		
直接材料費	@2,500円×X個 円	
変動加工費	@3,500円×X個 円	
購入原価	△@6,800円×X個 円	
リース料	900,000 円	900,000 − 800X 円
Ⅲ　差額利益		800X − 900,000 円

差額利益：0（差額収益）−（900,000 − 800X）= 800X − 900,000
　　　　　　　　　　　　　　　差額原価

この差額利益がプラスになるとき、内製の方が有利となります。

　800X − 900,000 > 0

　　　　∴　X > 1,125

CHAPTER 4 業務的意思決定

トレーニングⅠ　Ch4　問題8・9へ

4 | 経済的発注量の決定

▶ 発注量の決定とは、外部から購入している材料などについて、毎回の発注量をどのくらいにするかを決めることです。

　例えば、発注1回あたり100個を発注するのか、それとも150個？200個？といった様々な発注量の案からの選択になるため、これも一つの意思決定です。

毎回100個注文

> 何度も注文するのも大変
> かといって、たくさん注文
> しちゃうと場所とるし…

納品書

毎回200個注文

▶ では、なぜこのような意思決定が必要なのでしょうか。確かに、材料そのものの購入代価は、1回あたりの発注量とは無関係です[09]。

▶ しかし、材料に関連して発生するコストは材料の購入代価だけではなく、発注費と保管費が発生し[10]、これらは1回あたりの発注量によって発生額が変わります[11]。

> 発注費 … 事務用消耗品費や受入材料の積下ろし作業賃金など
> 保管費 … 材料倉庫の経費や火災保険料など

▶ 在庫量が多いほど保管費がかかるため、一度に大量に購入すると保管費が多額になってしまいます[12]。一方、保管費を抑えるために少量ずつ発注すると、発注費が多額になってしまいます[13]。

発注費の総額　　　　　　　保管費の総額

0　　　　1回あたりの発注量　　0　　　　1回あたりの発注量

09) 購入総量が決まっていれば、毎回何個発注しようが購入代価総額は変わらないからです。
　ただし、多くを発注すれば購入単価が下がるといった取引条件があれば無関係ではなくなります。

10) 発注費と保管費をあわせて、在庫関連費用または在庫品関係費用などといいます。

11) 意思決定上の関連原価です。

12) 大量に購入しても徐々にしか使わないので、保管費が多くなります。

13) 何度も発注することになるので、発注費が多くなります。

▸▸ そこで、発注費と保管費の合計[14]が最も小さくなる1回あたりの発注量（これを経済的発注量〈EOQ：economic order quantity〉といいます）を求めるのです。

14) 年間などの一定期間に発生する総額です。

▸▸ 次の問題で具体的な計算について見ていきましょう。

Q | ∃-Ь | **経済的発注量** |

次の資料にもとづいて、材料の経済的発注量を計算しなさい。

📄 **資料**

材料の年間必要量	10,000 個	1回あたりの発注費	30,000 円
材料の購入単価	@2,000 円	1個あたりの年間保管費	15,000 円

A | ∃-Ь | **解答** |

経済的発注量 ___200___ 個

💡 | ∃-Ь | **解説** |

1. 発注費

年間の発注費の計算式は、次のようになります。

$$発注費 = 1回あたりの発注費 \times \frac{材料の年間必要量}{1回あたりの発注量}$$

（年間発注回数）

本問での発注費：$30,000 円 \times \dfrac{10,000 個}{1回あたりの発注量} = \dfrac{300,000,000}{1回あたりの発注量}$

2. 保管費

年間の保管費の計算式は、次のようになります。

$$保管費 = 材料1個あたりの保管費 \times \frac{1回あたりの発注量}{2}$$

（平均在庫量[15]）

本問での保管費：$15,000 円 \times \dfrac{1回あたりの発注量}{2}$
= 7,500 × 1回あたりの発注量

15) 材料を購入した直後の在庫量は1回あたりの発注量に等しく、それが消費されてやがてゼロになると考えると、平均の在庫量は1回あたりの発注量の半分の値になります。

3. 経済的発注量

1回あたりの発注量をXとし、発注費、保管費、発注費と保管費の合計をグラフに示すと、次のようになります。

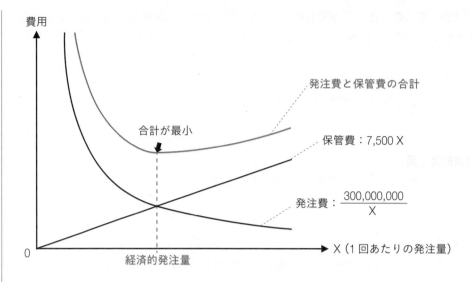

発注費と保管費の合計が最も小さくなる発注量が経済的発注量です。

経済的発注量のとき、発注費の線と保管費の線が交わっていることに注目してください。

つまり、発注費と保管費が同額になるときの発注量が経済的発注量です。

> 経済的発注量では … **発注費 ＝ 保管費**

よって、本問の経済的発注量は次のように求めることができます。

$$\frac{300,000,000}{X} = 7,500\,X \quad \rightarrow \quad 7,500\,X^2 = 300,000,000$$

$$\rightarrow \quad X^2 = 40,000\ ^{16)} \qquad \rightarrow X = 200$$

16) 電卓の画面に 40,000 が表示された状態で、√(ルートキー)を押します。

4. 保管費に含まれる資本コスト

本問の計算では特に考慮する必要はありませんでしたが、材料1個あたりの保管費に材料の在庫に対する資本コストを含めることがあります。

在庫に対する資本コストとは、在庫にかかっている資金を他で利用すれば得られたはずの利益を機会原価として計上するものです [17]。

17) 例えば、その資金を銀行に預けるだけでも利息が得られたはずですものね。

この場合に1個あたりの保管費に含める金額は、「材料の購入単価×資本コスト率」によって計算します。

トレーニングⅠ　Ch4　問題10へ

意思決定会計は、とにかく「どっちが得か」の計算です。
「日商簿記1級の合格に向けてがんばるべき！」
という皆さんの解答、正解です！
必ず合格しましょうね！

Chapter 5

設備投資意思決定の基本

Point

　この Chapter では、構造的意思決定の代表格である設備投資の意思決定を学習します。

　差額原価収益分析を行うことは業務的意思決定と同じですが、設備投資の意思決定の計算の対象となる期間は（検定試験では）3 年や 5 年といった長期間になります。

　そのため、ある案を採用すべきかどうか、複数の案のうちどれを採用すべきかなどを決める方法には様々な方法があります。

用語集

設備投資意思決定
　ある設備投資を行うべきか否か、あるいは複数の設備投資案のうちどの案を採用すべきかなどを決定すること

貨幣の時間価値
　時点によって貨幣の価値は異なるものであり、時間の経過によって貨幣の価値は上がるという考え方

複利計算
　現在の金額が、時間の経過によって、将来いくらになるかを計算すること

割引計算
　将来の金額が現在のいくらと価値が等しいかを計算すること

現価係数
　割引計算によって現在価値を求めるための係数

年金現価係数
　将来に毎年一定額の現金の収入や支出があるときに、その数年分の現在価値合計を求めるための係数

資本コスト
　株主や銀行などから資本を調達するためにかかるコスト

資本コスト率
　調達資本に対する資本コストの比率

加重平均資本コスト率
　資本の構成割合を考慮した資本コスト率の平均値

ネット・キャッシュ・フロー(純現金流入額)
　将来のキャッシュ・イン・フロー(現金収入額)からキャッシュ・アウト・フロー(現金支出額)を差し引いて計算された金額

正味現在価値
　投資から得られるネット・キャッシュ・フローの現在価値合計から投資額を差し引いて計算される金額

収益性指数
　投資から得られるネット・キャッシュ・フローの現在価値合計を投資額で割って計算される値

内部利益率
　投資から得られるネット・キャッシュ・フローの現在価値合計と投資額がちょうど等しくなる割引率

非現金支出費用
　減価償却費のように費用ではあるが現金支出がないもの

タックス・シールド
　減価償却費などの非現金支出費用から生じる法人税等の節約額

単純投下資本利益率
　貨幣の時間価値を考慮せずに計算した投下資本利益率

単純回収期間
　貨幣の時間価値を考慮せずに計算した回収期間(投資が回収できるまでの年数)

Section 1 設備投資意思決定の 基礎知識

重要度

　3級や2級の商業簿記では、会計期間を1年で区切りました。それは、区切らないといつまでたっても財務諸表が作成できないからです。
　では、例えば、1億円かけて新設備を入れて、新製品を5年間生産販売する案を検討しているとしましょう。このとき、5年間全体で利益が出ればよいわけで、最初の1年の利益が多いか少ないかという情報は重要でしょうか？

1 | 設備投資意思決定とは

▶ 　Chapter 4 で、意思決定には構造的意思決定と業務的意思決定があることを学習しました。

▶ 　構造的意思決定は、製品の生産販売能力などの経営の基本についての意思決定で、その中の代表格が設備投資意思決定です。
　設備投資とは、製品の生産や販売に使用する固定資産[01]への投資[02]のことです。固定資産の特徴から、その期間は長期にわたり、投資金額も非常に大きい金額となるのが通常です。

01) 土地、機械、建物など。
02) 投資＝投下資本
　投資は、何かに資本（資金）を投じて、後にそれを上回る額を得ることを目的とします。

▶ 　設備投資意思決定とは、ある設備投資を行うべきか否か、あるいは複数の設備投資案のうちどの案を採用すべきか、などを決定することです。

▶ 　この意思決定によって、どのような製品が、いくらのコストで、どれだけ生産販売できるかの大筋が決まります。つまりこの意思決定を誤ると、それを前提とした業務的意思決定の内容にも大きな影響を与えてしまいます。

その意味でも設備投資意思決定は非常に重要なので、そのための意思決定会計での計算も少し複雑なものとなります[03]。

03) 1級受験生にとって、大きな関門の一つです。がんばりましょう！

NS軒の店主が、手打ち麺をやめて製麺機を導入しようかと考えたときも、「製麺機っていくら？」、「1時間で何食分できる？（お客さんの数を増やせる？）」、「材料費は同じ？」、「購入資金の借入利率は何％？」など、多くのことを検討しました。

それでは早速、具体的内容についての学習を始めましょう。

2 | 設備投資意思決定での計算の特徴

設備投資意思決定のための会計の計算には、次のような特徴があります。

● 個々の投資案の損益を計算する。

設備投資を実行するか否かの判断の基本は、それによって利益が増えるかどうかです。よって、個々の投資案を対象にして損益を計算します[04]。

04) 財務会計では、ある企業のすべての損益を損益計算書にまとめていました。

● 全体損益を計算する。

財務会計（会計期間を1年としたB/SやP/Lの作成など）のような期間損益計算は行いません[05]。

設備投資意思決定では、1年ごとの損益ではなく、投資期間[06]全体の損益がプラスになるかどうかが重要だからです[07]。

05) 財務会計では、人為的に期間を区切って損益を計算してきました（期間損益計算）。

06) 設備の耐用年数などによって決まります。

07) このような損益計算を全体損益計算といいます。

● 現金の収支によって損益を計算する。

損益を「現金収入額－現金支出額」によって計算します。つまり、現金が増えるなら利益、減るなら損失と計算します[08]。

現金の収支をキャッシュ・フローといい、現金収入額と現金支出額をそれぞれ次のように呼びます[09]。

08) 財務会計の期間損益計算では、発生主義のもとでの「収益－費用」によって計算していましたよね。

09) 本書もこれ以降はこれらを用いて説明します。

> 現金収入額 ➡ キャッシュ・イン・フロー
> 現金支出額 ➡ キャッシュ・アウト・フロー

● 貨幣の時間価値を考慮して計算する。

設備投資の投資期間は長期にわたります。そのため、例えば、「現在の1,000円は1年後の1,000円と同価値ではない」という考え方のもとに計算することが必要になってきます。

トレーニングⅠ　Ch5　問題1 へ

∃ | 貨幣の時間価値

▶ 「現在の 1,000 円は 1 年後の 1,000 円と同価値ではない」。では、どちらの
方が価値が高いでしょうか？

▶ 答えは、現在の 1,000 円です。今、銀行に 1,000 円を利子率年 10％で預け
入れると、その瞬間から利息が付き始め、1 年後の預金残高は 1,100 円になり
ます[10]。

10) 近年の超低金利はさておき
…。利息に対する税金もな
いとしましょう。

よって、現在の 1,000 円と同価値なのは 1 年後の 1,100 円なので、現在の
1,000 円は 1 年後の 1,000 円よりも価値が高いといえます。これが、貨幣の
時間価値の考え方です。

▶ では、貨幣の時間価値を考慮した計算の基本について見ていきましょう[11]。

11) すでに、「1 級商業簿記・
会計学」で学習された方も
ここで復習しましょう。

1. 複利計算

▶ 複利計算は、現在の金額が時間の経過によって、将来いくらになるかを計
算することです。

Q | ユーユ | **複利計算** |
銀行に 1,000 円を利子率年 10％（複利）で預け入れた場合の 1 年後、2 年後、3 年後の預金残
高（元利合計）を求めなさい。なお、預金の引出しはないものとする。

A | ユーユ | **解答** |
1 年後：___1,100___ 円　　2 年後：___1,210___ 円　　3 年後：___1,331___ 円

💡 | ユーユ | **解説** |
1 年後：1,000 円 × 1.1 = 1,100 円
2 年後：1,000 円 × 1.1 × 1.1 = 1,000 円 × 1.1^2 = 1,210 円
3 年後：1,000 円 × 1.1 × 1.1 × 1.1 = 1,000 円 × 1.1^3 = 1,331 円

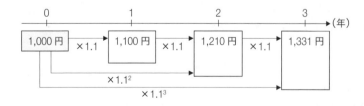

　このように、複利計算は現在の金額の将来価値（未来価値）の計算であり、終価計算ともいわれます。
　なお、複利計算の「複利」とは、利息にまた利息が付くという意味です。例えば、2年後の金額の1,210円のうちの10円は、1年後に生じた利息100円に対する利息です（100円× 10% = 10円）。

2. 割引計算

▶　割引計算は、将来の金額が現在のいくらと価値が等しいかを計算することです。

Q ｜ 1-2 ｜ **割引計算** ｜
　3年後の銀行の預金残高を1,000円とするには、今いくらを預け入れたらよいかを求めなさい。なお、現在の預金残高はなく、利子率は年10%（複利）とする。また、計算結果に端数が生じる場合には、最終段階で円未満を四捨五入すること。

A ｜ 1-2 ｜ **解答** ｜

　　　　751　円

💡 ｜ 1-2 ｜ **解説** ｜

$1{,}000\text{円} \div 1.1^3 = 751.3 \cdots = 751\text{円}$

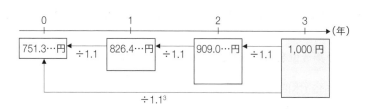

　このように、割引計算は複利計算と逆向きの、将来から現在に向かっての計算です。つまり、将来の金額の現在価値の計算です。現在価値は将来の利息が付く前の金額なので、割引計算は将来の金額に含まれる利息の額を取り除く計算ということもできます。
　なお、本問の利子率年10%のような割引計算に用いる率を割引率といいます。

トレーニングⅠ　Ch5　問題2へ

3. 現価係数

▶ 現価係数は、割引計算によって現在価値を求めるための係数のことです。

Q | 1-3 | 現価係数 |

　割引率を年10%とするとき、3年後の金額の現在価値を求めるための現価係数を求めなさい。なお、小数点以下第5位を四捨五入すること。

A | 1-3 | 解答 |

　現価係数：　<u>　0.7513　</u>

💡 | 1-3 | 解説 |

$$\frac{1}{1.1^3} = 0.75131 \cdots \to 0.7513$$

【**Q**1-2】で、3年後の1,000円の現在価値を次のように求めました。

　1,000円 ÷ 1.1³

この計算式の「÷ 1.1³」の部分を掛け算に変えてみます。

$$1,000 円 \times \frac{1}{1.1^3}$$

この「$\frac{1}{1.1^3}$」が現価係数です。

　つまり、3年後の1,000円の現在価値を求めるには、1,000円に $\frac{1}{1.1^3}$ の係数を掛ければよいということです。

　通常、現価係数は、小数点以下第5位を四捨五入した小数で示します。

$$\frac{1}{1.1^3} = 0.75131 \cdots \to 0.7513 （本問の解答）[12]$$

　同じように、1年後や2年後の1,000円の現在価値を求めるための現価係数を計算してみましょう。

　1年後の1,000円の現在価値：1,000円 ÷ 1.1

$$\to 1,000 円 \times \underbrace{\frac{1}{1.1}}_{現価係数}$$

　　現価係数：$\frac{1}{1.1} = 0.90909 \cdots \to 0.9091$

　2年後の1,000円の現在価値：1,000円 ÷ 1.1²

$$\to 1,000 円 \times \underbrace{\frac{1}{1.1^2}}_{現価係数}$$

　　現価係数：$\frac{1}{1.1^2} = 0.82644 \cdots \to 0.8264$

12) SHARP製の電卓では、1 ÷ 1.1 ＝＝＝（イコールを3回押す）で計算できます。
（CASIO電卓の場合
→ 1.1 ÷ 1 ＝＝＝）

⇒ 検定試験では通常、現価係数は問題資料として与えられるので、もっとも大切なことは現価係数そのものの計算方法ではなく、その使い方です。

> **現在価値 ＝ 将来の金額 × 現価係数**

4. 年金現価係数

⇒ 年金現価係数は、将来に毎年一定額の現金の収入や支出があるとき [13] に、その数年分の現在価値合計を求めるための係数のことです。

13) 毎年一定額の現金の収入や支出を年金といいます。

Q | 1-4 | **年金現価係数** |

割引率を年10%とするとき、1年後、2年後、3年後の金額（毎年一定額）の現在価値合計を求めるための年金現価係数を求めなさい。なお、下記の現価係数表を用いて計算すること。

〔現価係数表〕

n \ r [14]	10%
1	0.9091
2	0.8264
3	0.7513

14) n：期間（ここでは年数）
　　r：割引率

A | 1-4 | **解答** |

年金現価係数：　　<u>2.4868</u>

💡 | 1-4 | **解説** |

0.9091 ＋ 0.8264 ＋ 0.7513 ＝ 2.4868

例えば、1年後の1,000円、2年後の1,000円、3年後の1,000円のそれぞれの現在価値を計算すると、次のようになります。

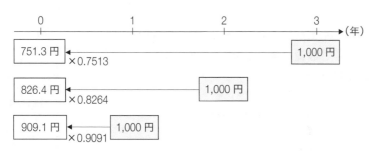

よって、現在価値合計は、

1,000 円× 0.9091 ＋ 1,000 円× 0.8264 ＋ 1,000 円× 0.7513

＝ 1,000 円×（0.9091 ＋ 0.8264 ＋ 0.7513）

と計算され、現価係数の合計値を用いると早く計算できることがわかります。
この現価係数の合計値が年金現価係数です。

> **年金の現在価値 ＝ 1 年分の金額 × 年金現価係数**

▶ 本書の巻末に、現価係数表と年金現価係数表を掲載していますので、参考
にしてください。

トレーニング I　Ch5　問題 3・4 へ

4 ｜ 資本コスト

▶ 設備投資意思決定の計算における現在価値の計算では、割引率に資本コス
ト率を用います。

1. 資本コスト

▶ 企業が設備投資を行うためには、そのための資本（資金）が必要です。この
資本を調達するためにかかるコストを資本コストといい、資本に対する資本
コストの比率を資本コスト率といいます。

▶ 例えば、株主から調達するなら配当金が資本コストになり、銀行からの借
入れや社債の発行によって調達するならその利息が資本コストになります。

▶ 設備投資は、資本コストより大きい利益を生み出さなければ「赤字」になっ
てしまいます。

　　よって、資本コスト率は最低限必要な投下資本利益率[15]（設備投資額に対
する利益の割合）の意味をもち[16]、設備投資を行うか否かの基準としての切
捨率（ハードル・レート）の役割を果たします。

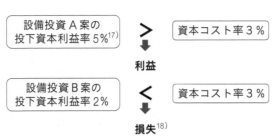

15) 最低所要投下資本利益率
といいます。

16) 単純な例として、設備投
資額 100 万円に対する資
本コストが 3 万円（資本コ
スト率 3%）のとき、設備投
資の利益率の最低ライン
は 3%になります。

17) A 案の利益額（資本コスト
控除前）は 5 万円、投資
額は 100 万円です。
投下資本利益率
＝ 5 万円÷ 100 万円

18) B 案の利益率は資本コス
ト率を下回っているため、
「B 案は採用すべき案でな
い」と切り捨てられます。

2. 加重平均資本コスト率

▶▶ 資本コスト率は、資本の調達源泉によって異なります。そこで、設備投資意思決定の計算では通常、全社的な平均資本コスト率を用います。

▶▶ この平均資本コスト率は、調達源泉別の資本コスト率を加重平均して求めます。この資本コスト率を加重平均資本コスト率といいます。

調達源泉
自己資本 … 自己資本の資本コスト率
他人資本 … 他人資本の資本コスト率 } 総資本に占める割合を用いて平均
総 資 本

↓

加重平均資本コスト率

▶▶ このとき、他人資本 [19] の資本コスト（支払利息など）は費用なので、黒字企業では、その分課税所得が減額され、法人税等を節約する効果があります。つまり、資本コストは結果的に支払額よりも小さくなります。

19) 他人資本は、他人から調達した資本という意味で、借入金や社債などの返済を要する資本のことです。

▶▶ よって、次のように税引後（税金考慮後）の資本コスト率を計算します。

他人資本の税引後資本コスト率
＝ 税引前資本コスト率 ×（1 −法人税等の税率）

▶▶ 一方、自己資本 [20] の資本コスト（配当金など）は費用ではないので [21]、法人税等を節約する効果はありません。

20) 自己資本は、株式発行による資本金や利益剰余金などの内部留保です。

21) 例えば、株主への配当は、税引後の利益から行われるからです。

Q | 1-5 | **加重平均資本コスト率** |

次の資料より、税引後加重平均資本コスト率を求めなさい。なお、法人税等の税率は30%とする。

調達源泉	構成割合	調達源泉別資本コスト率
借 入 金	40%	8%（税引前）
株式発行	30%	14%
留保利益	30%	12%

A | 1-5 | **解答** |

_10.04_ %

1. 他人資本の税引後資本コスト率

借入金の税引後資本コスト率：8% ×（1 − 30%）= 5.6%
　　　　　　　　　　　　　　　税引前　　　税率

　例えば、借入金 10,000 円に対して利息を 800 円支払ったとき、同額だけ課税所得が小さくなるため、法人税等が 240 円（= 800 円× 30%（税率））節約されます。よって、支払利息の実質的な支払は 560 円（= 10,000 円× 5.6%）となります。

2. 自己資本の資本コスト率

　法人税等の節約効果はないため、株式発行の資本コスト率は 14%、留保利益の資本コスト率は 12% です[22]。

22)〈参考〉留保利益に対する資本コストは、その資金を他で利用すれば得られたはずの利益を機会原価として考えたものです。

3. 加重平均資本コスト率[23]

　加重平均資本コスト率は、調達源泉別の資本コストにそれぞれの構成割合を掛けたものを合計して計算します。

借　入　金：5.6% × 40% ⎫
株式発行： 14% × 30% ⎬ 合計：2.24 + 4.2 + 3.6 = 10.04%
留保利益： 12% × 30% ⎭

23) 実務では、WACC（Weighted Average Cost of Capital）といいます。

トレーニングⅠ　Ch5　問題 5 へ

加重平均の計算は、他の学習分野でも使います。
単純平均（例えば、3 つの数値の平均を出したいときには合計額を 3 で割るという普通の平均の計算）と比較して考えると理解しやすいです。

Section 2 設備投資案の評価方法Ⅰ

このSectionの中心は、正味現在価値法です。正味現在価値を簡単に言い換えると、利益の現在価値です。

今私たちは現在にいます。なので、将来の現金収入も現金支出も現在価値で考えて、その差額で利益を計算しようということです。まずは、あまり難しく考えないようにしましょう。

1 設備投資案の評価とは

設備投資案の評価とは、ある設備投資案を実行すべきか否かや、2つ以上の設備投資案のうちどちらを採用すべきか（どちらが有利か）などを判断することをいいます。その評価方法には、次のものがあります[01]。

＜貨幣の時間価値を考慮する方法＞

● **正味現在価値法、収益性指数法**

投資から得られるネット・キャッシュ・フローの現在価値合計と投資額（設備の購入支出）の大小関係によって評価します。

ネット・キャッシュ・フローとは、将来のキャッシュ・イン・フローからキャッシュ・アウト・フローを差し引いて計算された金額のことです[02]。

● **内部利益率法**

投資から得られるネット・キャッシュ・フローの現在価値合計と投資額がちょうど等しくなる割引率である内部利益率によって評価します[03]。

＜貨幣の時間価値を考慮しない方法＞

● **単純投下資本利益率法**

貨幣の時間価値を考慮せずに計算した投下資本利益率によって評価します。

● **単純回収期間法**

貨幣の時間価値を考慮せずに計算した回収期間（投資額が回収できるまでの年数）によって評価します。

01) 検定試験対策としては、正味現在価値法が特に重要です。単純投下資本利益率法と単純回収期間法は、Section 4で詳しく学習します。

02) 正味キャッシュ・フロー、純現金流入額とも呼ばれます。

03) 内部利益率が資本コスト率（切捨率）を下回る案は採用されません。

2 | 正味現在価値法

▶ 正味現在価値[04]は、貨幣の時間価値を考慮して、すべてのキャッシュ・フローの現在価値によって計算した設備投資案の損益額です。この額を用いて設備投資案を評価する方法が正味現在価値法です。

04）NPVとも呼ばれます
（Net Present Value）。

> 正味現在価値 ＝ 投資から得られるネット・キャッシュ・フローの現在価値合計
> － 投資額（設備の購入支出）

▶ 設備投資案が実行されるためには、少なくとも正味現在価値がプラスである必要があります[05]。

05）正味現在価値がマイナス
の投資案の損益は赤字だ
からです。

Q | 2-1 | 正味現在価値法 |

当社は、新製品の生産のために、新たな生産設備として設備Aと設備Bのどちらかを導入することを検討している。次の資料にもとづいて、正味現在価値法によって、設備Aを導入する案（A案）と設備Bを導入する案（B案）のどちらが有利かを答えなさい。

📋 **資料**

1. A案のデータ
 (1) 設備Aの取得原価　　400万円
　　　（当期末に現金払いで購入し、次期より使用する。設備Bも同様）
 (2) 設備Aの耐用年数　　3年
 (3) 投資期間におけるネット・キャッシュ・フロー
　　　次期以降の3年間にわたり、毎年200万円

2. B案のデータ
 (1) 設備Bの取得原価　　600万円
 (2) 設備Bの耐用年数　　3年
 (3) 投資期間におけるネット・キャッシュ・フロー
　　　1年度：250万円　　　2年度：260万円　　　3年度：330万円

3. その他
 (1) 資本コスト率：10%
 (2) キャッシュ・フローは、すべて各年度の期末に生じる。
 (3) 当期末を現在として、下記の現価係数表を用いて計算すること。
　　　〔現価係数表〕

n \ r	10%
1	0.9091
2	0.8264
3	0.7513

A 2-1 │解答│

A案の正味現在価値は、 973,600 円、B案の正味現在価値は、 900,680 円なので、 A案 の方が 72,920 円有利である。

2-1 │解説│

設備Aと設備Bのどちらかを導入することが検討されています。これは、設備Aを導入するなら設備Bは導入しない、同様に設備Bを導入するなら設備Aは導入しないことを意味しており、このような設備投資案を相互排他的投資案といいます。

相互排他的投資案のときには、正味現在価値が大きい方の投資案を採用すべきです。

1. A案の正味現在価値

正味現在価値は、投資から得られるネット・キャッシュ・フローの現在価値合計から投資額（設備の購入支出）を差し引いて計算します。

（1） 投資から得られるネット・キャッシュ・フローの現在価値合計

毎年のネット・キャッシュ・フローが同額（200万円[06]）であるため、次のような年金現価係数による計算が効率的です。

200万円×（0.9091 + 0.8264 + 0.7513）= 200万円× 2.4868
= 4,973,600円

> 06) 例えば、新製品の年間売上収入が500万円、製造原価などの年間現金支出が300万円であったとして、500万円 − 300万円 = 200万円と計算されたと考えることができます。

（2） 投資額

設備Aの購入のための現金支出400万円が該当します。支出時点が現在なので、現在価値計算の必要はありません。

（3） 正味現在価値

4,973,600円 − 4,000,000円= 973,600円

このように、A案の正味現在価値はプラスとなりますが、まだA案を実行すべきと決まったわけではありません。B案の正味現在価値の方が大きければ、B案を実行すべきだからです。

（4） 正味現在価値を計算するためのタイムテーブル

時間軸の上にキャッシュ・イン・フロー（CIF）を、時間軸の下にキャッシュ・アウト・フロー（COF）を年度ごとに書き込んでいきます。

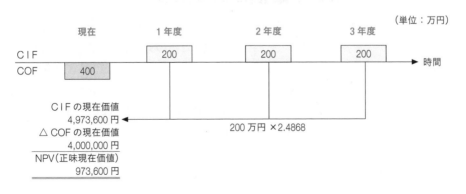

2. B案の正味現在価値

(1) 投資から得られるネット・キャッシュ・フローの現在価値合計

250万円 × 0.9091 + 260万円 × 0.8264 + 330万円 × 0.7513
= 6,900,680円

(2) 投資額

設備Bの購入のための現金支出600万円が該当します。

(3) 正味現在価値

6,900,680円 − 6,000,000円 = 900,680円

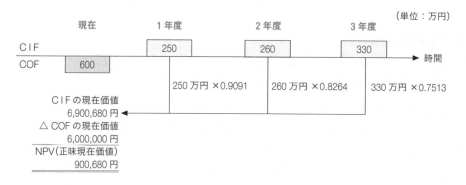

3. A案とB案の比較

A案の正味現在価値がB案よりも72,920円（= 973,600円 − 900,680円）だけ大きいため、A案の方が有利（A案を採用すべき）です。

Column　もしあなたに"絶対にB案の方が良い"という確信があったら…

　設備投資の意思決定の計算で、「正味現在価値の大きいA案の方が有利」となったとしても、現場で担当する者としては"絶対にB案にするべき"という思いに駆られることもあるでしょう。

　では、この状況で、どうすればB案の採用へもっていけるでしょうか？

　B案の設備を販売している会社に、「この

ままではA案になってしまう」と事情を話し、600万円の支払を半年先に延ばしてもらうという案はどうでしょうか。そうすれば、600万円は半年分の割引計算が行われ、30万円ほどのCOFの減少となり、「B案の方が有利」に変わります。

　みなさんも、意思決定会計の知識をうまく活用しましょう！

3 | 収益性指数法

収益性指数の計算要素は、正味現在価値法とまったく同じです。下記の割り算によって、投資額の何倍のネット・キャッシュ・フローが得られるかを示します[07]。

07) 商業簿記で「売価は原価の20%増とする」というとき、原価を1とすると売価は1.2ですよね。収益性指数法は、この1.2の計算と同じイメージです。

$$収益性指数 = \frac{投資から得られるネット・キャッシュ・フローの現在価値合計}{投資額}$$

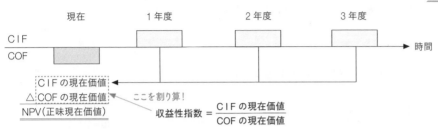

よって、設備投資案が実行されるためには、少なくとも収益性指数が1を超える必要があります。

Q | 2-2 | 収益性指数法

【Q2-1】について、収益性指数法によって設備Aを導入する案（A案）と設備Bを導入する案（B案）のどちらが有利かを答えなさい。なお、収益性指数は、小数点以下第3位を四捨五入すること。

A | 2-2 | 解答

A案の収益性指数は、<u>1.24</u>、B案の収益性指数は、<u>1.15</u>なので、<u>A案</u>の方が有利である。

2-2 | 解説

A案とB案は相互排他的投資案なので、収益性指数が大きい方の投資案を採用すべきです。

・A案の収益性指数

$$\frac{投資から得られるネット・キャッシュ・フローの現在価値合計}{投資額}$$

$$= \frac{4,973,600 円}{4,000,000 円} = 1.2434 \to 1.24$$

・B案の収益性指数

$$\frac{6,900,680 円}{6,000,000 円} = 1.150\cdots \to 1.15$$

トレーニングⅠ　Ch5　問題6・7へ

4 | 内部利益率法

▶ 正味現在価値法が設備投資案を利益額で評価する方法であるのに対し、内部利益率法は利益率で評価する方法です。

> **内部利益率 = 投資から得られるネット・キャッシュ・フローの**
> **現在価値合計と投資額がちょうど等しくなる割引率**

▶ 内部利益率は、貨幣の時間価値を考慮して計算された設備投資案の投下資本利益率です[08]。

▶ 一方、資本コスト率は最低限必要な投下資本利益率の意味を持っています[09]。

よって、設備投資案が実行されるためには、少なくとも内部利益率が資本コスト率を上回っている必要があります。

08) 5-5 ページの【Q1-2】に戻ってみましょう。
CIF（3 年後の預金残高）の現在価値と COF（今預ける額）が 751 円で等しくなっています。
よって、割引率（利子率）10％が利益率を示しています。

09) 5-8 ページの資本コストの説明に戻って確認しておきましょう。

Q | 2-3 | 内部利益率法 |

当社は、新製品の生産のために、新たな生産設備として設備 C を導入することを検討している。次の資料にもとづいて、内部利益率法によって設備 C を導入すべきか否かを答えなさい。

📄 **資料**

1. 設備 C のデータ
 （1） 取得原価　　7,205,400 円
　　　（当期末に現金払いで購入し、次期より使用する）
 （2） 耐用年数　　3 年
 （3） 投資期間におけるネット・キャッシュ・フロー
　　　次期以降の 3 年間にわたり、毎年 3,000,000 円
2. その他
 （1） 資本コスト率：10％
 （2） キャッシュ・フローは、すべて各年度の期末に生じる。
 （3） 当期末を現在として、下記の年金現価係数表を用いて計算すること。

〔年金現価係数表〕

n \ r	8%	9%	10%	11%	12%	13%
1	0.9259	0.9174	0.9091	0.9009	0.8929	0.8850
2	1.7833	1.7591	1.7355	1.7125	1.6901	1.6681
3	2.5771	2.5313	2.4869	2.4437	2.4018	2.3612

設備Cへの投資案の内部利益率は、 <u>12</u> %であり、**資本コスト率10%よりも高い** ので、設備Cを <u>導入すべき</u> である。

2-3 | **解説**

設備Cを導入すべきかどうかが検討されています。つまり、他の設備への投資案との比較を行う必要はなく、設備Cへの投資案単体の意思決定です。このような設備投資案を独立投資案といいます。

独立投資案のときには、内部利益率が資本コスト率よりも高ければ、投資案を採用すべきと判断します。

1. 年金現価係数

まず、設備Cへの投資案の将来のネット・キャッシュ・フローの現在価値合計を考えてみましょう。

ネット・キャッシュ・フローは毎年同額なので、現在価値合計は年金現価係数を用いて次のように計算されます。

3,000,000円×年金現価係数

次に、この現在価値合計（①）が投資額（②）にちょうど等しくなるときの割引率が内部利益率なので、次の式が成り立ちます。

$$\underset{①}{\underline{3,000,000円×年金現価係数}} = \underset{②}{\underline{7,205,400円}}$$

よって、「割引率は内部利益率、期間は3年」のときの年金現価係数が次のように計算されます。

$$年金現価係数 = \frac{7,205,400円}{3,000,000円} = 2.4018$$

2. 内部利益率

上記の年金現価係数の値2.4018を問題資料の年金現価係数表の中で探します。

そうすると、割引率12%のところに同じ値が見つかります。

〔年金現価係数表〕

n \ r	8%	9%	10%	11%	12%	13%
1	0.9259	0.9174	0.9091	0.9009	0.8929	0.8850
2	1.7833	1.7591	1.7355	1.7125	1.6901	1.6681
3	2.5771	2.5313	2.4869	2.4437	2.4018	2.3612

よって、設備Cへの投資案の内部利益率は12％であり、投資案の採否の切捨率（採否の基準となる率）である資本コスト率よりも高いので、設備Cを導入すべきという結論が出ます。

⏩ 【Q2-3】の投資案は、将来のネット・キャッシュ・フローが毎年同額で、また計算された年金現価係数とまったく同じ値が年金現価係数表にあったので、スムーズに内部利益率を計算することができました。

⏩ では、将来のネット・キャッシュ・フローが毎年同額ではない投資案での内部利益率はどのように計算したらよいでしょうか。次の問題で見ていきましょう。

Q | 2-4 | 内部利益率法(補間法) |

　当社は、新製品の生産のために、新たな生産設備として設備Dを導入することを検討している。次の資料にもとづいて、内部利益率法によって設備Dを導入すべきか否かを答えなさい。なお、内部利益率は、小数点以下第3位を四捨五入すること。

📃 **資料**

1. 設備Dのデータ
(1) 取得原価　　605万円　（当期末に現金払いで購入し、次期より使用する）
(2) 耐用年数　　3年
(3) 投資期間におけるネット・キャッシュ・フロー
　　1年度：240万円　　　2年度：250万円　　　3年度：260万円

2. その他
(1) 資本コスト率：10%
(2) キャッシュ・フローは、すべて各年度の期末に生じる。
(3) 当期末を現在として、下記の係数表を用いて計算すること。
〔現価係数表〕

n \ r	8%	9%	10%	11%	12%	13%
1	0.9259	0.9174	0.9091	0.9009	0.8929	0.8850
2	0.8573	0.8417	0.8264	0.8116	0.7972	0.7831
3	0.7938	0.7722	0.7513	0.7312	0.7118	0.6931

〔年金現価係数表〕

n \ r	8%	9%	10%	11%	12%	13%
3	2.5771	2.5313	2.4869	2.4437	2.4018	2.3612

A 2-4 解答

　設備Dへの投資案の内部利益率は、　11.40　％であり、**資本コスト率10%よりも高い**ので、設備Dを 導入すべき である。

2-4 解説

　内部利益率 … 投資から得られるネット・キャッシュ・フローの現在価値合計と投資額がちょうど等しくなる割引率

　　　　　　　　　　　　　　　　↓

　投資から得られるネット・キャッシュ・フローの現在価値合計－投資額＝ゼロ　となる割引率

　このように、内部利益率は、正味現在価値がゼロになる割引率ということもできます。
　この理解は、下記の解答手順の Step2 で必要となります。

Step1 内部利益率をざっくりと推定

　まず、将来のネット・キャッシュ・フローの年平均値を計算します。
　（240万円＋250万円＋260万円）÷ 3年＝ 250万円
　そして、将来のネット・キャッシュ・フローがこの250万円で毎年同額であるとみなして、「割引率は内部利益率、期間は3年」のときの年金現価係数を計算します。

$$年金現価係数 = \frac{605万円}{250万円} = 2.42$$

　これは、問題資料の年金現価係数表で見ると、割引率11%のときの2.4437と割引率12%のときの2.4018の間の値です。これにより、内部利益率は11%〜12%であると推定します[10]。

10) この段階では、絶対に11%〜12%とは言い切れません。

Step2 Step1 の推定が正しいかをチェック

　 Step1 での推定にもとづいて、正味現在価値が割引率11%のときと12%のときを計算してみます。
　・割引率11%のとき
　　240万円× 0.9009 ＋ 250万円× 0.8116 ＋ 260万円× 0.7312 － 605万円＝ 42,280円
　・割引率12%のとき
　　240万円× 0.8929 ＋ 250万円× 0.7972 ＋ 260万円× 0.7118 － 605万円＝△ 63,360円
　正味現在価値が割引率11%のときはプラス、割引率12%のときはマイナスとなりました。よって、正味現在価値がゼロになる割引率（内部利益率）は、11%よりも高く12%よりも低いことが確実です[11]。

11) Step1 での推定が正しかったことになります。

Step3 補間法による内部利益率の計算

最後に、簡便的な計算方法[12]によって内部利益率を計算します。

割引率11%のときの正味現在価値 ……………………… 42,280円

| 割引率 ？%（内部利益率）のときの正味現在価値 | …… 0円

割引率12%のときの正味現在価値 ……………………… △63,360円

12) 厳密に正確な計算を手作業によって行うことは非現実的です。

割引率を11%から12%に1%高くすると、正味現在価値が105,640円[13]小さくなります。

13) 42,280円－△63,360円
＝ 105,640円

この関係を用いて、割引率を11%からどれだけ高くすると正味現在価値が42,280円小さくなりゼロになるかを計算します。

$$1\% : 105,640円 = X\% : 42,280円$$

$$105,640\,X = 42,280$$

$$X = \frac{42,280}{105,640} = 0.400\cdots \rightarrow 0.40$$

（小数点以下第3位を四捨五入）

よって、内部利益率は、11.40%（＝11%＋0.40%）となります。

なお、以上のような計算方法を補間法[14]といいます。

14) 11%のときと12%のときのデータを用いて、その間の数値を求める方法です。

補間法の計算をグラフで表すと、次のようになります。

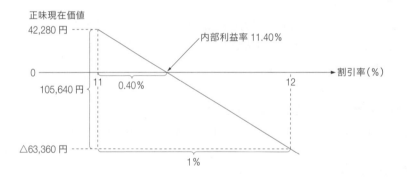

参考 割引率11%のときの正味現在価値から割引率12%のときの正味現在価値への減少を直線的にとらえていることが補間法の特徴です。

トレーニングI　Ch5　問題8へ

3 キャッシュ・フローの見積り

重要度
三

　このSectionでは、将来のキャッシュ・フローの内訳にはどのようなものがあり、その計算には法人税等がどのように影響するのかを学習します。
　商業簿記・会計学でのキャッシュ・フロー計算書の学習が済んでいる方は、減価償却費が非現金支出費用であるという知識が役立ちます。まだの方は、逆に、ここでの学習がキャッシュ・フロー計算書の学習に役立ちます。

CHAPTER
5
設備投資意思決定の基本

1 キャッシュ・フローの見積り

　すでに学習したように、設備投資意思決定での損益計算は、将来のキャッシュ・フロー（現金の収支）によって行われます。
　よって、正しい意思決定を行うためには、まずは将来のキャッシュ・フローについての正しい見積りが必要です。

　Section 2 では、すでにその見積りが終わった後のデータ[01]を用いて、設備投資案を評価する方法を学習しました。

01) 例えば、5-12ページの【Q2-1】のA案では、投資額（キャッシュ・アウト・フロー）が400万円、3年間のネット・キャッシュ・フローが毎年200万円というデータが与えられていました。

　検定試験では、問題資料からこれらの見積りを自ら行い、年度ごとに正確に整理することができるかどうかが重要なポイントになります。

　将来のキャッシュ・フローの見積りは、大きく次の2つに分けることができます。

● 設備の購入・売却
　設備の購入 … いつ、いくらのキャッシュ・アウト・フローが生じるか
　設備の売却 … いつ、いくらのキャッシュ・イン・フローが生じるか

● 投資期間の年々のネット・キャッシュ・フロー
　製品の売上　　… いつ、いくらのキャッシュ・イン・フローが生じるか
　製造原価など　… いつ、いくらのキャッシュ・アウト・フローが生じるか
　（差引）収入−支出 … いつ、いくらのネット・キャッシュ・フローが生じるか

2 | 設備の購入・売却の キャッシュ・フローの見積り

1. 設備の購入

▶ 　購入する設備の代金の支払がキャッシュ・アウト・フローとなります。通常、投資期間の初めの1回限りです。

2. 設備の売却（除却）

▶ 　投資期間が終了（設備の耐用年数が到来）するときに設備を売却することがあります。この場合には、設備の売却収入がキャッシュ・イン・フローとなります。

▶ 　また、新しい設備を導入するとともに、これまで使用してきた設備を売却することがあります。この場合には、その売却収入が投資期間の初めのキャッシュ・イン・フローとなります。

▶ 　さらに、設備を売却するときに売却益が見込まれるなら、それに対する法人税等の支出をキャッシュ・アウト・フローとして見積もる必要があります[02]。

02) 例えば、売却益が100万円、税率を30%とすると法人税等が30万円（＝100万円×30%）増加します。

▶ 　検定試験では通常、このような法人税等の影響までを考慮しなくてはなりません。

▶ 　なお、設備を売却するときに、売却損が見込まれる場合については次の┃3┃で学習します。

3 | 投資期間の年々の ネット・キャッシュ・フローの見積り

▶ 　次に、設備の購入や売却以外についてのキャッシュ・フローです[03]。

03) 通常、投資期間の各年度末に一括して生じると仮定します。

1. 製品の売上

▶ 　設備によって生産される製品の売上代金の収入がキャッシュ・イン・フローとなります。

2. 製造原価、販売費など

▶ 設備によって生産される製品の製造原価や販売費などの支出（法人税等を除く）がキャッシュ・アウト・フローとなります。

3. 税引後のネット・キャッシュ・フロー

▶ ここまでの内容からネット・キャッシュ・フローを計算すると、次のようになります。

> **ネット・キャッシュ・フロー**
> ＝ CIF（売上による現金収入）－ COF（製造原価などの現金支出）

▶ これに法人税等の支出を考慮して、税引後のネット・キャッシュ・フローを計算してみましょう。上記のネット・キャッシュ・フローは意思決定会計上の税引前利益を意味しますが、次のような計算でよいでしょうか？ [04]

　　税引後のネット・キャッシュ・フロー
　　　＝（CIF － COF）×（1 －税率）

04) ここからの説明は一読での理解は難しいかもしれませんが、何とか次のページまで読み通してみてください！

▶ この計算は誤りです。正しくは、次のように計算する必要があります。

> **税引後のネット・キャッシュ・フロー ＝（CIF － COF）×（1 －税率）**
> **＋ 減価償却費 × 税率**

▶ 「減価償却費 [05] × 税率」を加算する理由を考えてみましょう。

05) 投資を検討している設備の減価償却費です。

▶ 上記の誤った計算では、法人税等は
　　（CIF － COF）× 税率　　　と計算しています。

▶ しかし、商業簿記で学習したように、法人税等は損益計算書上の税引前利益にもとづく課税所得に対して課せられるため、正しい法人税等は、以下のようになります。

> **（CIF － COF －減価償却費）[06] × 税率**
> 損益計算書上の税引前利益
> **→（CIF － COF）× 税率 － 減価償却費 × 税率**

06) 減価償却費は損益計算書に費用として計上されますが、非現金支出費用なのでCOFには含まれません。

▶ よって、「（CIF － COF）×（1 －税率）」に「減価償却費 × 税率」を加算することで、税引後のネット・キャッシュ・フローを正しく計算することができます。

▶ この「減価償却費 × 税率」は、非現金支出費用が計上されることによって法人税等が節約される金額を意味しており、タックス・シールドと呼ばれます。

▶ 具体例で確認してみましょう。

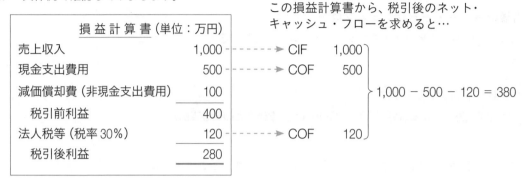

この損益計算書から、税引後のネット・キャッシュ・フローを求めると…

損 益 計 算 書（単位：万円）

売上収入	1,000	·····▶ CIF 1,000
現金支出費用	500	·····▶ COF 500
減価償却費（非現金支出費用）	100	
税引前利益	400	
法人税等（税率30%）	120	·····▶ COF 120
税引後利益	280	

1,000 − 500 − 120 = 380

▶ 先ほどの計算式にあてはめると…

税引後のネット・キャッシュ・フロー

= （CIF − COF（法人税等を除く現金支出費用））× （1 − 税率）

+ 減価償却費 × 税率
　　CIF（タックス・シールド）

= （1,000 − 500）× （1 − 30%）+ 100 × 30% = 380

▶ この計算式による利点は、損益計算書を作成しなくても（法人税等を計算しなくても）計算できることです [07]。

07）検定試験の問題を解くには、基本的にはこの方法が適しています。

▶ なお、検定試験の問題資料に損益計算書の税引後利益が与えられる場合があります。この場合には次の計算式が効率的です。

> **税引後のネット・キャッシュ・フロー**
> **= 損益計算書の税引後利益 + 減価償却費**

▶ 損益計算書の税引後利益の計算過程では、減価償却費が差し引かれていますが、減価償却費は非現金支出費用です。よって、税引後利益に減価償却費を加算すると、税引後のネット・キャッシュ・フローが求められます。

税引後のネット・キャッシュ・フロー

= 280（税引後利益）+ 100（減価償却費）

= 380

▶ この Section の内容を次の問題で確認しましょう。

Q | ヨー1 | キャッシュ・フローの見積り |

　当社は、新製品の生産のために新たな生産設備として設備Eを導入することを検討している。次の資料にもとづいて、各年度の税引後のキャッシュ・フローの金額を答えなさい。なお、キャッシュ・フローがマイナスのときは、金額の前に△を付しなさい。

📄 **資料**

1. 設備Eのデータ

(1) 取得原価　　600万円（当期末（0年度末）に購入）

(2) 耐用年数　　3年　　　減価償却は定額法による（残存価額ゼロ）。
　　耐用年数到来時に90万円で売却できる見込みである。

(3) 投資期間におけるネット・キャッシュ・フロー

	売上収入	現金支出費用（単位：万円）
1年度	510	260
2年度	530	270
3年度	610	310

2. その他

(1) 法人税等の税率：30%

(2) キャッシュ・フローは、すべて各年度の期末に生じる。

A | ヨー1 | 解答 |

0年度	△600 万円	1年度	235 万円
2年度	242 万円	3年度	333 万円

💡 | ヨー1 | 解説 |

1. 0年度

　当期末（0年度末）に設備を購入します。

　購入代金600万円の支払（キャッシュ・アウト・フロー）→ △600万円

2. 1年度

　税引後のネット・キャッシュ・フロー

　　＝（CIF（売上収入）－ COF（法人税等を除く現金支出費用））×（1－税率）

　　　＋減価償却費 × 税率
　　　　CIF（タックス・シールド）

　　＝（510万円 － 260万円）×（1 － 30%）＋ 200万円× 30% ＝ 235万円

3. 2年度

　税引後のネット・キャッシュ・フロー

　　＝（530万円 － 270万円）×（1 － 30%）＋ 200万円× 30% ＝ 242万円

4. 3年度

・税引後のネット・キャッシュ・フロー（設備の売却収入を除く）
$$= （610万円 - 310万円） × （1 - 30\%） + 200万円 × 30\% = 270万円$$

・設備の売却収入（キャッシュ・イン・フロー）→ 90万円

・設備の売却益に対する法人税

3年後の設備の簿価はゼロなので、売却益は売却価額の90万円に等しくなります。

売却益に対する法人税：

$$90万円 × 30\% = 27万円（キャッシュ・アウト・フロー）$$
$$→ △27万円$$

合計：$270万円 + 90万円 + △27万円 = 333万円$

以上をタイムテーブルにまとめると、次のようになります。

（単位：万円）

	0年度末（現在）	1年度	2年度	3年度
CIF		235	242	333
COF	600			

※ **設備を売却したときに売却損が生じる場合**

設備の売却損は、減価償却費と同じように非現金支出費用です。

よって、法人税等が節約されるため、タックス・シールドを計上します。

> **設備の売却損のタックス・シールド（CIF）＝ 売却損 × 税率**

トレーニングⅠ Ch5 問題9〜13へ

4 設備投資案の評価方法 II

> このSectionでは、単純投下資本利益率法と単純回収期間法を学習します。
> 検定試験では、これらの方法は、正味現在価値を計算させる設問の前に出題されることがよくあります。
> 正味現在価値法などに比べて、短時間で解答を導くことができるので、確実に得点できるようにマスターしておきましょう！

1 単純投下資本利益率法

$$投下資本利益率 = \frac{（ネット・キャッシュ・フローの合計額 - 投資額）÷ 投資期間}{投資額} （\%）$$

▶ 単純投下資本利益率法[01]は、貨幣の時間価値を考慮せずに計算した投下資本利益率によって、設備投資案を評価します。

01) 投資利益率法、会計的利益率法とも呼びます。

▶ 投下資本利益率は、投資期間にわたって得られる利益額の平均（上記の計算式の分子）と投資額の関係によって、投資案の収益性を示します[02]。

02) 時間価値を考慮しない平均利益率です。

▶ 複数の設備投資案を比較するときには、投下資本利益率が高い方が有利と判断します。

なお、投下資本利益率の計算式の分母を投資期間の平均投資額として、次のように計算することもあります。

$$投下資本利益率 = \frac{（ネット・キャッシュ・フローの合計額 - 投資額）÷ 投資期間}{投資額 ÷ 2} （\%）$$

▶ 平均投資額を「投資額 ÷ 2」と計算するのは、次のような考え方によります。

▶ 固定資産への投資額は、毎年の減価償却によって回収されていくため、未回収の投資額は年々減少していきます。よって、投資期間の全体で見ると、平均的な投資額は最初の投資額（取得原価）の半分と考えることができます[03]。

03)
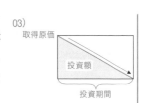

➡ 　単純投下資本利益率法は、簡便な計算で収益性を測ることができるという利点があるものの、貨幣の時間価値を考慮していないなど欠点があるため、この方法のみで設備投資意思決定の結論を出すことは望ましくないといえます。

2 ｜ 単純回収期間法

➡ 　単純回収期間法は、貨幣の時間価値を考慮せずに計算した回収期間（投資額が回収できるまでの年数）によって、設備投資案を評価します。

➡ 　複数の設備投資案を比較するときには、回収期間が短い方が有利と判断します。
　回収期間の計算方法には、次の2つがあります。
①ネット・キャッシュ・フローの年間平均額を用いる方法

$$回収期間 = \frac{投資額}{ネット・キャッシュ・フローの年間平均額} （年）$$

＜イメージ図＞

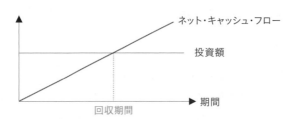

②ネット・キャッシュ・フローの累計額を用いる方法

回収期間 =
　ネット・キャッシュ・フローの累計額が投資額に達するまでの年数

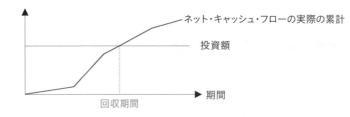

➡ 　単純回収期間法は、簡便な計算で安全性[04]や収益性[05]を測ることができるという利点があるものの、貨幣の時間価値を考慮していない、投資額の回収後の収益性を無視しているという欠点があります。

04）逆にいえば、投資額が回収できない危険性です。回収期間が長くなればなるほど、回収できないリスクが高くなります。

05）回収期間が短いときには、収益性も高いことが通常です。

Q 4-1 単純投下資本利益率法と単純回収期間法

当社は、新製品の生産のために、新たな生産設備として設備Eを導入することを検討している。次の資料にもとづいて、投下資本利益率（計算式の分母は設備の取得原価とする）と回収期間をそれぞれ答えなさい。なお、小数点以下第3位を四捨五入すること。

📋 資料

・設備Eのデータ

(1) 取得原価　　600万円（当期末（0年度末）に購入）

(2) 耐用年数　　3年

(3) 投資期間における税引後のネット・キャッシュ・フロー

　　　　1年度　　　235万円

　　　　2年度　　　242万円

　　　　3年度　　　333万円

A 4-1 解答

投下資本利益率　　　**11.67**　％

回収期間

　①ネット・キャッシュ・フローの年間平均額を用いる方法　　　**2.22**　年

　②ネット・キャッシュ・フローの累計額を用いる方法　　　**2.37**　年

💡 4-1 解説

1. 投下資本利益率

投下資本利益率

$$= \frac{（ネット・キャッシュ・フローの合計額 - 投資額）\div 投資期間}{投資額}$$

$$= \frac{（235万円 + 242万円 + 333万円 - 600万円）\div 3年}{600万円}$$

$$= \frac{70万円}{600万円} = 0.11666\cdots \rightarrow 11.666\cdots\% \rightarrow 11.67\%（小数点以下第3位を四捨五入）$$

なお、平均投資額を用いた場合には、次のようになります。

$$投下資本利益率 = \frac{70万円}{600万円 \div 2} = 0.23333\cdots \rightarrow 23.333\cdots\% \rightarrow 23.33\%$$

2. 回収期間

①ネット・キャッシュ・フローの年間平均額を用いる方法

ネット・キャッシュ・フローの年間平均額

（235万円＋242万円＋333万円）÷3年 ＝ 270万円

$$回収期間 ＝ \frac{投資額}{ネット・キャッシュ・フローの年間平均額}$$

$$＝ \frac{600万円}{270万円} ＝ 2.222\cdots \rightarrow 2.22年$$

②ネット・キャッシュ・フローの累計額を用いる方法

ネット・キャッシュ・フローの累計額

		累計額	
1年度	235万円	235万円	
2年度	242万円	477万円	←2年度末の時点でまだ投資額を回収しきれていません。
3年度	333万円	810万円	➡3年度中に投資額が回収されることがわかります。

そこで、補間法により、3年度中のいつなのかを計算します。

3年度の1年間での回収額は333万円で、2年度末での投資額までの残りの回収額は123万円（＝600万円－477万円）です。

1年：333万円 ＝ X年：123万円

333 X ＝ 123

$$X ＝ \frac{123}{333} ＝ 0.369\cdots \rightarrow 0.37$$

よって、回収期間は、2.37年（＝2年＋0.37年）となります。

トレーニングⅠ　Ch5　問題14～17へ

Chapter 6

設備投資意思決定の応用

Point

この Chapter では、設備投資の意思決定の応用的な内容を学習します。
いずれも、過去の検定試験での出題を踏まえた実践的な内容です。
とりわけ、取替投資が重要です。検定試験での出題頻度が高いだけでな
く、計算上注意すべきポイントが多く含まれるからです。

用語集

取替投資の意思決定
　これまで使用してきた設備（現有設備）
を新しい設備に取り替えるべきか否か
の意思決定

拡張投資の意思決定
　現在の設備に加えて、さらに新しい設
備を導入すべきか否かの意思決定

運転資本
　製品の生産や販売という営業活動の
ために必要となる資金のこと。売掛金
や棚卸資産などの流動資産が該当す
る

正味運転資本
　流動資産から流動負債を差し引いて
計算される正味の運転資本額

設備投資意思決定の応用問題

重要度

　このSectionの中心は、最初に学習する取替投資、次いで拡張投資です。どちらも、過去の検定試験で何度も出題されていて、またいつ出題されてもおかしくありません。

　まずは、この2つをマスターすることを優先しましょう。そうすることで、設備投資の意思決定全般に対応できる地力がアップします！

1 | 取替投資の意思決定

　取替投資の意思決定とは、これまで使用してきた設備（現有設備）を新しい設備に取り替えるべきか否かの意思決定です。

　通常、技術進歩により、新しい設備の方が性能が高く、一定期間の最大生産量を現在よりも増やすことができたり、製品1個あたりのコストを引き下げることができたりします。

　よって、それらが将来のキャッシュ・フローに与える影響はもちろんのこと、現有設備の売却収入 01) など、考慮しなければならないことが多くあります。

01) 新しい設備に取り替える場合、同時に不要となる現有設備を売却します。

　取替投資の意思決定は、新設備に取り替える案と現有設備の使用を続ける案という相互排他的な投資案の比較です。

　相互排他的な設備投資案を正味現在価値法によって評価する方法には、総額法と差額法があります。

●総額法

　それぞれの投資案のキャッシュ・フローを別個に集計し、それぞれの正味現在価値によって、どちらの投資案が有利かを判断する方法です。

| 新設備に取り替える案の正味現在価値 | 比較 ⟷ | 現有設備の使用を続ける案の正味現在価値 |

● 差額法

それぞれの投資案のキャッシュ・フローの差額を計算し、その正味現在価値によって、どちらの投資案が有利かを判断する方法です。

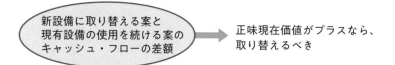

新設備に取り替える案と
現有設備の使用を続ける案の
キャッシュ・フローの差額 ➡ 正味現在価値がプラスなら、
取り替えるべき

▶ それでは、取替投資の意思決定について、次の問題をとおして総額法、差額法それぞれの計算を見ていきましょう。

Q │ 1-1 │ 取替投資 │

製品Xを製造販売している当社では、現有設備を新設備に取り替えるべきか否かについて検討中である。次の資料にもとづいて、正味現在価値法によって、新設備に取り替える案は現有設備を使い続ける案に比べていくら有利か（または不利か）を計算し、新設備に取り替える案を採用すべきか否かを判断しなさい。

📋 資料

1. 現有設備に関する資料
 ⑴ 帳簿価額　2,800万円
 ⑵ 残存耐用年数　3年
 ⑶ 現時点における売却価額　2,600万円
 ⑷ 減価償却は定額法（残存価額は400万円）で行う。
 ⑸ 製品Xを年間2万本製造するのに必要な現金支出費用　1,000万円

2. 新設備に関する資料
 ⑴ 取得原価　3,000万円（当期末に現金で購入し、翌期より使用を開始する）
 ⑵ 耐用年数　3年
 ⑶ 減価償却は定額法（残存価額は300万円）で行う。
 ⑷ 製品Xを年間2万本製造するのに必要な現金支出費用　700万円

3. その他の資料
 ⑴ どちらの設備を使用しても、製品Xを@1,000円で年間2万本販売する予定である。
 ⑵ 税引後の資本コスト率は6%、法人税等の税率は30%である。また、当社は黒字企業である。
 ⑶ 現時点における現有設備の売却収入およびそれにともなう法人税等の影響額は、新設備に取り替える案の現時点のキャッシュ・フローに算入すること。
 ⑷ どちらの設備も、耐用年数到来時には残存価額で売却できるものとする。
 ⑸ 割引率6%のときの現価係数表は次のとおりである。

1年	0.9434
2年	0.8900
3年	0.8396

A 1-1 |解答|

　新設備に取り替える案は、現有設備を使い続ける案に比べて　217.56万円有利　なので、新設備に取り替える案を　採用すべき　である。

1-1 |解説|

　本問のような取替投資は、相互排他的[02]な投資案の代表的な例です。
総額法・差額法どちらで考えても同じ結論になります。
まずは、総額法による計算を行ってみましょう。

> 02) 新設備に取り替えるのであれば現有設備は使わない、現有設備を使い続けるのであれば新設備に取り替えないという関係なので、相互排他的な投資案といえます。

1. 総額法による計算

【現有設備を使い続ける案】

　現有設備を使い続ける案に関する資料のみを用いて、タイムテーブルを作ります。新設備に取り替える案に関するキャッシュ・フローは一切含めません。

（単位：万円）

	現時点	1年度	2年度	3年度
				③ 400
		② 240	② 240	② 240
CIF		① 700	① 700	① 700
COF				
NET		＋940	＋940	＋1,340

※NET … 税引後のネット・キャッシュ・フロー

（1）1年度と2年度

　売上収入、製造のための現金支出費用、減価償却費（非現金支出費用）のデータから、税引後のネット・キャッシュ・フローを計算します。

> 税引後のネット・キャッシュ・フロー
> ＝（CIF（売上収入）－COF（法人税等を除く現金支出費用））×（1－税率）＋減価償却費×税率
> 　　　　タイムテーブルの①　　　　　　　　　　　　　　　　　　　　　　　　　②

① （@1,000円×2万本 － 1,000万円）×（1 － 30%）＝ 700万円
　　　　　税引前のネット・キャッシュ・フロー

② 減価償却費のタックス・シールド：

　　（2,800万円 － 400万円）÷ 3年[03] × 30% ＝ 240万円（CIF）
　　　　　年間減価償却費800万円

> 03) 取得原価がわからなくても、残りの要償却額（帳簿価額－残存価額）を残存耐用年数で割ることで、定額法による減価償却費を求めることができます。

合計：①＋② ＝ 940万円

（2）3年度

　上記の①と②の他に、現有設備の売却収入があります。

③ 耐用年数到来時の売却収入：400万円[04]

合計：①＋②＋③ ＝ 1,340万円

> 04) 簿価で売却すると売却損益が生じないので、法人税等に影響はありません。

以上により、現有設備を使い続ける案の正味現在価値は以下のように計算できます。

　940万円 × 0.9434 ＋ 940万円 × 0.8900 ＋ 1,340万円 × 0.8396 ＝ 2,848.46万円

【新設備に取り替える案】

新設備に取り替える案に関する資料のみを用いて、タイムテーブルを作ります。現有設備を使い続ける案との大きな違いは、現時点での新設備の購入支出と現有設備の売却収入があることです。

（単位：万円）

	現時点	1年度	2年度	3年度
				⑤ 300
		④ 270	④ 270	④ 270
CIF	② 2,660	③ 910	③ 910	③ 910
COF	① 3,000			
NET	△ 340	+ 1,180	+ 1,180	+ 1,480

(1) 現時点

新設備の購入支出、現有設備の売却収入、さらにその売却損のタックス・シールドから、税引後のネット・キャッシュ・フローを計算します。

① 新設備の購入支出：3,000万円（COF）

② 現有設備の売却に関連するキャッシュ・フロー

売却収入：2,600万円

売却損のタックス・シールド：200万円*（売却損）× 30％ = 60万円（CIF）

    * 売却損益：2,600万円（売価）− 2,800万円（簿価）= △200万円（売却損）

合計：2,600万円 + 60万円 = 2,660万円（CIF）

(2) 1年度と2年度

現有設備を使い続ける案と同じように、税引後のネット・キャッシュ・フローを計算します。

> 税引後のネット・キャッシュ・フロー
> = （CIF（売上収入）− COF（法人税等を除く現金支出費用））×（1 − 税率）+ 減価償却費 × 税率
>   タイムテーブルの③   ④

③ （@1,000円 × 2万本 − 700万円）×（1 − 30％）= 910万円
    税引前のネット・キャッシュ・フロー

④ 減価償却費のタックス・シールド：（3,000万円 − 300万円）÷ 3年 × 30％ = 270万円
                         年間減価償却費900万円

合計：① + ② = 1,180万円

(3) 3年度

上記の③と④の他に、新設備の売却収入があります。

⑤ 耐用年数到来時の売却収入：300万円

合計：③ + ④ + ⑤ = 1,480万円

以上により、新設備に取り替える案の正味現在価値は以下のように計算できます。

1,180万円 × 0.9434 + 1,180万円 × 0.8900 + 1,480万円 × 0.8396 − 340万円

= 3,066.02万円

【2つの案の比較】

2つの案の正味現在価値を比較すると、

現有設備を使い続ける案　2,848.46万円　＜　新設備に取り替える案　3,066.02万円

となり、新設備に取り替える案の正味現在価値の方が 217.56 万円（＝ 3,066.02 万円 − 2,848.46 万円）大きいため、新設備に取り替えるべきであると判断できます。

2. 差額法による計算

総額法による計算はわかりやすくて確実に計算することができますが、重複する計算も多く、時間と手間が必要です。

この問題であれば、製品Xの販売による収入はどちらの案でもまったく同じですから、意思決定上は埋没するものとして考えても差し支えないはずです。また、現金支出費用や減価償却によるタックス・シールド、耐用年数到来時の設備の売却収入に関するキャッシュ・フローも、似たような項目で金額だけが異なるわけですから、最初から両案の差額で考えた方がスマートです。

本問では、「新設備に取り替えるといくら有利か」という問われ方をしているため、現有設備を使い続ける案を基準に[05]して、新設備に取り替えるとどのようにキャッシュ・フローが変わるのかという差額[06]で考えることにします。

（単位：万円）

	現時点	1年度	2年度	3年度
CIF	② 2,660	④ 30 ③ 210	④ 30 ③ 210	④ 30 ③ 210
COF	① 3,000			⑤ 100
NET	△ 340	＋ 240	＋ 240	＋ 140

①新設備の購入支出[07]

②現有設備の売却に関連するキャッシュ・フロー[07]

③現金支出費用の差額

$$（△700万円 − △1,000万円）×（1 − 30\%）= 210万円（CIF）[08]$$
新設備　　　　　現有設備

現金支出費用には 300 万円の差額があります。この差額は、その分利益の差額をもたらすので、税引後の利益には

$$300万円×（1 − 30\%）= 210万円 の差額が生じます*。$$

＊もう少し具体的に考えると…

総額法のときに計算した各案の

$$\boxed{（CIF（売上収入）− COF（現金支出費用））×（1 − 税率）}$$ の差額を計算してみましょう。

新設備案：（@1,000円×2万本 − 700万円）×（1 − 30%）=	910万円
現有設備案：（@1,000円×2万本 − 1,000万円）×（1 − 30%）=	700万円
差　　額：	210万円

このように、各案の現金支出費用の違いにより、税引後利益に 210 万円の差額が生じることがわかります。

　差額法では、どちらの案でも同じ金額の売上収入は計算から除いて、違いのある現金支出費用の差額だけを用いて計算します。

新 設 備 案：(@1,000 円 × 2 万本 −　700 万円) × (1 − 30%)
現有設備案：(@1,000 円 × 2 万本 − 1,000 万円) × (1 − 30%)
差　　　額：　　　　　　　　　　　300 万円　× (1 − 30%) = 210 万円

④減価償却によるタックス・シールドの差額

100 万円* × 30% = 30 万円 (CIF)

　*(3,000 万円 − 300 万円) ÷ 3 年 − (2,800 万円 − 400 万円) ÷ 3 年 = 100 万円
　　　　　新設備の減価償却費　　　　　　　　　現有設備の減価償却費

⑤耐用年数到来時の設備の売却収入の差額

300 万円 − 400 万円 = △ 100 万円 (COF) [09]

09) 新設備に取り替える案の方が売却収入は少ないので、COF と考えます。

以上により、正味現在価値を計算すると、

240 万円 × 0.9434 + 240 万円 × 0.8900 + 140 万円 × 0.8396 − 340 万円 = + 217.56 万円

となり、正味現在価値がプラスとなるので、新設備に取り替えるべきと結論づけることができます。

　総額法で計算しても差額法で計算しても、正しく計算できれば結論は変わりませんので、問題文に指示がなければ、どちらで計算しても構いません。

　ただし、検定試験では以下のように差額法で計算することを前提とするケースが多くあります。
●「○○の案を基準に」という指示とともに差額キャッシュ・フローの定義を示すケース[10]
●投資案によって変化しない項目 (本問で製品 X の販売収入など) の金額を資料に与えないケース

10) 前ページの側注 05)、06) が付された文章の下線部分のような定義です。

　以上のことを踏まえると、最初のうちはわかりやすい総額法で計算できるようにし、慣れてきたら徐々に差額法で計算できるように練習することをおすすめします。

▷▷　上記の 【Q1-1】 の総額法での計算では、現有設備の現時点での売却に関連するキャッシュ・フローを「新設備に取り替える案」のキャッシュ・フローの一部としていました。

▷▷　それは、「新設備に取り替える案＝現時点で現有設備を売却する案」だからです。

▶▶ これを「現有設備を使い続ける案」から見ると、「現有設備を使い続ける案
＝現時点で現有設備を売却しない案」となります。

▶▶ そこで、現有設備の現時点での売却に関連するキャッシュ・フローを現有
設備を使い続ける案の機会原価（現時点で現有設備を売却すれば得られるは
ずのキャッシュ・フロー）として、「現有設備を使い続ける案」のキャッシュ・
フローの一部とすることがあります。

トレーニングⅠ　Ch6　問題 1 へ

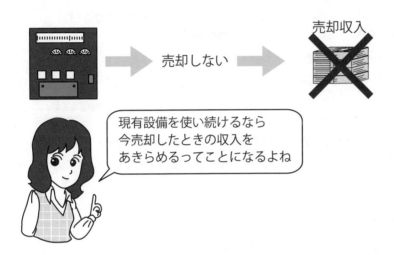

▶▶ 次の問題は、機会原価として考えることが指示されているケースです。具
体的にどのような文章で指示されるのかに注目しましょう。

Q | 1-2 | **取替投資（機会原価を用いた計算）** |
　　【**Q1-1**】の 📄 資料 3 ⑶を次のように変更する。現有設備を使い続ける案と新設備に取り替え
る案のそれぞれの正味現在価値を計算しなさい。

📄 資料
3. その他の資料
　⑶　現時点における現有設備の売却収入およびそれにともなう法人税等の影響額は、現有設備
　　を使い続ける案の現時点のキャッシュ・フローに算入すること。

A | 1-2 | **解答** |
　　現有設備を使い続ける案　　　　188.46　万円
　　新設備に取り替える案　　　　　406.02　万円

1-2 |解説|

1. 総額法か、差額法か

２つの案のそれぞれの正味現在価値が問われているため、総額法で計算する必要があります。

2. 現有設備の売却収入

現有設備を使い続けることは、現時点での設備の売却収入や売却損のタックス・シールドを得る機会を失うことになります。この問題の資料では、これらを機会原価と考え、現有設備を使い続ける案のキャッシュ・アウト・フローとして計算することが指示されています（問題の資料には、"機会原価"という表現はありません。新設備に取り替える案に算入するのか、現有設備を使い続ける案に算入するのかで判断します）。

【現有設備を使い続ける案】

機会原価を現時点のキャッシュ・アウト・フローとします。タイムテーブル上の他の金額は、【Q1-1】のときと同じです。

（単位：万円）

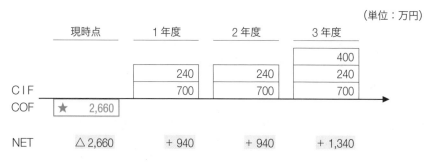

★機会原価（現有設備の売却に関するキャッシュ・フロー）

現有設備の売却収入：2,600 万円

固定資産売却損のタックス・シールド：200 万円× 30% ＝ 60 万円

合計：2,600 万円＋ 60 万円 ＝ 2,660 万円（COF）

正味現在価値：940 万円× 0.9434 ＋ 940 万円× 0.8900 ＋ 1,340 万円× 0.8396 － 2,660 万円
＝ 188.46 万円

【新設備に取り替える案】

現有設備の売却に関するキャッシュ・フロー 2,660 万円は、現有設備を使い続ける案に算入したので、新設備取替案には入れないように注意しましょう。

（単位：万円）

	現時点	1 年度	2 年度	3 年度
				300
		270	270	270
CIF	（★）	910	910	910
COF	3,000			
NET	△ 3,000	＋ 1,180	＋ 1,180	＋ 1,480

（★）【Q1-1】では、ここに 2,660 万円を計上していました。

右側縦書き：
CHAPTER **6** 設備投資意思決定の応用

正味現在価値：1,180 万円 × 0.9434 ＋ 1,180 万円 × 0.8900 ＋ 1,480 万円 × 0.8396 － 3,000 万円
= 406.02 万円

　最後に、新設備に取り替える案は現有設備を使い続ける案に比べていくら有利かを計算して
みましょう。

　406.02 万円（新設備に取り替える案）－ 188.46 万円（現有設備を使い続ける案）= 217.56 万円
　このように、最終的な計算結果は、【Q1-1】と変わりません。

トレーニング I　Ch6　問題 2・3 へ

2 ┃ 拡張投資の意思決定

▶︎　拡張投資の意思決定とは、現在の設備に加えて、さらに新しい設備を導入
すべきか否かの意思決定です。

▶︎　これは、新しい設備によって新製品を生産しようという意思決定ではなく、
これまでも生産してきた既存製品をより多く生産できるようにしようという、
既存製品の**生産能力の拡張**の意思決定です。

▶︎　よって、既存製品は人気が高く、多くの需要があり、現在の設備で生産し
た製品はすべて販売できている状況[11]が前提となります。

> 11) 生産した分がすべて売れる
> なら、生産能力の限界まで
> 生産するはずです。このよ
> うな状況を「フル操業」など
> といいます。

▶︎　そこで、拡張投資を行って生産能力を増やした場合、それでも製品の需要
が上回るのであれば、やはりフル操業となるので、そのときの利益を計算す
ることは難しくありません。

▶︎　一方、拡張投資後の生産能力を製品の需要が下回り、製品 1 個あたりのコ
ストが設備によって異なる場合には、どちらの設備を優先して生産するか[12]
によって利益額が変化します。

> 12) 同じ製品ですが、現設備
> で生産する製品と新設備
> で生産する製品とを分けて
> 考えれば、これも最適セー
> ルス・ミックスの決定です。

▶︎　次の問題を通じて、具体的に見ていきましょう。

6-10　工業簿記・原価計算 ● テキスト I ● 管理会計編

Q | 1-3 | **拡張投資** |

当社では、一般市場向けの製品Nの生産販売を行っている。

現有設備での年間生産能力は年間 10,000 個であるが、製品Nに対する市場の需要は生産能力を大きく上回っており、生産した製品はすべて販売することができている。

そこで、生産能力の増大のため、新規設備 (年間生産能力 5,000 個) の導入を検討している。次の資料にもとづいて、各問に答えなさい。

📄 **資料**

1. 現有設備のデータ

  (1) 取得原価　12,000 万円　　残存価額 ゼロ

  (2) 耐用年数　10 年 (取得後 5 年経過)

2. 新規設備のデータ

  (1) 取得原価　6,000 万円　　残存価額 ゼロ

  (2) 耐用年数　　5 年 (当期末に現金で購入し、翌期より使用を開始する)

3. 製造原価に関するデータ

  (1) 製品 1 個あたりの変動製造原価 (すべて現金支出費用)

　　現有設備：3,500 円　　　新設備：3,000 円

  (2) 新規設備に係る固定製造原価は減価償却費の他に、毎年 250 万円の現金支出費用が生じる。

4. その他

  (1) 製品の販売価格は 1 個あたり 7,500 円である (すべて現金売上)。

  (2) 翌期以降の 5 年間において年間 15,000 個を超える需要が見込まれている。

  (3) 現有設備、新規設備ともに定額法により減価償却を行う。

  (4) 法人税等の税率は 30 % であり、当社は黒字企業である。

  (5) 本問における差額キャッシュ・フローとは、新規設備を導入しないという現状維持案を基準として、新規設備を導入する拡張投資案におけるキャッシュ・フローの増減額を意味する。

  (6) キャッシュ・フローは、すべて各年度の期末に生じる。

問1　拡張投資案を採用した場合の年々の差額キャッシュ・フローを計算しなさい。

問2　仮に、翌期以降の 5 年間における製品Nの需要が年間 14,000 個であったとすると、問1の金額はいくらになるかを計算しなさい。ただし、14,000 個を最適な設備利用により生産するものとする。

A | 1-3 | **解答** |

　問1 ＿＿＿1,760＿＿万円　　問2 ＿＿＿1,480＿＿万円

CHAPTER 6

設備投資意思決定の応用

💡 | 1-3 | 解説 |

問 1

　拡張投資後の生産能力は 15,000 個（現有設備 10,000 個＋新規設備 5,000 個）であるのに対し、製品 N の需要は 15,000 個以上であるため、現状維持案と拡張投資案ともにフル操業となります。

> 現状維持案：現有設備により 10,000 個を生産
> 拡張投資案：現有設備により 10,000 個、新規設備により 5,000 個を生産

(1) 税金考慮前の年々の差額キャッシュ・フロー

	拡張投資案	現状維持案	差　引
売 上 収 入：	@7,500 円× 15,000 個	@7,500 円× 10,000 個	@7,500 円× 5,000 個＝　3,750 万円
変動製造原価：{	@3,500 円× 10,000 個	@3,500 円× 10,000 個	—
	@3,000 円× 5,000 個		@3,000 円× 5,000 個＝　1,500 万円
固定製造原価：	250 万円（資料 3 (2) より）	—	250 万円
差額 CF：			2,000 万円

　差額キャッシュ・フロー：3,750 万円 −（1,500 万円＋ 250 万円）＝ 2,000 万円

(2) タックス・シールド

　　拡張投資案では新規設備の分だけ減価償却費が大きくなるため、タックス・シールドから差額キャッシュ・フローが生じます。

　　6,000 万円÷ 5 年× 30%（税率）＝ 360 万円

(3) 税金考慮後の差額キャッシュ・フロー

　　2,000 万円×（1 − 30%）＋ 360 万円＝ 1,760 万円

問 2

　問 1 では、拡張投資後の生産能力が製品の需要を下回っていました。そのため、どちらの案でもフル操業となり、どちらの案でも現有設備により 10,000 個生産することに変わりはありませんでした。

　問 2 では、拡張投資後の生産能力（15,000 個）が製品の需要（14,000 個）を上回っています。そのため、拡張投資案ではフル操業ではなくなります[13]。

　このようなケースでは、どちらの設備を優先すれば利益を最大化できるかを考慮して、それぞれの生産量を決定する必要があります[14]。本問では、製品 1 個あたりの変動製造原価が新規設備の方が 500 円安いため、新規設備による生産を優先し、残りを現有設備により生産することで利益を最大化することができます。

> 現状維持案：現有設備により 10,000 個を生産
> 拡張投資案：新規設備により 5,000 個、現有設備により 9,000 個[15]を生産

13) 1,000 個分の生産能力が余ります。

14) 拡張投資案では合計で 14,000 個を生産することになりますが、それぞれの設備で何個生産するかで利益が変化する可能性があるからです。

15) 14,000 個− 5,000 個 ＝ 9,000 個

(1) 税金考慮前の差額キャッシュ・フロー

	拡張投資案	現状維持案	差　引
売 上 収 入：	@7,500 円× 14,000 個	@7,500 円× 10,000 個	@7,500 円× 4,000 個 = 3,000 万円
変動製造原価：	{@3,500 円× 9,000 個	@3,500 円× 10,000 個	△@3,500 円× 1,000 個 =△ 350 万円
	{@3,000 円× 5,000 個		@3,000 円× 5,000 個 = 1,500 万円
固定製造原価：	250 万円 (資料 3 (2)より)	—	250 万円
			1,600 万円

差額キャッシュ・フロー：3,000 万円−（△ 350 万円 + 1,500 万円 + 250 万円）= 1,600 万円

(2) タックス・シールド

生産数量が変わっても減価償却費の金額は変わらないため、**問 1** と同じ 360 万円です。

(3) 税金考慮後の差額キャッシュ・フロー

1,600 万円×（1 − 30%）+ 360 万円 = 1,480 万円

トレーニング I　Ch6　問題 4 へ

3 | 耐用年数の異なる設備投資案の比較

▶▶ 　相互排他的な投資案について、それぞれの設備の耐用年数が異なると、どちらの投資案が有利かを正味現在価値などによって単純に判断することができません。

▶▶ 　このような場合の投資案の比較は、反復投資をするケースと反復投資をしないケースの 2 つに分かれます。

1. 反復投資をするケース

　反復投資とは、設備の耐用年数が到来したときに、再び同じ設備に投資することをいいます。このケースでは、各設備の耐用年数の最小公倍数[16]を用いて、同じ投資期間のもとでの正味現在価値などによって比較します。

16) 共通の倍数のうち最小のものをいいます。

　例えば、耐用年数 2 年の設備Aへの投資案と耐用年数 4 年の設備Bへの投資案を比較するときには、次のように投資期間を 4 年[17]で揃えて比較します。

17) 2 と 4 の最小公倍数は 4 です。

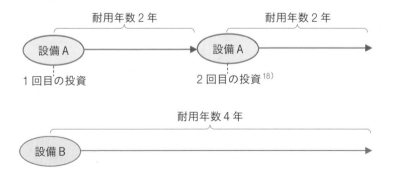

耐用年数 2 年	耐用年数 2 年

設備A → 設備A →

1 回目の投資　　　　2 回目の投資[18]

18) 耐用年数の到来時に、再び設備Aに投資します。

耐用年数 4 年

設備B →

Q 1-4 | 耐用年数の異なる設備投資案の比較（反復投資をするケース）

当社では、生産能力の等しい２つの設備Ｘと設備Ｙのうち、どちらを導入すべきかを検討中である。次の資料にもとづいて、設問に答えなさい。なお、計算の結果端数が生じる場合には、各投資案の正味現在価値の算定時点で円未満を四捨五入すること。

📄 資料

1. 各設備のデータ

	設備Ｘ	設備Ｙ
取 得 原 価	1,500万円	2,700万円
耐 用 年 数	２年	３年
残 存 価 額	ゼロ	ゼロ
現金支出費用（税引前）	750万円／年	600万円／年

税引前の年間現金流入額（売上収入額）はともに1,800万円である。

2. その他のデータ
   (1) 両設備ともに定額法により減価償却を行う。
   (2) 法人税等の税率は30％であり、当社は黒字企業である。
   (3) キャッシュ・フローは、すべて各年度の期末に生じる。
   (4) 税引後の資本コスト率は5％である。割引率5％のときの現価係数表は次のとおりである。

1年	0.9524	4年	0.8227
2年	0.9070	5年	0.7835
3年	0.8638	6年	0.7462

問 両設備ともに、除却の時点で反復投資する予定である。設備Ｘを導入する案（以下、Ｘ案とする）および設備Ｙを導入する案（以下、Ｙ案とする）の正味現在価値を比較して、どちらの案が有利かを答えなさい。

A 1-4 | 解答

Ｘ案の正味現在価値は ＿＿7,780,260＿＿ 円、Ｙ案の正味現在価値は ＿＿6,016,560＿＿ 円なので、

＿Ｘ案＿ の方が ＿＿1,763,700＿＿ 円有利である。

💡 **1-4** |解説|

　各設備の耐用年数の最小公倍数を用いて同じ投資期間のもとで比較を行います。

　設備Ｘは２年、設備Ｙは３年ですので、最小公倍数の６年[19]を投資期間とします。

> 19) 2 の倍数：2、4、6…
> 　　3 の倍数：3、6…よって、
> 　　6 が最小公倍数です。

1. Ｘ案の正味現在価値

• タイムテーブル（単位：万円）

	現時点	1 年度	2 年度	3 年度	4 年度	5 年度	6 年度
CIF		② 960	② 960	② 960	② 960	② 960	② 960
COF	① 1,500		① 1,500		① 1,500		
NET	△ 1,500	+ 960	△ 540	+ 960	△ 540	+ 960	+ 960

　① 設備Ｘの取得原価

　　耐用年数の到来する２年度末と４年度末に反復投資が行われます。

　② 年々のネット・キャッシュ・フロー

　　（1,800 万円 − 750 万円）×（1 − 30%）+ 1,500 万円 ÷ 2 年 × 30% = 960 万円
　　　　　　　　　　　　　　　　　　　　　　　　タックス・シールド

• Ｘ案の正味現在価値[20]

　960 万円 ×（0.9524 + 0.8638 + 0.7835 + 0.7462）− 540 万円 ×（0.9070 + 0.8227）− 1,500 万円
　　　　　　　1 年度分　3 年度分　5 年度分　6 年度分　　　　　　　　　　2 年度分　4 年度分

= 7,780,260 円

> 20) 現価係数をまとめて、なるべく効率的に計算しましょう。

2. Ｙ案の正味現在価値

• タイムテーブル（単位：万円）

	現時点	1 年度	2 年度	3 年度	4 年度	5 年度	6 年度
CIF		② 1,110	② 1,110	② 1,110	② 1,110	② 1,110	② 1,110
COF	① 2,700			① 2,700			
NET	△ 2,700	+ 1,110	+ 1,110	△ 1,590	+ 1,110	+ 1,110	+ 1,110

　① 設備Ｙの取得原価

　　耐用年数の到来する３年度末に反復投資が行われます。

　② 年々のネット・キャッシュ・フロー

　　（1,800 万円 − 600 万円）×（1 − 30%）+ 2,700 万円 ÷ 3 年 × 30% = 1,110 万円
　　　　　　　　　　　　　　　　　　　　　　　　タックス・シールド

• Ｙ案の正味現在価値

　1,110 万円 ×（0.9524 + 0.9070 + 0.8227 + 0.7835 + 0.7462）− 1,590 万円 × 0.8638 − 2,700 万円

= 6,016,560 円

3. 両案の比較

　Ｘ案の正味現在価値は 7,780,260 円、Ｙ案は 6,016,560 円であるため、Ｘ案の方が 1,763,700 円有利となります。

CHAPTER 6 設備投資意思決定の応用

⇥ 次に、もうひとつのケース、反復投資をしないケースです。

2. 反復投資をしないケース

　このケースでは、投資によって得られる年々のネット・キャッシュ・フローを別の異なる投資案に再投資することに注目します[21]。

　例えば、ある投資で今から1年後に100万円のキャッシュ・イン・フローがあるとして、この100万円を別の投資（利益率10%[22]）に使うと、2年後の終価[23]は110万円、3年後の終価は121万円になります。

　耐用年数の異なる設備投資案を比較するときには、この終価にもとづいて比較します。いつの時点の終価で比較するかは、長い方の耐用年数到来時点です。

21) 投資によって得られたお金は金庫にしまっておくわけではありません。さらに利益を増やすためにすぐに別の投資に使います。
22) この再投資での利益率を再投資率といいます。
23) 複利計算による将来の価値です。5-5ページを確認しましょう。

24) NET はネット・キャッシュ・フローを意味します。

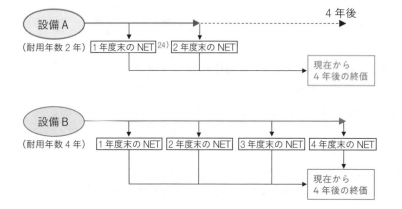

⇥ 次の問題の資料は、【Q1-4】と同じです。設問の違いに注目してください。

Q │ 1-5 │ **耐用年数の異なる設備投資案の比較（反復投資をしないケース）** │

　当社では、生産能力の等しい2つの設備Xと設備Yのうち、どちらを導入すべきかを検討中である。次の資料にもとづいて、設問に答えなさい。なお、計算の結果端数が生じる場合には、各投資案の正味現在価値の算定時点で円未満を四捨五入すること。

📄 **資料**
1. 各設備のデータ

	設備 X	設備 Y
取　得　原　価	1,500万円	2,700万円
耐　用　年　数	2年	3年
残　存　価　額	ゼロ	ゼロ
現金支出費用（税引前）	750万円／年	600万円／年

　税引前の年間現金流入額（売上収入額）はともに1,800万円である。

2. その他のデータ

(1) 両設備ともに定額法により減価償却を行う。

(2) 法人税等の税率は30%であり、当社は黒字企業である。

(3) キャッシュ・フローは、すべて各年度の期末に生じる。

(4) 税引後の資本コスト率は5%である。割引率5%のときの現価係数表は次のとおりである。

1年	0.9524	4年	0.8227
2年	0.9070	5年	0.7835
3年	0.8638	6年	0.7462

問 仮に、両設備ともに、除却の時点で反復投資をしない場合、X案およびY案の正味現在価値を比較して、どちらの案が有利かを答えなさい。なお、耐用年数の長い設備Yの耐用年数終了時まで、投資によって生じる年々のネット・キャッシュ・フローを再投資するものとし、各年度末における再投資率は年8%とする。

A | 1-5 | 解答 |

X案の正味現在価値は ___3,628,227___ 円、Y案の正味現在価値は ___4,127,068___ 円なので、
___Y案___ の方が ___498,841___ 円有利である。

💡 | 1-5 | 解説 |

次の手順にもとづいて正味現在価値を計算します。

> **Step1** 耐用年数の長い投資案の終了時まで、年々のネット・キャッシュ・フローを再投資するものとして終価[25]を計算する。
>
> **Step2** 終価合計の現在価値から投資額を差し引いて正味現在価値を計算する。

25) 本問における終価は3年度末の時点（＝Y案の耐用年数到来時）の将来価値です。

このとき、終価の計算では再投資率を用いて複利計算を行い、現在価値の計算では資本コスト率を用いて割引計算を行う点に注意してください。

1. X案の正味現在価値

・タイムテーブル（単位：万円）

① 設備Xの取得原価

② 年々のネット・キャッシュ・フロー

（1,800万円 − 750万円）×（1 − 30%）+ 1,500万円 ÷ 2年 × 30% = 960万円

Step1 終価合計の計算

　1年度末のネット・キャッシュ・フローは3年度末までの2年間にわたり投資されるため、2年分の複利計算を行います。2年度末発生分も同様の考え方にもとづき、1年分の複利計算をします。

$$\underbrace{960\,万円\times 1.08^2}_{1\,年度末} + \underbrace{960\,万円\times 1.08}_{2\,年度末} = 2,156.544\,万円$$

Step2 正味現在価値の計算

$$\underbrace{2,156.544\,万円\times 0.8638}_{終価合計の現在価値} - 1,500\,万円 = 3,628,227.0\cdots \rightarrow 3,628,227\,円$$

2. Y案の正味現在価値

・タイムテーブル（単位：万円）

① 設備Yの取得原価

② 年々のネット・キャッシュ・フロー

　$(1,800\,万円 - 600\,万円)\times(1 - 30\%) + 2,700\,万円 \div 3\,年\times 30\% = 1,110\,万円$

Step1 終価合計の計算

$1,110\,万円\times 1.08^2 + 1,110\,万円\times 1.08 + 1,110\,万円 = 3,603.504\,万円$

Step2 正味現在価値の計算

$3,603.504\,万円\times 0.8638 - 2,700\,万円 = 4,127,067.5\cdots \rightarrow 4,127,068\,円$

3. 両案の比較

　X案の正味現在価値は3,628,227円、Y案は4,127,068円のため、Y案の方が498,841円有利となります。

トレーニングⅠ　Ch6　問題5へ

4 | キャッシュ・フローの見積り

▶▶ どのような設備投資案も、まずは将来のキャッシュ・フローの正確な見積りが必要です。Chapter 5 の Section 3 で、その基本的な考え方を学習しました。

▶▶ ここでは、少し応用的な計算を学習します。

1. 正味運転資本

▶▶ 運転資本とは、製品の生産や販売という営業活動のために必要となる資金のことで、具体的には売掛金や棚卸資産[26]などの流動資産の金額が該当します。

▶▶ そして、それらの流動資産から買掛金などの流動負債を差し引いた金額を正味運転資本といいます。

正味運転資本 ＝ 流動資産（売掛金や棚卸資産など）－ 流動負債（買掛金など）

▶▶ 流動資産である売掛金は、材料費などに支出して作った製品を販売したものの、まだ収入が得られていない金額を示しています。また、棚卸資産の製品も、材料費などに支出しましたが、まだ販売されていないので収入が得られていない金額を示しています。

▶▶ 一方、流動負債の買掛金は、材料を仕入れたものの、まだ支出が生じていない金額です。

▶▶ よって、それらの流動資産[27]から流動負債を差し引いた金額は、設備投資のために必要な投資額と考えることができます[28]。

▶▶ 設備投資を行うことによって正味運転資本が生じる場合、固定資産への投資だけでなく、この正味運転資本への投資も考慮します。

27) 設備投資にともなって増加する流動資産です。よって、商業簿記での流動資産と異なり、現金や有価証券などは含まれません。

28) 【材料の仕入→製造→販売】という一連の流れにおいて、通常は入金よりも出金が先行する（売上債権の回収よりも仕入債務の支払が先行する）ため、それを補うための資金とイメージしておきましょう。

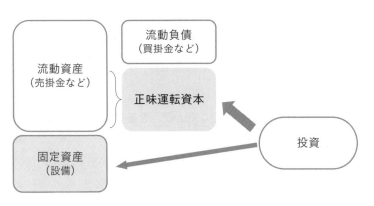

正味運転資本が増えたら投資（COF）、減ったら投資の回収（CIF）です。

次の問題で、具体的に見ていきましょう。

Q | **1-6** | **正味運転資本**

当社では、新製品Fの製造・販売にあたり新規設備の導入を検討中である。次の資料にもとづいて、各年度末における正味運転資本への投資額（または回収額）を答えなさい。なお、キャッシュ・アウト・フローとなる場合には金額の前に△を付すこと。

📋 **資料**

1. 新規設備に関するデータ

　(1) 当期末（現時点）において購入し、翌年度より稼働を開始する。

　　　取得原価4,000万円　耐用年数4年

　　　減価償却は、残存価額をゼロとする定額法による。

　(2) 新規設備の導入によって新たに生じるキャッシュ・フロー（単位：万円）

	1年度	2年度	3年度	4年度
売 上 収 入	3,500	5,000	3,000	2,500
現金支出費用	2,100	3,000	1,800	1,500

2. 正味運転資本は、毎年次年度の予想売上高（売上収入）を基準として各年度末のキャッシュ・フローに計上する（現時点においては第1年度の予想売上高を基準として正味運転資本の投資額を計上する）。その計上額は、予想売上高の8％を売掛金、6％を棚卸資産、4％を買掛金とする。なお、正味運転資本の累積投資額は第4年度末に全額を回収する。

3. その他

　(1) 法人税等の税率は30％であり、当社は黒字企業である。

　(2) キャッシュ・フローは、すべて各年度の期末に生じる。

A | **1-6** | **解答**

現時点	1年度	2年度	3年度	4年度
△350万円	△150万円	200万円	50万円	250万円

💡 | **1-6** | **解説**

まず、📋 資料2より、売上収入に対して何％の正味運転資本を計上するかを求めます。

　（売掛金8％＋棚卸資産6％）－買掛金4％＝10％
　　　　　流動資産　　　　　　　　流動負債

現時点で必要な正味運転資本への投資は、第1年度の売上収入を基準に次のように計算し、キャッシュ・アウト・フロー（COF）に計上します。

　正味運転資本：3,500万円（第1年度の売上収入）× 10％ = 350万円

次に、第1年度に必要な正味運転資本は500万円（＝5,000万円×10％）となりますが、すでに前年度に350万円を投資しているので、差額の150万円は追加投資としてキャッシュ・アウト・フロー（COF）に計上します。

第2年度に必要な正味運転資本は300万円（＝3,000万円×10％）となりますが、前年度までに500万円を投資しているので、差額の200万円は投資額の一部を回収したものとしてキャッシュ・イン・フロー（CIF）に計上します。

上記を含め、各年度の正味運転資本への投資額（追加投資額）または回収額についてまとめると、次のとおりです。

（単位：万円）

	現時点	1年度	2年度	3年度	4年度
売上収入	—	3,500	5,000	3,000	2,500
正味運転資本	350	500	300	250	—
投資額または回収額	△350[*1]	△150[*2]	200[*2]	50[*2]	250[*3]

[*1] 当期末に、営業活動のために必要な正味運転資本への投資額をCOFに計上します。
[*2] 1年度から3年度においては正味運転資本の追加投資額または余剰額をCOFまたはCIFとして計上します。
　　1年度：500万円－350万円＝＋150万円 … 増加（COF）
　　2年度：300万円－500万円＝△200万円 … 減少（CIF）
　　3年度：250万円－300万円＝△50万円 … 減少（CIF）
[*3] 4年度末に、正味運転資本の累積投資額を回収するため、CIFに計上します。
　　累積投資額：△350万円＋△150万円＋200万円＋50万円＝△250万円

参考

この投資案についてタイムテーブルを作成すると、次のようになります。

（単位：万円）

	現時点	1年度	2年度	3年度	4年度
			③ 1,700	③ 1,140	③ 1,000
CIF		③ 1,280	② 200	② 50	② 250
COF	① 4,000	② 150			
	② 350				
NET	△4,350	＋1,130	＋1,900	＋1,190	＋1,250

① 新規設備の取得原価
② 正味運転資本の投資額（追加投資額）または回収額
③ 年々のネット・キャッシュ・フロー（正味運転資本を除く）
　1年度：(3,500万円－2,100万円)×(1－30％)＋4,000万円÷4年×30％＝1,280万円
　　　　　　　　　　　　　　　　　　　　　　　　タックス・シールド

　2年度以降も同様に計算します。

トレーニングI　Ch6　問題6へ

» 次に、過去の検定試験からの内容を 2 つ紹介します。

2. 材料在庫の消費

» ある設備投資案において生産する製品[29]の材料費について考えます。

29) 期首や期末に仕掛品や製品の在庫はない、つまり生産した製品の原価はすべて売上原価になるものとします。

» 製品の生産開始時点（投資期間の初め）で材料の在庫がなければ、新たに材料を購入することになるため、その材料費は現金支出費用としてキャッシュ・アウト・フローに含めます。

» もし、材料の在庫があった場合にはどうでしょうか？
過去に材料の購入が行われているため、その購入支出は過去原価であり、意思決定上、無関連原価です[30]。

30) 4-5 ページを参照。

» しかし、その材料が製品の生産のために消費されて費用となると、タックス・シールドが生じます。その材料費は非現金支出費用だからです[31]。

31) 材料を購入したのは過年度なので、消費した年度には現金支出がないからです。

» よって、減価償却費のタックス・シールドと同じように、材料費の金額に税率を掛けた金額をキャッシュ・イン・フローに含める必要があります。

Q | ユ-7 | **材料在庫の消費** |

当社では、製品Ａの市場見込生産を行っている。これまで製品の製造には材料ａを使用してきたが、最近発売された安価な材料ｂを使用することにより、品質を落とさずに製品Ａを製造できることが判明した。材料ａは以前に大量購入したことから、当期末（現時点）において 6,000 個の在庫を保有している。そこで、需要の予測可能な次年度以降の 3 年間（1 年度～3 年度）について、次の 2 つの案を検討中である。

（甲案）　保有する材料ａの在庫を当期末にすべて売却し、新たに材料ｂを購入して製品Ａの製造を行う。

（乙案）　在庫として保有する材料ａを優先して使用し、不足分については新たに材料ｂを購入して製品Ａの製造を行う。

問　下記の資料にもとづいて、甲案と乙案それぞれの各年度におけるネット・キャッシュ・フローを計算しなさい。なお、キャッシュ・アウト・フローとなる場合には、金額の前に△を付すこと。

📄 **資料**

1. 材料ａまたは材料ｂを 1 個使用することにより、製品Ａを 1 個製造することができる。同じ設備により製造することができ、年間の生産能力は 5,000 個である。

2. 1 年度から 3 年度において、年間 5,000 個以上の需要が見込まれるため、生産能力いっぱいの 5,000 個の製造販売を行う。

6-22　工業簿記・原価計算 ● テキストⅠ ● 管理会計編

3. 材料に関するデータ

⑴ 以前に大量購入したときの材料 a の購入価格は 1 個あたり 2,000 円であった。当期末において 1 個あたり 1,500 円で売却可能である。

⑵ 材料 b は 1 個あたり 1,600 円で購入することができる。

4. その他データ

⑴ 材料 b は各年度に必要な数量をそのつど購入するものとする。

⑵ 法人税等の税率は 30％であり、当社は黒字企業である。

⑶ キャッシュ・フローは、すべて各年度の期末に生じる。

⑷ 資料より判明しない事項については考慮する必要はない。

A | 1-7 | 解答 |

	現時点	1 年度	2 年度	3 年度
甲案	990 万円	△ 560 万円	△ 560 万円	△ 560 万円
乙案	0 万円	300 万円	△ 388 万円	△ 560 万円

1-7 | 解説 |

1. 甲案

・タイムテーブル（単位：万円）

	現時点	1 年度	2 年度	3 年度
CIF	90 / 900			
COF		560	560	560
NET	＋ 990	△ 560	△ 560	△ 560

⑴ **現時点（当期末）**

・在庫材料の売却収入（CIF）

甲案では、当期末に材料 a の在庫をすべて売却します。

@1,500 円（材料 a の売却単価）× 6,000 個（在庫数量）＝ 900 万円

・材料 a の売却損によるタックス・シールド

売却損：(@1,500 円 − @2,000 円（材料 a の購入単価)) × 6,000 個＝△ 300 万円（損）

売却損によるタックス・シールド[32]：

300 万円× 30％（税率）＝ 90 万円（CIF）

> [32] 減価償却費や設備の減価償却費と同様に非現金支出費用なので、法人税等が節約されます。

合　計：900 万円＋ 90 万円＝ 990 万円

⑵ **1 年度から 3 年度**

📄 **資料 2** より、1 年度から 3 年度において年間 5,000 個の製造を行います。

また、📄 **資料 4** ⑴より、必要となる材料 b（各年度 5,000 個）はそれぞれの年度において購入します。

・材料 b の購入と消費による現金支出額（COF）

@1,600 円（材料 b の購入単価）× 5,000 個×（1 − 30％）＝ 560 万円→△ 560 万円

2. 乙案

• タイムテーブル (単位：万円)

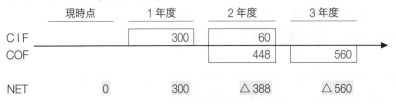

	現時点	1年度	2年度	3年度
CIF		300	60	
COF			448	560
NET	0	300	△388	△560

⑴ 現時点 (当期末)

乙案では、材料 a の在庫を製品 A の製造に使用するため、売却しません。

⑵ 1年度

甲案と同様に 1 年度から 3 年度において年間 5,000 個の製造を行います。

このとき、まずは材料 a の在庫を使用して製造しますが、やがてその在庫がなくなった時点で材料 b による製造に切り替わります。そこで、材料 b の購入スケジュールをまとめると次のようになります。

> 1年度：材料 a 在庫量 6,000 個 ＞ 材料必要量 5,000 個
> → 材料 b の購入なし。
> 　　 (残りの材料 a 在庫量：6,000 個 − 5,000 個 = 1,000 個)
> 2年度：材料 a 在庫量 1,000 個 ＜ 材料必要量 5,000 個
> → 材料が 4,000 個不足するため、材料 b を 4,000 個購入。
> 3年度：材料 a の在庫なし
> → 材料 b を 5,000 個購入。

• 材料 a の在庫の消費によるタックス・シールド (CIF)

材料 a は過去に購入されているため、その支出額[33] は無関連原価です。

33) 1,200 万円の COF。

しかし、その在庫の消費によって生じる材料費は、非現金支出費用となるため、タックス・シールドが生じます。

@2,000 円 (材料 a の購入単価) × 5,000 個 (1 年度の消費量) × 30%
= 300 万円

⑶ 2年度

• 材料 a の在庫の消費によるタックス・シールド (CIF)

@2,000 円× 1,000 個 (2 年度の消費量) × 30% = 60 万円

• 材料 b の購入と消費[34] による現金支出額 (COF)

@1,600 円× 4,000 個× (1 − 30%) = 448 万円 → △448 万円

合計：60 万円 + △448 万円 = △388 万円

34) 材料 a と異なり、材料 b は
購入と消費が同じ年度内
に行われます。

⑷ 3年度

• 材料 b の購入と消費による現金支出額 (COF)

@1,600 円× 5,000 個× (1 − 30%) = 560 万円 → △560 万円

トレーニング I　Ch6　問題 7 へ

3. 複数回の投資支出

▶︎ 設備がオーダーメイドのため、その取得までに長期間を要し、その対価の支払 (投資支出) が複数回にわたる場合について、次の問題で見ていきましょう[35]。

35) 検定試験の問題では、設備投資案における投資支出 (設備の購入支出) は、投資期間の初めの 1 回だけであることが通常です。

Q | **1-8** | **複数回の投資支出** |

当社では、新製品のために、新たな生産設備の導入を検討している。この設備はオーダーメイドの特殊設備であり、導入までに期間を要する。そのため、設備に関する初期投資は当期末 (現時点) と 1 年度末の 2 回に分けて行われ、2 年度の初めより稼働を開始する予定である。次の資料にもとづいて各問に答えなさい。

📄 **資料**

1. 特殊設備に関するデータ
   (1) 初期投資として、当期末に 2,000 万円、1 年度末に 1,500 万円の支出が必要である。
   (2) 耐用年数は稼働開始から 7 年であり、残存価額をゼロとする定額法により減価償却を行う。
   (3) 稼働開始後におけるネット・キャッシュ・フロー
      7 年間にわたり、毎年 800 万円 (売上収入から現金支出費用を差し引いた正味の金額) が見込まれる。

2. その他データ
   (1) 当社では、投資案の採否を正味現在価値法により行っている。
   (2) 法人税等の税率は 30% であり、当社は黒字企業である。
   (3) キャッシュ・フローは、すべて各年度の期末に生じる。
   (4) 税引後の加重平均資本コスト率は 9% である。割引率 9% のときの現価係数表は次のとおりである。

1 年	0.9174	4 年	0.7084	7 年	0.5470
2 年	0.8417	5 年	0.6499	8 年	0.5019
3 年	0.7722	6 年	0.5963		

なお、同条件における年金現価係数 (8 年) は 5.5348 である。

問1 現時点を基準として、設備に対する初期投資額の現在価値を計算しなさい。なお、解答が負の値となる場合には金額の前に△を付すこと (以下の問についても同様)。

問2 1 年度と 2 年度のネット・キャッシュ・フローの金額を答えなさい。

問3 現時点を基準として、新規設備案の正味現在価値を計算しなさい。

A | **1-8** | **解答** |

問1　　△ 33,761,000 　円

問2　1 年度　　△ 15,000,000 　円　　2 年度　　 7,100,000 　円

問3　　△ 977,460 　円

問1

現時点を基準とした初期投資額の現在価値が問われています。

本問では、設備に対する投資が、当期末（現時点）と1年度末の2回に分けて行われています。

このうち、当期末の2,000万円は割引計算の必要はありませんが、1年度末の1,500万円については1年分の割引計算が必要となります。

$\triangle$ 2,000万円 $+$ $\triangle$ 1,500万円 $\times$ 0.9174 $=$ $\triangle$ 33,761,000円

問2

1. 1年度[36]

設備への投資額のうち、2,000万円は当期末に支払っていますが、減価償却は設備の稼働開始後（2年度）より行われる点に注意が必要です。なお、3,500万円（$=$ 2,000万円 $+$ 1,500万円）を取得原価として減価償却を行います。

- 1年度分の設備への投資額（COF）

1,500万円 → $\triangle$ 1,500万円

36) 設備の稼働の開始は2年度初めからです。

2. 2年度

- 稼働開始後における年々のネット・キャッシュ・フロー（CIF）

$$\underset{\text{資料1(3)より}}{800\text{万円}} \times (1 - 30\%) + \underset{\text{タックス・シールド}}{3,500\text{万円} \div 7\text{年} \times 30\%} = 710\text{万円}$$

問3

問1、問2をもとにタイムテーブルを作成すると次のようになります[37]。

（単位：万円）

	現時点	1年度	2年度	…	8年度
CIF			710	…	710
COF	2,000	1,500			
NET	$\triangle$ 2,000	$\triangle$ 1,500	$+$ 710		$+$ 710

37) 資料1(3)より、2年度～8年度におけるネット・キャッシュ・フローは2年度と同額になります。

- 正味現在価値

$$710\text{万円} \times \underset{\substack{\text{2年度～8年度分の}\\\text{年金現価係数}}}{(5.5348 - 0.9174)}{}^{[38]} - \underset{\text{投資額の現在価値}}{33,761,000\text{円}}\text{（問1より）} = \triangle\,977,460\text{円}$$

38) 2年：0.8417から8年：0.5019までを合計するよりも、効率的に求めることができます。

トレーニングⅠ Ch6 問題8・9へ

設備投資意思決定は、難関テーマの一つです。
細かい計算も合って大変ですが、
あせらずにじっくりと取り組みましょう

正味現在価値法と内部利益率法の比較

重要度

最後に、正味現在価値法と内部利益率法を比較してみましょう。

本文に登場するグラフは、過去の検定試験でもグラフが読み取れるかどうかを問う出題があったこともあり、とても重要です。

また、内部利益率法の問題点（欠点）は、理論問題（〇×問題など）での出題に備えて、自分の言葉で説明できるように練習するとよいでしょう。

CHAPTER

6

設備投資意思決定の応用

1 | 独立投資案の場合

▶︎ 次のグラフは、ある独立投資案[01]について、割引率が変化したときに正味現在価値がどのように変化するかを示したものです[02]。

01）5-17 ページを参照。

02）検定試験で、このようなグラフの読取りが出題されたことがあります。

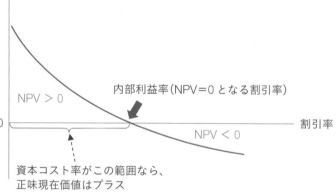

▶︎ 割引率がゼロに近いところから見ていくと、割引率が高くなるにつれて正味現在価値は小さくなっていき、やがてマイナスになります。

▶︎ 正味現在価値がゼロになるときの割引率が内部利益率です。内部利益率法は「内部利益率 ＞ 資本コスト率」であれば、その投資を採用すべきと評価する方法でした。

▶︎ 内部利益率が資本コスト率よりも高いときには、正味現在価値は必ずプラスになるので、この投資案については、内部利益率法と正味現在価値法のどちらで評価しても正しい結論が得られることがわかります[03]。

03）収益性指数法と正味現在価値法の結論は常に同じなので、収益性指数法で評価しても正しい結論が得られます。

2 | 相互排他的投資案の場合

▶ 　相互排他的投資案について、どの案を採用するかを決定する場合、正味現在価値法を用いることがもっとも望ましいといえます。

▶ 　その主な理由は、正味現在価値法は利益額によって評価するのに対して、内部利益率法は利益率によって評価することにあります。

▶ 　次のグラフのような2つの投資案（A案とB案）を比較する場合、内部利益率法によると誤った意思決定となってしまいます。

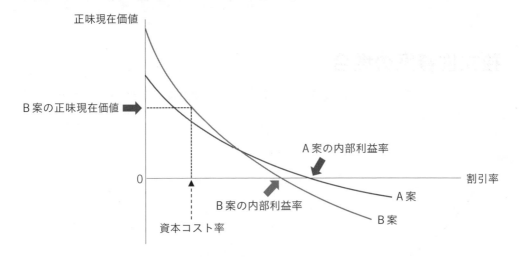

▶ 　内部利益率はA案の方が高いので、内部利益率法によればA案が採用されます。しかし、正味現在価値はB案の方が高くなっています[04]。

04) 内部利益率が高い投資案が正味現在価値も高いとは限らないことを示しています。

▶ 　この場合、意思決定の目的は企業の利益額の最大化であるとすると、正味現在価値法によって、より利益額の大きい投資案であるB案を採用すべきです。

▶ 　なお、収益性指数法も、将来のネット・キャッシュ・フローの現在価値と投資額の比率を用いて投資案を評価する方法なので、収益性指数が大きい投資案が正味現在価値も高いとは限らないという問題点があります。

▶ 　また、内部利益率法では、将来のネット・キャッシュ・フローの金額によっては[05]、複数の内部利益率が計算されてしまうことがあり、誤った意思決定をしてしまう可能性があるという問題点もあります。

05)〈参考〉将来のある年度のネット・キャッシュ・フローがマイナスになるケースです。

Chapter 7

直接原価計算

Point

　このChapterでは、直接原価計算について、実際原価計算と組み合わせたときの直接実際原価計算と標準原価計算と組み合わせたときの直接標準原価計算を学習します。

　このうち、直接標準原価計算は、管理会計にもっとも適した計算方法です。その場合の損益計算書の形式など、細かい部分までマスターすることを目指しましょう。

用語集

直接原価計算
　変動製造原価のみを製品原価とし、固定製造原価を期間原価とする計算方法

全部原価計算
　すべての製造原価から製品原価を計算する方法

固定費調整
　直接原価計算の営業利益を全部原価計算の営業利益に修正する手続

直接標準原価計算
　直接原価計算と標準原価計算とを組み合わせた、利益管理と原価管理の両方に役立つ原価計算方式

直接実際原価計算

この Section の中心は、直接原価計算と全部原価計算の比較です。
　直接原価計算と全部原価計算のどちらで計算するかによって営業利益が異なることがあるのはなぜ? 固定費調整の計算式の意味は?
　多くは2級の学習内容ですが、苦手とする受験生が多いのが事実かと思います。ここで、あらためて知識を整理しましょう。

▌ 1 ▌ 直接原価計算の基礎知識

1. 直接原価計算の損益計算

▶ 　直接原価計算は、総原価[01]を変動費と固定費に分解した上で営業利益を計算する損益計算の方法です。

01) 製造原価と販売費及び一般管理費。

▶ 　損益計算書の形式は次のとおりです[02]。

02) 直接標準原価計算の場合は Section 2 で学習します。

<table>
<tr><td colspan="4">損益計算書（直接原価計算方式）</td></tr>
<tr><td>Ⅰ</td><td>売上高</td><td></td><td>4,000</td></tr>
<tr><td>Ⅱ</td><td>変動売上原価</td><td></td><td></td></tr>
<tr><td></td><td>1　期首製品棚卸高</td><td>300</td><td></td></tr>
<tr><td></td><td>2　当期製品製造原価</td><td>1,400</td><td></td></tr>
<tr><td></td><td>　　合　　計</td><td>1,700</td><td></td></tr>
<tr><td></td><td>3　期末製品棚卸高</td><td>200</td><td>1,500</td></tr>
<tr><td></td><td>　　変動製造マージン</td><td></td><td>2,500</td></tr>
<tr><td>Ⅲ</td><td>変動販売費</td><td></td><td>100</td></tr>
<tr><td></td><td>　　貢献利益</td><td></td><td>2,400</td></tr>
<tr><td>Ⅳ</td><td>固定費</td><td></td><td></td></tr>
<tr><td></td><td>1　固定製造原価</td><td>1,000</td><td></td></tr>
<tr><td></td><td>2　固定販売費及び一般管理費</td><td>800</td><td>1,800</td></tr>
<tr><td></td><td>　　営業利益</td><td></td><td>600</td></tr>
</table>

変動費

固定費

▶ 　売上高から変動費（変動売上原価と変動販売費）を差し引いて貢献利益を求め、さらに固定費を差し引いて営業利益を算定するという2段階の計算を行います[03]。

03) 売上高から変動売上原価を差し引いて計算される変動製造マージンは、変動製造差益などともいいます。

▶ 　Chapter 2で学習したように、直接原価計算はCVP分析の前提となる損益計算の方法として、経営管理者による短期利益計画に役立つ情報を提供します。

▶▶ また、差額原価収益分析においても、貢献利益が重要な計算要素になることが多く、直接原価計算は、意思決定（特に業務的意思決定）にも役立つ情報を提供します。

2. 全部原価計算と直接原価計算

▶▶ 全部原価計算は、すべての製造原価から製品原価を計算します。一方、直接原価計算では変動製造原価のみから製品原価を計算し、固定製造原価は期間原価として処理[04]します。

04) 全額を発生した期間の費用として処理します。

	製 造 原 価	販売費・一般管理費
変動費	変 動 製 造 原 価	変動販売費
固定費	固 定 製 造 原 価	固定販売費・一般管理費

全部原価計算における製品原価

直接原価計算における製品原価

▶▶ よって、全部原価計算では、期末に仕掛品や製品の在庫がある場合には、固定製造原価の一部がそれらの棚卸資産に配分されて次期に繰り越されるため、全額が発生した期間の費用となりません[05]。

05) 販売された製品に対する額だけが売上原価として費用処理されます。

▶▶ 次の損益計算書は、前ページの損益計算書と同じ期間のデータにもとづいて全部原価計算によって作成したものです。

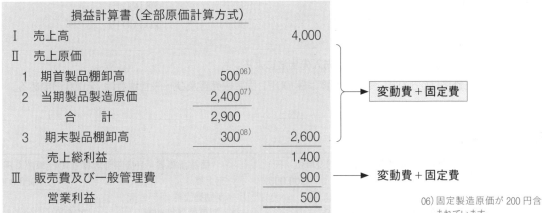

損益計算書（全部原価計算方式）		
Ⅰ 売上高		4,000
Ⅱ 売上原価		
1 期首製品棚卸高	500[06]	
2 当期製品製造原価	2,400[07]	
合　計	2,900	
3 期末製品棚卸高	300[08]	2,600
売上総利益		1,400
Ⅲ 販売費及び一般管理費		900
営業利益		500

変動費＋固定費（売上原価）

変動費＋固定費（販売費及び一般管理費）

▶▶ 売上原価の中に固定製造原価が 1,100 円（= 200 円＋ 1,000 円－ 100 円）含まれていますが、この金額は販売量だけでなく、生産量によっても変化します[09]。

06) 固定製造原価が 200 円含まれています。

07) 固定製造原価が 1,000 円含まれています。

08) 固定製造原価が 100 円含まれています。

09) 生産量が変わると、1 個あたりの固定製造原価が変わるからです。

▶▶ そのため、売上原価が売上高に比例しないので、仮に次期の売上高が当期の 2 倍になったとしても、売上総利益も 2 倍になるとは限りません[10]。

10) 直接原価計算の場合は 2-3 ページを参照。

⮞ このように、全部原価計算による損益計算はC・V・Pの関係が明確でなく、経営管理者による業績評価や意思決定のための情報としてはあまり適していません。

⮞ 次の問題で、同じ資料から全部原価計算と直接原価計算の損益計算書を作成してみましょう。

Q 1-1 | **全部原価計算と直接原価計算の損益計算書** |
　次の製品Aに関する資料にもとづいて、全部原価計算の損益計算書と直接原価計算の損益計算書をそれぞれ作成しなさい。

🗎 **資料**

1. 生産データ

期首仕掛品	100 個（30%）
当 期 投 入	1,620 個
合　　計	1,720 個
期末仕掛品	120 個（50%）
当 期 完 成	1,600 個

2. 販売データ

期 首 製 品	200 個
当 期 完 成	1,600 個
合　　計	1,800 個
期 末 製 品	300 個
当 期 販 売	1,500 個

（注）カッコ内の数値は加工進捗度を示す。材料はすべて工程の始点で投入される。

3. 原価データ

	当期製造費用	期首仕掛品原価	期首製品原価
直接材料費	81,000 円	4,590 円	9,700 円
変動加工費	97,800 円	1,890 円	12,900 円
固定加工費	163,000 円	3,320 円	20,200 円

4. その他のデータ

(1) 期末棚卸資産の計算方法は、先入先出法による。

(2) 販売価格は＠600円、変動販売費は＠100円、固定販売費及び一般管理費は72,000円である。

A 1-1 | **解答** |

損益計算書（全部原価計算方式）（単位：円）		
Ⅰ　売上高		900,000
Ⅱ　売上原価		
1　期首製品棚卸高	42,800	
2　当期製品製造原価	336,000	
合　　計	378,800	
3　期末製品棚卸高	63,000	315,800
売上総利益		584,200
Ⅲ　販売費及び一般管理費		222,000
営業利益		362,200

損益計算書（直接原価計算方式）（単位：円）		
Ⅰ　売上高		900,000
Ⅱ　変動売上原価		
1　期首製品棚卸高	22,600	
2　当期製品製造原価	175,680	
合　　計	198,280	
3　期末製品棚卸高	32,940	165,340
変動製造マージン		734,660
Ⅲ　変動販売費		150,000
貢献利益		584,660
Ⅳ　固定費		
1　固定製造原価	163,000	
2　固定販売費及び一般管理費	72,000	235,000
営業利益		349,660

7-4　　工業簿記・原価計算 ● テキストⅠ ● 管理会計編

売上高：@600 円（販売価格）× 1,500 個 = 900,000 円

1．全部原価計算

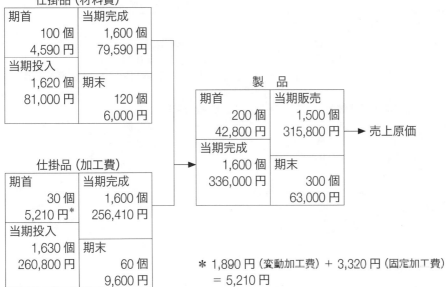

仕掛品（材料費）

期首	当期完成
100 個	1,600 個
4,590 円	79,590 円
当期投入	
1,620 個	期末
81,000 円	120 個
	6,000 円

仕掛品（加工費）

期首	当期完成
30 個	1,600 個
5,210 円*	256,410 円
当期投入	
1,630 個	期末
260,800 円	60 個
	9,600 円

製　品

期首	当期販売
200 個	1,500 個
42,800 円	315,800 円 → 売上原価
当期完成	
1,600 個	期末
336,000 円	300 個
	63,000 円

* 1,890 円（変動加工費）+ 3,320 円（固定加工費）
　= 5,210 円

（1）　期末仕掛品

先入先出法により計算します。

①材料費：$\dfrac{81,000 \text{円}}{1,620 \text{個}} \times 120 \text{個} = 6,000 \text{円}$

②加工費：全部原価計算のため、変動加工費と固定加工費に分けて計算する必要はありません。

$\dfrac{260,800 \text{円}（= 97,800 \text{円（変動加工費）} + 163,000 \text{円（固定加工費）}）}{1,630 \text{個}} \times 60 \text{個} = 9,600 \text{円}$

（2）　当期完成品（P/L 当期製品製造原価）

①材料費：4,590 円 + 81,000 円 − 6,000 円 = 79,590 円

②加工費：5,210 円 + 260,800 円 − 9,600 円 = 256,410 円 → ①と②の合計 336,000 円

（3）　期末製品（P/L 期末製品棚卸高）

先入先出法により、$\dfrac{336,000 \text{円}}{1,600 \text{個}} \times 300 \text{個} = 63,000 \text{円}$

（4）　P/L 販売費及び一般管理費

@100 円（変動販売費）× 1,500 個 + 72,000 円（固定販売費及び一般管理費）= 222,000 円

2. 直接原価計算

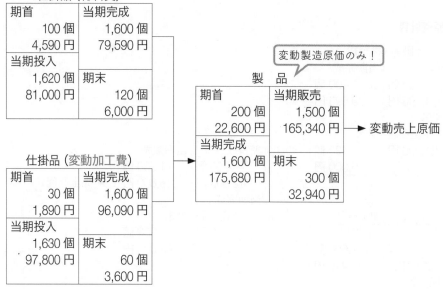

仕掛品（材料費）

期首	当期完成
100 個	1,600 個
4,590 円	79,590 円
当期投入	
1,620 個	期末
81,000 円	120 個
	6,000 円

製　品

変動製造原価のみ！

期首	当期販売
200 個	1,500 個
22,600 円	165,340 円 |→ 変動売上原価
当期完成	
1,600 個	期末
175,680 円	300 個
	32,940 円

仕掛品（変動加工費）

期首	当期完成
30 個	1,600 個
1,890 円	96,090 円
当期投入	
1,630 個	期末
97,800 円	60 個
	3,600 円

(1) 期末仕掛品

先入先出法により計算します。

①材料費：直接材料費は変動費なので、全部原価計算と同じです（6,000 円）。

②加工費：直接原価計算のため、変動加工費のみから計算します。

$$\frac{97,800 \text{ 円（変動加工費）}}{1,630 \text{ 個}} \times 60 \text{ 個} = 3,600 \text{ 円}$$

(2) 当期完成品（P/L 当期製品製造原価）

①材料費：直接材料費は変動費なので、全部原価計算と同じです（79,590 円）。

②加工費：1,890 円 + 97,800 円 − 3,600 円 = 96,090 円 → ①と②の合計 175,680 円

(3) 期末製品（P/L 期末製品棚卸高）

先入先出法により、$\dfrac{175,680 \text{ 円}}{1,600 \text{ 個}} \times 300 \text{ 個} = 32,940 \text{ 円}$

(4) P/L 変動販売費

@100 円（変動販売費）× 1,500 個 = 150,000 円

(5) P/L 固定製造原価

固定加工費の当期製造費用 163,000 円を期間原価として処理します。

トレーニング I　Ch7　問題 1 へ

2 | 固定費調整

▶ 【Q1-1】での2つの損益計算書は、同じ生産データ、同じ原価データから作成しましたが、全部原価計算と直接原価計算では異なる営業利益が計算されました。

▶ 固定費調整とは、直接原価計算の営業利益を全部原価計算の営業利益に修正することです。

▶ 直接原価計算は、経営管理者に役立つ情報を提供することができるのですが、現行の制度では外部に報告する損益計算書上の営業利益は全部原価計算によって計算された金額でなければならないことになっています。

▶ そこで、企業内部の管理のために直接原価計算を採用している場合には、損益計算書上で直接原価計算による営業利益をベースに適切な調整を行って、全部原価計算による営業利益を示します。

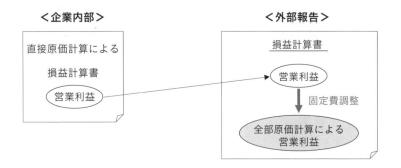

▶ この調整が「固定費調整」と呼ばれるのは、次のように全部原価計算を行ったときに棚卸資産[11]に含まれる固定製造原価だけで調整できるからです。

11) 仕掛品と製品。

$$
\begin{array}{c}
\text{全部原価計算} \\ \text{による営業利益}
\end{array}
=
\begin{array}{c}
\text{直接原価計算} \\ \text{による営業利益}
\end{array}
+
\begin{array}{c}
\text{期末棚卸資産} \\ \text{に含まれる} \\ \text{固定製造原価}
\end{array}
-
\begin{array}{c}
\text{期首棚卸資産} \\ \text{に含まれる} \\ \text{固定製造原価}
\end{array}
$$

▶ 期末棚卸資産に含まれる固定製造原価の計算は通常、次のころがし計算法によって行います。

● ころがし計算法

Step1 変動製造原価の計算と同じように、平均法や先入先出法によって、期末仕掛品と当期完成品に含まれる固定製造原価を計算[12]

Step2 期末製品と売上原価に含まれる固定製造原価を計算[13]

12) 7-6ページの仕掛品（変動加工費）のボックスによる計算と同じように、固定製造原価を配分します。

13) 7-6ページの製品のボックスによる計算と同じように、固定製造原価を配分します。

また、固定費調整を記載する損益計算書の末尾の表示形式は、次のとおりです。

⋮	⋮
直接原価計算の営業利益	××
固定費調整	
（＋）期末製品に含まれる固定製造原価	××
期末仕掛品に含まれる固定製造原価	×× ××
（－）期首製品に含まれる固定製造原価	××
期首仕掛品に含まれる固定製造原価	×× ××
全部原価計算の営業利益	××

それでは、次の問題で上記の固定費調整について具体的に見ていきましょう。

Q | 1-2 | **固定費調整**

【Q1-1】の資料にもとづいて、直接原価計算の損益計算書について、ころがし計算法によって固定費調整を行い、全部原価計算の営業利益を示しなさい。

A | 1-2 | **解答**

損 益 計 算 書　　　（単位：円）

⋮		⋮
直接原価計算の営業利益		349,660
固定費調整		
（＋）期末製品の固定製造原価	30,060	
期末仕掛品の固定製造原価	6,000	36,060
（－）期首製品の固定製造原価	20,200	
期首仕掛品の固定製造原価	3,320	23,520
全部原価計算の営業利益		362,200

1-2 | **解説**

固定加工費について、変動加工費と同じように原価配分します。

仕掛品（固定加工費）

期首	当期完成
30 個	1,600 個
3,320 円	160,320 円
当期投入	
1,630 個	期末
163,000 円	60 個
	6,000 円

製　品

期首	当期販売
200 個	1,500 個
20,200 円	150,460 円
当期完成	
1,600 個	期末
160,320 円	300 個
	30,060 円

(1) 期末仕掛品に含まれる固定製造原価

先入先出法により、$\dfrac{163,000\text{ 円（固定加工費）}}{1,630\text{ 個}}$（$=$@100 円）$\times$ 60 個 $=$ 6,000 円

(2) 当期完成品：3,320 円 $+$ 163,000 円 $-$ 6,000 円 $=$ 160,320 円

(3) 期末製品に含まれる固定製造原価

先入先出法により、$\dfrac{160,320\text{ 円}}{1,600\text{ 個}}$（$=$@100.2 円）$\times$ 300 個 $=$ 30,060 円

固定費調整により示された全部原価計算による営業利益 362,200 円は、【Q1-1】での全部原価計算の損益計算書上の営業利益に一致していることを確認しましょう。

ここで、あらためてなぜ棚卸資産に含まれる固定製造原価を加減することで営業利益の調整ができるのかを考えます。

まず、前記の 2 つのボックスをタテに並べて整理します（当期完成 1,600 個は貸借両方にあるため相殺されます）。

仕掛品・製品（固定加工費）

期首仕掛品	期末仕掛品
30 個	60 個
3,320 円	6,000 円
期首製品	
200 個	期末製品
20,200 円	300 個
当期投入	30,060 円
1,630 個	
163,000 円	当期販売
	1,500 個
	150,460 円

直接原価計算と全部原価計算の営業利益が異なるのは、固定製造原価について当期の費用として計上される額が異なるからです。

直接原価計算での費用計上額は、当期の発生額の 163,000 円全額です（左のボックスの当期投入）。一方、全部原価計算での費用計上額は、売上原価に含まれる 150,460 円です（左のボックスの当期販売）。

よって、この差額の 12,540 円だけ、全部原価計算による営業利益が大きくなります。そして、この金額は左のボックスの┃の金額なので、期末棚卸資産に含まれる固定製造原価と期首棚卸資産に含まれる固定製造原価の差額に等しくなることがわかります。

▸▸ 【Q1-2】で学習したころがし計算法の他に、一括調整法という簡便法があります。一括調整法は、期末仕掛品と期末製品に含まれる固定製造原価を一つの同じ単価によって一括的に計算する方法です[14]。

14) 固定製造原価を配分する基準としては、完成品換算量や変動加工費などが用いられます。

▸▸ 【Q1-2】について、一括調整法によって完成品換算量を基準に計算してみましょう。次のように、1 つのボックスで、期末仕掛品と期末製品に含まれる固定製造原価を同時に計算します。

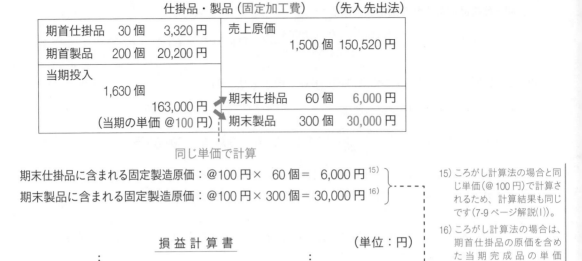

仕掛品・製品（固定加工費）　　（先入先出法）

期首仕掛品　30個　3,320円	売上原価
期首製品　200個　20,200円	1,500個　150,520円
当期投入	
1,630個	
163,000円	期末仕掛品　60個　6,000円
（当期の単価 @100円）	期末製品　300個　30,000円

同じ単価で計算

期末仕掛品に含まれる固定製造原価：@100円× 60個＝ 6,000円 [15)]

期末製品に含まれる固定製造原価：@100円× 300個＝ 30,000円 [16)]

15) ころがし計算法の場合と同じ単価（@100円）で計算されるため、計算結果も同じです（7-9ページ解説(1)）。

16) ころがし計算法の場合は、期首仕掛品の原価を含めた当期完成品の単価（@100.2円）を用いました（7-9ページ解説(3)）。よって、計算結果には60円の差が生じています。

損 益 計 算 書　　　　　　　（単位：円）

︙		︙
直接原価計算の営業利益		349,660
固定費調整		
（＋）期末製品に含まれる固定製造原価	30,000	
期末仕掛品に含まれる固定製造原価	6,000	36,000
（－）期首製品に含まれる固定製造原価	20,200	
期首仕掛品に含まれる固定製造原価	3,320	23,520
全部原価計算の営業利益		362,140

トレーニング I 　Ch7　問題２へ

３ 加工費の予定配賦

▶ 次に、直接原価計算において加工費の予定配賦を行う場合を学習しましょう。

▶ 加工費の予定配賦額と実際発生額の差額が加工費配賦差異となりますが、直接原価計算では、加工費のうち変動加工費のみが製品原価になるため、加工費配賦差異も変動加工費のみから発生します [17)]。

17) 固定製造原価である固定加工費は期間原価として処理され、そもそも製品に配賦しないため、固定加工費からは配賦差異は発生しません。

18) 次のページの全部原価計算の場合のシュラッター図（正式名称：シュラッター＝シュラッター図を略）と見比べてみましょう。変動費部分のみを考えればよいことがわかります。

直接原価計算の場合 [18)]

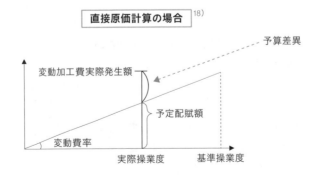

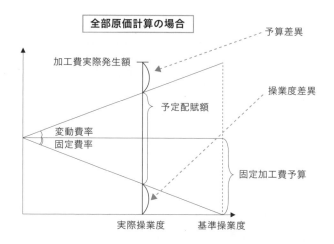

全部原価計算の場合

予算差異

加工費実際発生額

操業度差異

予定配賦額

変動費率
固定費率

固定加工費予算

実際操業度　基準操業度

総合原価計算での加工費を予定配賦している
ケースです。
配賦差異の分析など、基本的な考え方は
個別原価計算での製造間接費の予定配賦と同じ
です。

Q 1-3 | **加工費の予定配賦**

　次の製品Bに関する資料にもとづいて、当月の損益計算書を作成し、さらに固定費調整を行い、全部原価計算による営業利益を示しなさい。

📄 資料

1. 当社では直接原価計算を採用しており、変動加工費については製品生産量を配賦基準として予定配賦している。

　　変動加工費予算（年間）　3,600,000 千円
　　固定加工費予算（年間）　2,400,000 千円
　　年間正常生産量　600,000 kg

2. 当月の生産・販売データ

月初仕掛品	3,000 kg（40%）	月初製品	6,000 kg
当月投入	49,000 kg	当月完成	48,000 kg
合計	52,000 kg	合計	54,000 kg
月末仕掛品	4,000 kg（80%）	月末製品	2,000 kg
当月完成	48,000 kg	当月販売	52,000 kg

（注）カッコ内の数値は加工進捗度を示す。材料はすべて工程の始点で投入される。

3. 原価データ

	当月製造費用	月初仕掛品原価	月初製品原価
直接材料費	491,225 千円	28,875 千円	
変動加工費	301,220 千円	7,200 千円	96,780 千円
固定加工費	201,000 千円		

4. その他のデータ

⑴ 月末棚卸資産の計算方法は、先入先出法による。

⑵ 販売価格は@40 千円、変動販売費は@2 千円である。

⑶ 固定販売費及び一般管理費は 501,000 千円である。

⑷ 加工費配賦差異はすべて当月の売上原価に賦課する。

⑸ 固定費調整は、仮に全部原価計算による場合には固定加工費を予定配賦するものとして、ころがし計算法によって行う。

A 1-3 解答

損益計算書　　　　　（単位：千円）

Ⅰ	売上高		2,080,000
Ⅱ	変動売上原価		
1	月初製品棚卸高	96,780	
2	当月製品製造原価	768,000	
	合　計	864,780	
3	月末製品棚卸高	32,000	
	差　引	832,780	
4	原価差異	1,220	834,000
	変動製造マージン		1,246,000
Ⅲ	変動販売費		104,000
	貢献利益		1,142,000
Ⅳ	固定費		
1	固定製造原価	201,000	
2	固定販売費及び一般管理費	501,000	702,000
	直接原価計算の営業利益		440,000
	固定費調整		
	（＋）月末製品の固定製造原価	8,000	
	月末仕掛品の固定製造原価	12,800	20,800
	（－）月初製品の固定製造原価	24,000	
	月初仕掛品の固定製造原価	4,800	28,800
	全部原価計算の営業利益		432,000

1-3 │ 解説 │

1. 予定配賦率（変動費率）：$\dfrac{3{,}600{,}000\ \text{千円（年間変動加工費予算）}}{600{,}000\ \text{kg（年間正常生産量）}} = @6\ \text{千円}$

2. 原価配分（直接原価計算）

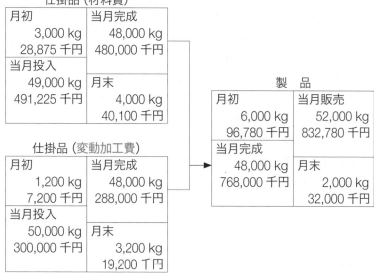

仕掛品（材料費）

月初	当月完成
3,000 kg	48,000 kg
28,875 千円	480,000 千円
当月投入	
49,000 kg	月末
491,225 千円	4,000 kg
	40,100 千円

仕掛品（変動加工費）

月初	当月完成
1,200 kg	48,000 kg
7,200 千円	288,000 千円
当月投入	
50,000 kg	月末
300,000 千円	3,200 kg
	19,200 千円

製　品

月初	当月販売
6,000 kg	52,000 kg
96,780 千円	832,780 千円
当月完成	
48,000 kg	月末
768,000 千円	2,000 kg
	32,000 千円

(1) 月末仕掛品

①材料費：$\dfrac{491{,}225\ \text{千円}}{49{,}000\ \text{kg}} \times 4{,}000\ \text{kg} = 40{,}100\ \text{千円}$

②加工費：@6 千円（予定配賦率）× 3,200 kg = 19,200 千円

(2) 当月完成品（P/L 当月製品製造原価）

①材料費：28,875 千円 + 491,225 千円 − 40,100 千円 = 480,000 千円

②加工費：@6 千円 × 48,000 kg = 288,000 千円 → ①と②の合計 768,000 千円

(3) 月末製品（P/L 月末製品棚卸高）：$\dfrac{768{,}000\ \text{千円}}{48{,}000\ \text{kg}} \times 2{,}000\ \text{kg} = 32{,}000\ \text{千円}$

3. 原価差異

変動加工費についての配賦差異（予算差異）を計算します。

加工費配賦差異 = 300,000 千円（予定配賦額）[19] − 301,220 千円（実際発生額）

　　　　　　　 = △1,220 千円（不利差異） → 売上原価に加算

19) @6 千円 × 50,000 kg（当
月投入）= 300,000 千円

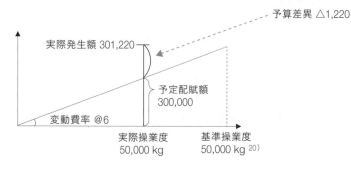

予算差異 △1,220

実際発生額 301,220

予定配賦額
300,000

変動費率 @6

実際操業度
50,000 kg

基準操業度
50,000 kg [20]

20) 600,000 kg（年間）÷ 12 ヵ月
= 50,000 kg

CHAPTER
7

直接原価計算

4. 固定費

固定製造原価（固定加工費）と固定販売費及び一般管理費は、いずれも期間原価として処理するため、実際発生額が計上されます。

5. 固定費調整

予定配賦率（固定費率）：$\dfrac{2,400,000\ 千円（年間固定加工費予算）}{600,000\ kg（年間正常生産量）}$ ＝@4 千円

ころがし計算法が指示されていますが、生産量が配賦基準となっているため、次のように予定配賦率を用いて、それぞれに含まれる固定製造原価を直接計算することができます。

月末製品に含まれる固定製造原価：@4 千円× 2,000 kg ＝ 8,000 千円

月末仕掛品に含まれる固定製造原価：@4 千円× 3,200 kg ＝ 12,800 千円

月初製品に含まれる固定製造原価：@4 千円× 6,000 kg ＝ 24,000 千円

月初仕掛品に含まれる固定製造原価：@4 千円× 1,200 kg ＝ 4,800 千円

トレーニングⅠ　Ch7　問題３へ

参考 | 全部原価計算のときの加工費配賦差異

全部原価計算によった場合、固定加工費について予算差異が生じます。

200,000 千円（予算）[21] － 201,000 千円（実際発生額）

＝△ 1,000 千円（不利差異）[22]

21) 2,400,000 千円（年間予算）÷ 12 ヵ月＝ 200,000 千円

22) 不利差異なので売上原価に加算され、営業利益が減少します。

予算差異 { 変動加工費 △1,220 ／ 固定加工費 △1,000 }

実際発生額 502,220

操業度差異 0

予定配賦額 500,000

変動費率 @6

固定費率 @4

固定加工費予算 200,000

実際操業度 50,000 kg　基準操業度 50,000 kg

解答の損益計算書には、この予算差異の記載がないため、本当に全部原価計算の営業利益に修正できているのか？と疑問に思われたかもしれません。

直接原価計算では、固定加工費の実際発生額（上記の不利差異を含む 201,000 千円）が当期の費用として計上されます。よって、上記の固定加工費の予算差異については固定費調整上、特に考慮する必要はありません[23]。

23) 操業度差異についても同様です（本問では、実際操業度と基準操業度がともに 50,000 kg で等しいため、生じていません）。

2 直接標準原価計算

重要度

　直接原価計算は、CVP分析で利用されることからもわかるように、企業の利益管理に適した原価計算（損益計算）の方法です。また、標準原価計算は、原価標準の設定を通じた原価管理に適した原価計算の方法です。

　よって、これらを組み合わせた直接標準原価計算は、管理会計にとって、最強のコンビで、次のChapterのためにも大切な内容です！

1 直接標準原価計算

▶▶　直接標準原価計算は、直接原価計算と標準原価計算とを組み合わせた原価計算方法です。

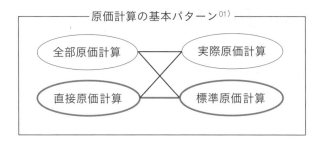

原価計算の基本パターン[01]

01）全部と直接のどちらか一つ、実際か標準のどちらか一つの計4パターンです。直接標準原価計算以外のパターンの基本的内容は2級で学習しています。

▶▶　直接原価計算は経営管理者による利益管理に役立つ原価計算方法、また標準原価計算は原価管理に役立つ原価計算方法です。

▶▶　よって、それらを組み合わせた直接標準原価計算は、経営管理者にとって役立つ多様な情報を提供することができます。

2 直接標準原価計算の特徴

1. 原価標準

▶▶　変動製造原価のみから製品原価を計算するため、製造原価の原価標準（製品1個あたりの標準製造原価）は、変動製造原価のみに設定します[02]。

02）全部標準原価計算では、固定製造原価にも原価標準を設定します。

▶▶　また、変動販売費についても原価標準（製品1個あたりの標準変動販売費）を設定します[03]。

03）全部標準原価計算では通常、変動販売費には原価標準を設定しません。

【例】

変動製造原価の原価標準		
直接材料費	80円/kg ×2kg	= 160円
直接労務費	100円/時間× 3 時間	= 300円
変動製造間接費	150円/時間× 3 時間	= 450円
製品 1 個あたりの標準変動製造原価		910円

変動販売費の原価標準	
製品 1 個あたりの標準変動販売費	140円

2. 標準原価差異

▶ 上記の原価標準に対応して、変動費についての標準原価差異（標準変動費差異）を計算します。具体的には、変動製造原価に関する原価差異[04]と変動販売費に関する原価差異を計算します。

> 04) 直接材料費差異や直接労務費差異など、すべて 2 級で学習した標準原価差異です。

▶ 製造間接費に関する差異は、全部原価計算のときのシュラッター図の上半分、つまり変動費部分のみを分析すればいいのです。

3 | 直接標準原価計算の損益計算書

▶ 直接標準原価計算による損益計算書は次のようになります。

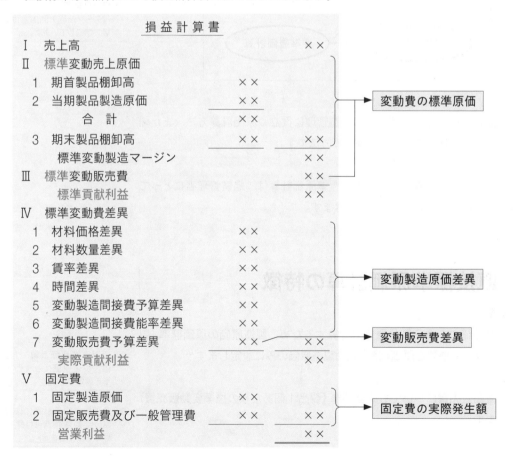

⇥ 売上高から変動費の標準原価を差し引いて標準貢献利益を求め、これに標準変動費差異を加減して実際貢献利益を示します。さらに固定費の実際発生額を差し引いて営業利益を示します。

⇥ 標準変動費差異の加減について、この場合は利益に対する加減[05]なので、不利差異はマイナス、有利差異はプラスします。

> [05] 全部標準原価計算の場合には、売上原価（費用）に対する加減です。よって、不利差異はプラス、有利差異はマイナスでしたよね。

⇥ では、次の問題で損益計算書を作ってみましょう。

Q | 2-1 | 直接標準原価計算の損益計算書 |
次の製品Cに関する資料にもとづいて、当月の損益計算書を作成しなさい。

📋 資料

1. 当社では直接標準原価計算を採用しており、製品Cの原価標準は次のとおりである。

（1）製品C1個あたりの標準変動製造原価

直接材料費	@ 80円×2kg =	160円
直接労務費	@100円×3時間 =	300円
変動製造間接費	@150円×3時間 =	450円
		910円

なお、変動製造間接費の配賦基準として直接作業時間を採用している。

（2）製品C1個あたりの標準変動販売費　140円

2. 生産データ

月初仕掛品	300個（40%）
当月投入	4,200個
合計	4,500個
月末仕掛品	500個（20%）
当月完成	4,000個

3. 販売データ

月初製品	200個
当月完成	4,000個
合計	4,200個
月末製品	700個
当月販売	3,500個

（注）カッコ内の数値は加工進捗度を示す。材料はすべて工程の始点で投入される。

4. 実際原価データ

（1）実際直接材料費　722,500円（＝@85円×8,500kg）

（2）実際直接労務費　1,140,000円（＝@95円×12,000時間）

（3）実際製造間接費

変動費　1,820,000円

固定費　520,000円（予算額に等しい）

（4）実際販売費及び一般管理費

変動販売費　495,000円

固定販売費及び一般管理費　450,000円

5. その他のデータ

（1）製品の販売単価　1,500円

（2）標準原価差異はすべて標準貢献利益に賦課する。

（3）損益計算書上、不利差異には「−」、有利差異には「+」を付すこと。

A | 2-1 | 解答 |

損 益 計 算 書 （単位：円）

Ⅰ	売上高		5,250,000
Ⅱ	標準変動売上原価		
1	月初製品棚卸高	182,000	
2	当月製品製造原価	3,640,000	
	合　計	3,822,000	
3	月末製品棚卸高	637,000	3,185,000
	標準変動製造マージン		2,065,000
Ⅲ	標準変動販売費		490,000
	標準貢献利益		1,575,000
Ⅳ	標準変動費差異		
1	材料価格差異	− 42,500	
2	材料数量差異	− 8,000	
3	賃率差異	+ 60,000	
4	時間差異	− 6,000	
5	変動製造間接費予算差異	− 20,000	
6	変動製造間接費能率差異	− 9,000	
7	変動販売費予算差異	− 5,000	− 30,500
	実際貢献利益		1,544,500
Ⅴ	固定費		
1	固定製造原価	520,000	
2	固定販売費及び一般管理費	450,000	970,000
	営業利益		574,500

💡 | 2-1 | 解説 |

1. 標準変動売上原価

計算要素のすべてを製造原価の原価標準@910円によって計算します。

月初製品棚卸高：@910円× 200個＝　182,000円

当月製品製造原価：@910円×4,000個＝3,640,000円

月末製品棚卸高：@910円× 700個＝　637,000円

標準変動売上原価：182,000円＋3,640,000円−637,000円＝3,185,000円

または、@910円×3,500個＝3,185,000円

2. 標準変動販売費

@140円（変動販売費の原価標準）× 3,500個（実際販売量）＝ 490,000円

3. 標準変動費差異

(1) 材料価格差異、材料数量差異

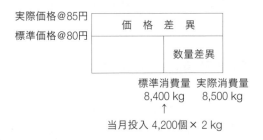

材料価格差異：$(@80 円 − @85 円) × 8,500 kg = △42,500 円 (不利差異)$

材料数量差異：$@80 円 × (8,400 kg − 8,500 kg) = △8,000 円 (不利差異)$

(2) 賃率差異、時間差異

賃率差異：$(@100 円 − @95 円) × 12,000 時間 = 60,000 円 (有利差異)$

時間差異：$@100 円 × (11,940 時間 − 12,000 時間) = △6,000 円 (不利差異)$

(3) 変動製造間接費予算差異、変動製造間接費能率差異

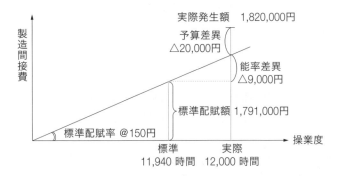

予算差異：$@150 円 × 12,000 時間 − 1,820,000 円 = △20,000 円 (不利差異)$

能率差異：$@150 円 × (11,940 時間 − 12,000 時間) = △9,000 円 (不利差異)$

(4) 変動販売費予算差異

$490,000 円 (標準変動販売費) − 495,000 円 (実際変動販売費) = △5,000 円 (不利差異)$

トレーニング I　Ch7　問題 4 へ

4 | 直接標準原価計算の固定費調整

▸ 直接標準原価計算を採用している場合の固定費調整は、全部標準原価計算
による営業利益への調整です。

| 直接標準原価計算による営業利益 | 調整 ⇒ | 全部標準原価計算による営業利益 |

▸ よって、期末仕掛品と期末製品に含まれる固定製造原価は標準原価で計算
するため、ころがし計算法や一括調整法による計算は行われません ⁰⁷⁾。

07) ころがし計算法や一括調整法は、直接実際原価計算を採用しているときの計算方法です。

Q | 2-2 | 直接標準原価計算の固定費調整

【Q2-1】の営業利益に固定費調整を行い、損益計算書を完成しなさい。なお、月間の基準操業度は 13,000 時間とする。

A | 2-2 | 解答

損 益 計 算 書　　　　（単位：円）
　　　　　　　　　　　　　　　⋮　　　　　　　　　　⋮

直接原価計算の営業利益		574,500
固定費調整		
（＋）月末製品の固定製造原価	84,000	
月末仕掛品の固定製造原価	12,000	96,000
（－）月初製品の固定製造原価	24,000	
月初仕掛品の固定製造原価	14,400	38,400
全部原価計算の営業利益		632,100

2-2 | 解説

全部標準原価計算のもとで、棚卸資産に含まれる固定製造原価はその標準原価です。

よって、固定費調整の金額は、次のように製品1個あたりの標準固定製造原価を用いて計算します。

製品1個あたりの標準固定製造原価：40円（製造間接費の固定費率）⁰⁸⁾× 3 時間＝@120 円

月末製品に含まれる固定製造原価：@120 円× 700 個　　= 84,000 円

月末仕掛品に含まれる固定製造原価：@120 円× 100 個⁰⁹⁾ = 12,000 円

月初製品に含まれる固定製造原価：@120 円× 200 個　　= 24,000 円

月初仕掛品に含まれる固定製造原価：@120 円× 120 個¹⁰⁾ = 14,400 円

08) 520,000 円（固定製造間接費予算）÷ 13,000 時間（基準操業度）＝ 40 円 / 時間

09) 完成品換算量：500 個× 20%＝ 100 個

10) 完成品換算量：300 個× 40%＝ 120 個

トレーニングⅠ　Ch7　問題 5 ～ 7 へ

Chapter 8

予算管理

> **Point**
> この Chapter では、企業の予算による管理を学習します。
> 　予算による管理の中心は、まず予算を立てること、最後に予算通りに活動できたかどうかをチェックすることです。
> 　後者のチェックについては、予算上の営業利益と実績の営業利益の比較とその原因の分析を学習します。

用語集

企業予算
企業の将来の事業計画を金額で表したもの

予算管理
経営管理者が予算によって企業活動を管理することで、予算編成と予算統制によって行われる

予算編成
次期の事業活動の目標やそれをどのように達成するのかという計画を立てること

予算統制
目標達成のために、事業活動が予算編成で立てた計画に沿って行われるように働きかけること

予算実績差異分析
予算編成で計画された予算営業利益と実績営業利益との差異である営業利益差異を計算し、その原因を分析すること

総額分析(項目別分析)
損益計算書における項目別に予算と実績の差を計算する営業利益差異の分析方法

純額分析(要因別分析)
営業利益差異が生じた要因を直接的に捉えて、予算と実績の差を計算する方法

活動区分別の営業利益分析表
製品の販売活動、製造活動、一般管理活動などの活動区分別に差異を表示した営業利益差異分析表

市場占拠率差異
販売数量差異のうち、当社の市場占拠率が予算と実績とで異なったことによる差異

市場総需要量差異
販売数量差異のうち、市場全体の総需要量が予算と実績とで異なったことによる差異

セールス・ミックス差異
販売数量差異のうち、各製品のセールス・ミックスの割合が予算と実績とで異なったことによる差異

総販売量差異
販売数量差異のうち、総販売数量(各製品の販売数量合計)が予算と実績とで異なったことによる差異

1 予算編成

> この Section の中心は、予算損益計算書の作成と予算貸借対照表の作成です。これらは、次期の事業計画を「そのとおりに実行できれば、このような財務諸表になるはず」ということを示しています。
> 過去の検定試験の出題内容にはある程度の共通パターンがあり、本文中の例題はそれを盛り込んだ内容になっています。

1 予算管理の基礎知識

1. 企業予算

▶ 企業予算とは、企業の将来の事業計画を金額で表したものです。

▶ 企業予算には、短期予算と長期予算があります[01]。短期予算は次の1年間や1カ月などの短期間を対象にした予算で、その主な内容を基本予算といい、損益予算と財務予算により構成されます。

> 01) 長期予算は主に設備投資についての予算で、設備投資の意思決定に関連したものです。なお、以降の学習では短期予算を前提とします。

▶ 損益予算は次期の売上高や製造費用などの収益・費用についての予算です。また、財務予算は次期の現金収支や他の資産、負債などについての予算です。

2. 予算管理

▶ 予算管理とは、経営管理者が企業活動を予算によって管理することで、予算編成と予算統制によって行われます。

予算管理
- 予算編成 … 次期の事業活動の目標やそれをどのように達成するのかという計画を立てることです。
損益予算を集計し、予算（予定）損益計算書などを作成します。また、財務予算を集計して、予算（予定）貸借対照表などを作成します。

- 予算統制 … 目標達成のために、事業活動が上記の予算に沿って行われるように働きかけることです。実績が予算と異なる結果になったときには、その原因を分析[02]し、関係者の業績を測定するとともに、必要に応じて将来の予算編成にフィードバックします。

> 02) このような分析を予算実績差異分析といい、詳しくはSection 2で学習します。

⼆ 予算編成

▸ 基本予算の編成手続のイメージは、次の図のようになります。

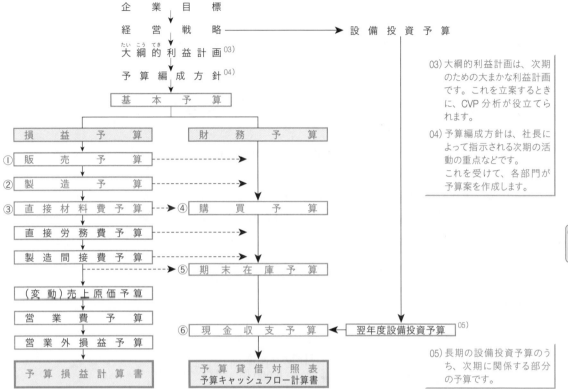

03) 大綱的利益計画は、次期のための大まかな利益計画です。これを立案するときに、CVP分析が役立てられます。

04) 予算編成方針は、社長によって指示される次期の活動の重点などです。
これを受けて、各部門が予算案を作成します。

05) 長期の設備投資予算のうち、次期に関係する部分の予算です。

① 製品の販売予測によって、販売予算 (売上高) を策定します。

② 販売予算にもとづいて、製造部門は製造予算 (製品の生産量) を策定します。

製品の計画生産量 ＝ 計画販売量 ＋ 期末製品在庫量 − 期首製品在庫量

製 品

期首在庫	次期計画販売量	← 販売予算より
次期計画生産量 （貸借差引）		
	期末在庫	

③ 製造予算にもとづいて、直接材料費予算を策定します。

直接材料費予算＝材料の予算単価×材料の計画消費量

④ 直接材料費予算にもとづいて、材料の購買予算を策定します。

材料の計画購買量 ＝

材料の計画消費量 ＋ 期末材料在庫量 − 期首材料在庫量

材 料

期首在庫	次期計画消費量	← 製品の計画生産量より
次期計画購買量 （貸借差引）		
	期末在庫	

購買予算 ＝ 材料の予算単価 × 材料の計画購買量

⑤ 期末在庫予算は、期末製品、期末仕掛品、期末材料の残高の予算です。
⑥ 現金収支予算は、次期のすべての活動を踏まえて計算される現金の収入、
支出、残高の予算です。たとえば、残高が最低所要残高 06) を下回る見込みの
場合には、借入れなどによる資金調達が計画されます。

06) 短期的な支払に備えて保
有しておくべき金額のこと
です。

▶ 前ページの図からはとても難しそうですが、それぞれの計算は商業簿記も
含めた2級までの知識で対応できる内容が多くあります。

▶ 製品の計画生産量や材料の計画購買量の計算について具体例を使って考え
てみましょう。
　月別に予算を編成している企業が現在、XX年6月の予算編成中です。

▶ 6月の販売予算での製品の計画販売量は3万個です。また、在庫切れを防
ぐために常にある程度の製品在庫を持っておく必要がある 07) と考え、月末在
庫量は翌月の販売量の20%と決めています。

07) このような在庫を所要在
庫、安全在庫といいます。

▶ このときの5月末の製品在庫量(=6月の月初在庫量)は何個でしょうか?
製品のボックスで考えると、次のように6,000個とわかります。

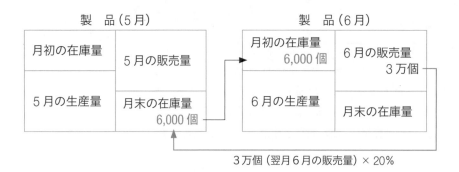

▶ 7月の計画販売量は4万個の見込みです。ここから6月末の製品在庫量が
8,000個(=4万個×20%)と計算され、次のように6月の計画生産量を貸
借の差引きで計算することができます。

▶▶ この6月の計画生産量32,000個にもとづいて、直接材料の6月の計画消費量が計算されます。製品1個あたりの消費量は4kgとすると、計画消費量は4kg × 32,000個より、128,000kgです[08]。

08)月初・月末の仕掛品はありません。

▶▶ また、直接材料についても、製品と同じように常にある程度の在庫を持っておく必要があると考えていて、月末在庫量は翌月の消費量の20%と決めています。

▶▶ このときの5月末の直接材料の在庫量（＝6月の月初在庫量）は何kgでしょうか？　材料のボックスで考えると次のように25,600kgとわかります。

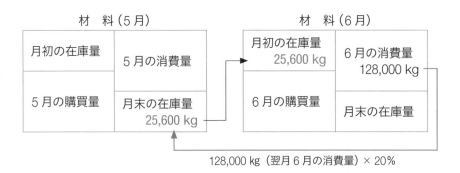

128,000 kg（翌月6月の消費量）× 20%

▶▶ 7月の計画消費量は168,000kgの見込みです。ここから6月末の材料在庫量が33,600kg（＝168,000kg× 20%）と計算されます。以上より、次のように6月の計画購買量を貸借の差引きで計算することができます。

計画消費量 ＋ 月末材料在庫量 − 月初材料在庫量
128,000 kg　　33,600 kg　　25,600 kg

▶▶ この6月の計画購買量136,000kgの計算は、さらに買掛金の予算（6月の貸借対照表の買掛金はいくらかなど）や現金収支予算（6月中の材料代金の支払はいくらかなど）へとつながっていきます。

CHAPTER
8

予算管理

次の問題は、予算損益計算書と予算貸借対照表を作成する問題です[09]。ま
ずは、月別の計画販売量のデータから、月別の計画生産量を計算することか
ら始めましょう。

09) 予算編成の詳細は企業に
よって様々です。この問題
で検定試験での典型的な
出題パターンを知っておき
ましょう。

Q | 1-1 | 予算編成 |

製品Xを製造・販売する当社は、直接標準原価計算を採用している。下記の資料にもとづき、
同社の20×7年度第2四半期中の7月および8月の予算編成を行い、直接原価計算ベースの予算
損益計算書と予算貸借対照表を作成しなさい。なお、直前6月の活動はすべて予算(計画)どお
りに行われた。

📋 資料

1. 製品原価標準

直接材料費	500円/kg × 4kg/個	= 2,000円
直接労務費	1,200円/時 × 1時間/個	= 1,200円
変動製造間接費	1,800円/時 × 1時間/個	= 1,800円
変動製造原価合計		5,000円

2. 貸借対照表(20×7年6月30日)　　　　　　　　　　　　(単位:万円)

流動資産		流動負債	
現金	4,500	買掛金	3,117
売掛金	17,940	借入金	1,500
製品	4,000	計	4,617
原料	1,680	固定負債	0
計	28,120	純資産	
固定資産		資本金	120,000
土地	58,200	利益準備金	30,000
建物・設備	75,000	繰越利益剰余金	6,703
計	133,200	計	156,703
資産合計	161,320	負債・純資産合計	161,320

(注)製品は標準変動製造原価で計上されている。建物・設備は減価償却累計額控除後の金額である。

3. 20×7年度予算データ

(ア)製品Xの予算販売単価……6,900円/個

(イ)製品Xの月別計画販売量

7月　4万個　　8月　5万個　　9月　5万個　　10月　4万個

(ウ)売上高の現金回収

月間売上高の50%は現金で受け取り、残り50%は売掛金として翌月末に回収する。貸
倒れはない。

(エ)各月末の製品および原料の所要在庫量

各月末の製品所要在庫量および原料所要在庫量は、それぞれ翌月の製品計画販売量お
よび原料計画消費量の20%である。仕掛品の月末在庫はない。

（オ）原料購入の現金支払

　　月間原料購入額の80％は現金で支払い、残り20％は買掛金として翌月末に支払う。

（カ）固定製造間接費予算

　　固定製造間接費の月次予算は3,300万円である。3,300万円のうち1,500万円は建物・設備減価償却費、残りは現金支出費用である。

（キ）販売費・一般管理費予算

　　変動販売費の予算は製品1個あたり180円、固定販売費・一般管理費の月次予算は3,060万円である。3,060万円のうち210万円は建物・設備減価償却費、残りは現金支出費用である。

（ク）各月末の現金残高

　　各月末の現金所要残高は4,500万円である。

（ケ）資金調達と返済計画

　　各月の営業活動および投資活動による収支の結果、月末に保有すべき金額に現金が足りない月は、月末にその不足額を借り入れる。現金が超過する月には、月末にその超過額を借入金の返済に充てる。各月の支払利息は、計算を簡略にするため本問の解答にあたっては、その月の月初借入残高に月利1％を乗じて計算し、その金額を月末に現金で支払う。

（コ）予想現金収支（借入れにともなう収支は除く）（単位：万円）

	7月	8月
収入：		
現金売上	？	？
売掛金回収	？	？
支出：		
原料購入代金	？	？
給与	13,845	14,040
諸経費	4,125	6,510
機械購入代金	5,162	0

　（注）機械取得日は7月1日であるが、代金は7月末日に支払われる。当該機械の減価償却費は、資料（カ）の減価償却費1,500万円に含まれている。

20×7 年　予算損益計算書　　　　　　　　　　　　　（単位：万円）

	7 月	8 月
売上高	27,600	34,500
変動売上原価	20,000	25,000
変動製造マージン	7,600	9,500
変動販売費	720	900
貢献利益	6,880	8,600
固定費		
製造原価	3,300	3,300
販売費・一般管理費	3,060	3,060
計	6,360	6,360
営業利益	520	2,240
支払利息	15	30
経常利益	505	2,210

20×7 年　予算貸借対照表　　　　　　　　　　　　　（単位：万円）

	7 月	8 月
流動資産		
現金	4,500	4,500
売掛金	13,800	17,250
製品	5,000	5,000
原料	2,000	1,920
計	25,300	28,670
固定資産		
土地	58,200	58,200
建物・設備	78,452	76,742
計	136,652	134,942
資産合計	161,952	163,612
流動負債		
買掛金	1,744	1,984
借入金	3,000	2,210
計	4,744	4,194
固定負債	0	0
純資産		
資本金	120,000	120,000
利益準備金	30,000	30,000
繰越利益剰余金	7,208	9,418
計	157,208	159,418
負債・純資産合計	161,952	163,612

💡 **1-1 │解説│**

1. 製品の流れの分析 (月次)

まずは7月以降の製品の流れを分析します。

① 資料3. (エ) より、月末製品の所要在庫量は翌月の販売量の20%です。

$\underset{\text{8月計画販売量}}{50,000\text{個}} \times 20\% = 10,000\text{個}$

② 7月の月初製品は、6月の月末製品です。

$\underset{\text{7月計画販売量}}{40,000\text{個}} \times 20\% = 8,000\text{個}$

2. 原料の流れの分析 (月次)

次に、7月以降の原料の流れを分析します。原料の月末所要在庫量は翌月の原料消費量の20%です。

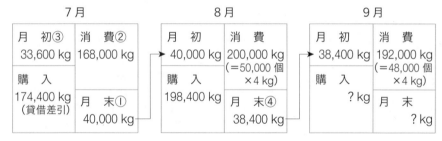

① $\underset{\text{8月計画消費量}}{200,000\text{kg}} \times 20\% = 40,000\text{kg}$

③ $168,000\text{kg} \times 20\% = 33,600\text{kg}$

② $\underset{\text{7月計画生産量}}{42,000\text{個}} \times 4\text{kg/個} = 168,000\text{kg}$

④ $192,000\text{kg} \times 20\% = 38,400\text{kg}$

3. 予算損益計算書の作成

7月の販売量40,000個と8月の販売量50,000個にもとづいて損益計算書を作成します。

	7 月	8 月
(1) 売 上 高	@6,900円×4万個＝27,600万円	@6,900円×5万個＝34,500万円
(2) 変動売上原価	@5,000円×4万個＝20,000万円	@5,000円×5万個＝25,000万円
(3) 変動販売費	@180円×4万個＝ 720万円	@180円×5万個＝ 900万円
(4) 固 定 費		
(i) 製 造 原 価	3,300万円	3,300万円
(ii) 販売費・一般管理費	3,060万円	3,060万円
(5) 支 払 利 息	1,500万円×1%＝ 15万円	3,000万円×1%＝ 30万円
	借入金 (資料2.より)	借入金 (解説4.(5)より)

CHAPTER
8
予算管理

4. 予算貸借対照表の作成

(1) 製品

7月末：＠5,000円（原価標準）× 10,000個 = 5,000万円

　　　　　　　　　　　　　　　　　7月末数量（上記1.より）

8月末：＠5,000円 × 10,000個 = 5,000万円

　　　　　　　　　　　　8月末数量（上記1.より）

(2) 原料

7月末：＠500円（標準単価）× 40,000kg = 2,000万円

　　　　　　　　　　　　　　　　7月末数量（上記2.より）

8月末：＠500円 × 38,400kg = 1,920万円

　　　　　　　　　　　8月末数量（上記2.より）

(3) 買掛金

次のように買掛金勘定を分析して、月末残高（貸借対照表上の金額）を求めます。

買　掛　金（単位：万円）

7月	当月減少高	月初残高
	3,117	3,117
	月末残高	当月増加高
	1,744	1,744

月初残高　　　資料2. の貸借対照表より
当月増加高　　8,720万円 × 20% = 1,744万円

　　　　　　　　7月の原料購入額*
当月減少高　　月初残高の3,117万円
月末残高　　　貸借差額（または当月増加高より）
＊＠500円 × 174,400kg（7月の購入量（上記2. より））
　= 8,720万円

8月	当月減少高	月初残高
	1,744	1,744
	月末残高	当月増加高
	1,984	1,984

月初残高　　　7月末残高より
当月増加高　　9,920万円 × 20% = 1,984万円

　　　　　　　　8月の原料購入額*
当月減少高　　月初残高の1,744万円
月末残高　　　貸借差額（または当月増加高より）
＊＠500円 × 198,400kg（8月の購入量（上記2. より））
　= 9,920万円

(4) 売掛金

売　掛　金（単位：万円）

7月	月初残高	当月減少高
	17,940	17,940
	当月増加高	月末残高
	13,800	13,800

月初残高　　　資料2. の貸借対照表より
当月増加高　　27,600万円 × 50% = 13,800万円

　　　　　　　　7月売上高
当月減少高　　月初残高を回収
月末残高　　　貸借差額（または当月増加高より）

8月	月初残高	当月減少高
	13,800	13,800
	当月増加高	月末残高
	17,250	17,250

月初残高　　　7月末残高
当月増加高　　34,500万円 × 50% = 17,250万円

　　　　　　　　8月売上高
当月減少高　　月初残高を回収
月末残高　　　貸借差額（または当月増加高より）

(5) 現金および借入金

現　　金（単位：万円）

7月		
月初残高 4,500	原料購入代金 10,093	
現金売上高 13,800	給与・諸経費・機械購入代金 23,132	
売掛金回収高 17,940	支払利息 15	
残高不足による借入金 1,500	月末残高 4,500	

月 初 残 高	資料2. の貸借対照表より
現金売上高	27,600万円 × 50％ = 13,800万円 7月売上高
売掛金回収高	売掛金月初残高の回収額
原料購入代金	8,720万円 × 80％ + 3,117万円 = 10,093万円 現金購入高　　買掛金返済高
給与・諸経費 機械購入代金	} 資料3.（コ）より
支 払 利 息	1,500万円 × 1％ = 15万円
借 入 高	現金残高 3,000万円 < 最低保有額 4,500万円なので、現金が 1,500万円不足します。そのため、1,500万円を借り入れます。

8月		
月初残高 4,500	原料購入代金 9,680	
現金売上高 17,250	給与・諸経費・機械購入代金 20,550	
	支払利息 30	
売掛金回収高 13,800	借入金返済高 790	
	月末残高 4,500	

月 初 残 高	7月末残高
現金売上高	34,500万円 × 50％ = 17,250万円 8月売上高
売掛金回収高	売掛金月初残高の回収額
原料購入代金	9,920万円 × 80％ + 1,744万円 = 9,680万円 現金購入高　　買掛金返済高
給与・諸経費 機械購入代金	} 資料3.（コ）より
支 払 利 息	月初借入残高が3,000万円あるため、次のように計算します。 3,000万円 × 1％ = 30万円
借入金返済高	現金残高 5,290万円 > 最低保有額 4,500万円なので、現金が 790万円超過します。そのため、借入金を 790万円返済します。

借　入　金（単位：万円）

7月		
当月返済高 0	月初残高 1,500	
月末残高 3,000	当月借入高 1,500	

8月		
当月返済高 790	月初残高 3,000	
月末残高 2,210	当月借入高 0	

(6) 土　　地

7月・8月ともに購入、売却はないので、資料2. の貸借対照表より 58,200万円。

(7) 建物・設備

7月末　75,000万円 + 5,162万円 − (1,500万円 + 210万円) = 78,452万円
　　　　　　　　　　機械購入高　　　　　減価償却費

8月末　78,452万円 − (1,500万円 + 210万円) = 76,742万円
　　　　　　　　　　　　減価償却費

(8) 資本金

7月・8月ともに変動はないので、資料2. の貸借対照表より 120,000万円。

(9)　利益準備金

　　7月・8月ともに変動はないので、資料2. の貸借対照表より30,000万円。

(10)　繰越利益剰余金

　　貸借差額または予算損益計算書で計算された経常利益から計算します。

　　7月末　6,703万円　＋　505万円 ＝ 7,208万円
　　　　　　6月末繰越利益剰余金　　7月経常利益

　　8月末　7,208万円　＋　2,210万円 ＝ 9,418万円
　　　　　　7月末繰越利益剰余金　　8月経常利益

トレーニングⅠ　Ch8　問題1・2へ

ひとつひとつの計算はそれほど難しく
ありません。
全体像を意識しながら、今何を計算して
いるのか、迷子にならないようにしましょう。

2 予算実績差異分析

> 予算損益計算書と実績損益計算を比較して、営業利益の差異を分析します。
> 利益についての差異なので、予算よりも実績の方が大きければ有利差異となります。2級でよく練習した標準原価計算の差異分析では、標準原価よりも実際発生額の方が大きければ不利差異でした。
> 計算に慣れるまでは、有利・不利の判定には細心の注意を払いましょう。

1 予算実績差異分析の基礎知識

▶ 予算実績差異分析とは、予算編成で計画された予算営業利益と実績営業利益との差異である営業利益差異を計算し、その原因を分析することです。

営業利益差異 ＝ 実績営業利益 － 予算営業利益 [01]

01) 標準原価計算での原価差異と異なり、利益の差異です。よって実績の利益から予算の利益を引いて、プラスなら有利差異、マイナスなら不利差異です。

▶ 営業利益差異を計算すると、当期に目標としていた利益が達成できたかがわかりますが、それは過去の活動の結果を示すにすぎません。

▶ 経営管理者による利益管理で大切なのは、「営業利益差異がなぜ生じたのか？」という原因です。原因を知ることによって初めて、対応策を考えて次期の予算編成に活かすことができるからです。

▶ 例えば、当期の実績営業利益が 120 万円、予算営業利益が 100 万円、よって営業利益差異が 20 万円の有利差異だったとしましょう。利益は収益と費用から計算されるので、差異の原因も収益と費用に分けて考えることができます。
〔ケース1〕収益が予算よりも 20 万円多かった。
〔ケース2〕費用が予算よりも 20 万円少なかった。
〔ケース3〕収益は予算よりも 50 万円多かったが、費用は予算よりも 30 万円多かった。　etc.

▶ このように、営業利益差異の原因には様々なケースが考えられます。さらに、収益と費用それぞれについての差異の原因を詳しく分析することもできます。例えば、売上高の予算と実績の差異の原因を販売価格と販売数量に分けて考えると、これからの販売戦略に役立てることができるでしょう。

CHAPTER
8
予算管理

2 | 総額分析（項目別分析）

1. 総額分析の基本

▶▶ 営業利益差異を分析する方法には総額分析と純額分析があります。このうち、総額分析は、損益計算書における項目別に予算と実績の差異を計算する方法で、項目別分析ともいいます。

▶▶ 具体例で見ていきましょう。次の損益計算書は、予算の損益計算書と実績の損益計算書を示した予算実績比較損益計算書[02]です。そして、右端には予算と実績の差異を示しています。

02）直接実際原価計算を採用しています。

予算実績比較損益計算書

	予算（販売量1,000個）		実績（販売量1,200個）		差 異
売　　上　　高	@5,000円	500万円	@4,900円	588万円	＋88万円
変 動 売 上 原 価	@1,800円	180万円	@1,900円	228万円	△48万円
変 動 販 売 費	@800円	80万円	@805円	96.6万円	△16.6万円
貢 献 利 益	@2,400円	240万円	@2,195円	263.4万円	＋23.4万円
固定製造間接費		40万円		42万円	△2万円
固 定 販 売 費		20万円		20万円	0万円
固定一般管理費		60万円		62万円	△2万円
営 業 利 益		120万円		139.4万円	＋19.4万円

営業利益差異 ＝ 1,394,000円（実績営業利益）－ 1,200,000円（予算営業利益）
　　　　　　 ＝ 194,000円（有利差異）

▶▶ 　　　　　の部分が項目別に計算した差異です。収益と費用では、予算と実績の引き算の順番が異なることに注意しましょう。収益である売上高は、実績が予算を上回った分だけ利益にプラスの影響があるため、売上高差異は、実績売上高から予算売上高を引いて計算します[03]。

03）このように計算することで収益も費用も、引き算結果がプラスなら有利差異、マイナスなら不利差異となります。

売 上 高 差 異：5,880,000円 － 5,000,000円 ＝ ＋880,000円（有利差異）
　　　　　　　　　　実績売上高　　　　　予算売上高

変動売上原価差異：1,800,000円 － 2,280,000円 ＝ △480,000円（不利差異）
　　　　　　　　　　予算変動売上原価　実績変動売上原価

変 動 販 売 費 差 異：800,000円 － 966,000円 ＝ △166,000円（不利差異）
　　　　　　　　　　　予算変動販売費　実績変動販売費

固定製造間接費差異：400,000円 － 420,000円＝△20,000円（不利差異）
    予算固定製造間接費　　実績固定製造間接費

固定販売費差異：200,000円 － 200,000円＝0円
    予算固定販売費　　実績固定販売費

固定一般管理費差異：600,000円 － 620,000円＝△20,000円（不利差異）
    予算固定一般管理費　　実績固定一般管理費

2. 価格面の差異と数量面の差異

▶ 2級で学習した標準原価計算の直接材料費差異の分析では、次のようなボックスによって、価格差異と数量差異（消費量差異）を計算しました。

▶ これは、直接材料費差異のうち、材料の価格が原因で生じた分と材料の消費量が原因で生じた分とを明らかにするための分析でした。

直 接 材 料 費＝　　材料の価格　　×　　材料の消費量
直接材料費差異＝（　　標準価格　　×　　標準消費量　　　）

　　　　　　　　　　　↕ 価格面のズレ　　↕ 数量面のズレ

　　　　　　　－（　　実際価格　　×　　実際消費量　　　）

▶ 1. で項目別に分析された差異についても、固定費の差異を除いて[04]、さらに価格面の差異と数量面の差異に分析することで、発生した原因がより明らかになります。

04) 固定費は操業度にかかわらず一定額が発生する費用なので、価格面の差異と数量面の差異に分析することはできません。

▶ 例えば、売上高は「販売価格×販売数量」によって計算されるので、売上高差異は、販売価格が原因で生じた分と販売数量が原因で生じた分とに分析することができます。

▶ また、変動売上原価は「1個あたり変動売上原価×販売数量」によって計算されるので、変動売上原価差異は、1個あたり変動売上原価が原因で生じた分と販売数量が原因で生じた分とに分析することができます[05]。

05) 変動販売費差異は、1個あたり変動販売費が原因で生じた分と販売数量が原因で生じた分とに分析することができます。

▶ 以上より、総額分析による営業利益差異の分析内容は、次のようにまとめられます（直接実際原価計算の場合）。

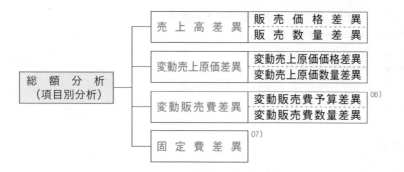

	販 売 価 格 差 異
売 上 高 差 異	販 売 数 量 差 異
変動売上原価差異	変動売上原価価格差異
	変動売上原価数量差異
変動販売費差異	変動販売費予算差異 [06]
	変動販売費数量差異
固 定 費 差 異 [07]	

06) 変動販売費価格差異とも
いいます。

07) 固定費の種類ごとに分析す
ることがあります。

▶ また、このような差異分析の結果は、営業利益差異分析表にまとめます。この表は、予算営業利益に営業利益差異を加減すると実績営業利益になることを示す形式で作成します。

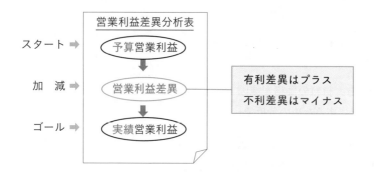

▶ それでは次の問題で、価格面の差異と数量面の差異の分析について、具体的な計算を見ていきましょう。なお、問題資料の予算実績比較損益計算書は先ほどの例と同じものです。

Q 2-1 **直接実際原価計算のもとでの予算実績差異分析【総額分析】**

当社は直接実際原価計算を採用している。次の資料にもとづいて、総額分析による営業利益差異分析表を作成しなさい。不利差異には「-」、有利差異には「+」を付すこと。

📋 **資料**

予算実績比較損益計算書

	予算(販売量1,000個)		実績(販売量1,200個)	
売 上 高	@5,000円	500万円	@4,900円	588万円
変 動 売 上 原 価	@1,800円	180万円	@1,900円	228万円
変 動 販 売 費	@800円	80万円	@805円	96.6万円
貢 献 利 益	@2,400円	240万円	@2,195円	263.4万円
固 定 製 造 間 接 費		40万円		42万円
固 定 販 売 費		20万円		20万円
固 定 一 般 管 理 費		60万円		62万円
営 業 利 益		120万円		139.4万円

A 2-1 | 解答 |

【総額分析】

営業利益差異分析表

1	予算営業利益				1,200,000 円
2	売上高差異				
	(1) 販売価格差異	−	120,000 円		
	(2) 販売数量差異	＋	1,000,000 円	＋	880,000 円
3	変動売上原価差異				
	(1) 変動売上原価価格差異	−	120,000 円		
	(2) 変動売上原価数量差異	−	360,000 円	−	480,000 円
4	変動販売費差異				
	(1) 変動販売費予算差異	−	6,000 円		
	(2) 変動販売費数量差異	−	160,000 円	−	166,000 円
5	固定費差異				
	(1) 固定製造間接費差異	−	20,000 円		
	(2) 固定販売費差異		0 円		
	(3) 固定一般管理費差異	−	20,000 円	−	40,000 円
6	実績営業利益				1,394,000 円

💡 2-1 | 解説 |

1. 売上高差異の分析

売上高差異を販売価格差異と販売数量差異に分析します。

> 販売価格差異 … 売上高差異のうち、販売価格を原因とする差異
> 販売数量差異 … 売上高差異のうち、販売数量を原因とする差異

これらの差異は、次のボックスで計算します。

売上高は収益なので、8−15 ページの標準原価計算での直接材料費差異の分析のためのボックスとは形が異なり、内側に実績のデータを記入することに注意しましょう[08]。

予算 @5,000円	販売価格差異 △120,000円	
実績 @4,900円		販売数量差異 ＋1,000,000円

08) 差異の計算結果がプラスなら有利差異、マイナスなら不利差異となります。

実績販売量　　　予算販売量
1,200 個　　　　1,000 個

販売価格差異	（@4,900 円−@5,000 円）× 1,200 個 ＝ △ 120,000 円（不利差異）
販売数量差異	@5,000 円×（1,200 個−1,000 個）　＝ ＋ 1,000,000 円（有利差異）
売 上 高 差 異	＋　880,000 円（有利差異）

売上高差異の原因を分析した結果、販売数量の増加による有利差異（＋ 1,000,000 円）が販売価格の下落による不利差異（△ 120,000 円）をカバーし、全体としても有利差異になったことがわかりました。

2. 変動売上原価差異の分析

変動売上原価差異を、変動売上原価価格差異と変動売上原価数量差異に分析します。

> 変動売上原価価格差異 … 1個あたりの変動売上原価を原因とする差異
> 変動売上原価数量差異 … 販売数量を原因とする差異

(09)

09) 変動売上原価は費用なので、標準原価計算での直接材料費差異の分析と同じ形のボックスとなり、外側を実績とします。

変動売上原価価格差異	（@1,800円－@1,900円）× 1,200個 ＝	△120,000円（不利差異）
変動売上原価数量差異	@1,800円×（1,000個－1,200個） ＝	△360,000円（不利差異）
変 動 売 上 原 価 差 異		△480,000円（不利差異）

変動売上原価差異は全体として不利差異でしたが、1個あたりの変動売上原価の上昇による不利差異（△120,000円）よりも販売数量の増加による不利差異（△360,000円）の方が大きくなっています。

しかし、この不利差異（△360,000円）は、コストの無駄を示すものではありません。これは製品を予算よりも200個多く販売するために、予算よりも200個多く生産したことを意味するからです。

3. 変動販売費差異の分析

変動販売費差異を変動販売費予算差異と変動販売費数量差異に分析します。

> 変動販売費予算差異 … 1個あたりの変動販売費を原因とする差異
> 変動販売費数量差異 … 販売数量を原因とする差異

10)

10) 変動販売費も費用なので、外側を実績、内側を予算とします。

変動販売費予算差異	（@800円－@805円）× 1,200個 ＝	△　6,000円（不利差異）
変動販売費数量差異	@800円×（1,000個－1,200個）＝	△160,000円（不利差異）
変 動 販 売 費 差 異		△166,000円（不利差異）

変動販売費差異は全体として不利差異でしたが、1個あたりの変動販売費の上昇による不利差異（△6,000円）よりも販売数量の増加による不利差異（△160,000円）の方が圧倒的に大きくなっています。

しかし、上記の変動売上原価数量差異と同じように、この不利差異（△160,000円）は、製品を予算よりも多く販売したことにともなって発生した変動販売費なので、無駄なコストではありません。

上記のように、数量面の差異である変動売上原価数量差異と変動販売費数量差異は、製品を予算よりも多く販売したことにともなって発生した不利差異であり、無駄なコストが発生したことを意味するわけではありません。このことは、売上高差異のうちの数量面の差異である販売数量差異と合わせて考えることでより明らかになります。

販 売 数 量 差 異	＋ 1,000,000円（有利差異）	⎫
変動売上原価数量差異	△　360,000円（不利差異）	⎬ 数量面の差異
変動販売費数量差異	△　160,000円（不利差異）	⎭
合計（利益に対する影響）	＋　480,000円（有利差異）	

このように、製品の販売数量が予算よりも200個多かったという数量面の差異は、貢献利益を480,000円増加させたことを示しています。

しかし、実績の貢献利益は、予算に対して234,000円上回っているだけです。この差額246,000円（＝480,000円－234,000円）の原因は、価格面の差異です（販売価格差異△120,000円、変動売上原価価格差異△120,000円、変動販売費予算差異△6,000円の合計が△246,000円）。つまり、価格面の不利差異によって、数量面から生じた貢献利益の増加を減らしてしまったという関係です。

4. 固定費差異

固定費差異は、予算の金額から実績の金額を差し引いて計算します。

固定製造間接費差異：400,000円 － 420,000円＝△20,000円（不利差異）
　　　　　　　　　　予算固定製造間接費　実績固定製造間接費

固 定 販 売 費 差 異：200,000円 － 200,000円＝0円
　　　　　　　　　　予算固定販売費　実績固定販売費

固定一般管理費差異：600,000円 － 620,000円＝△20,000円（不利差異）
　　　　　　　　　　予算固定一般管理費　実績固定一般管理費

3 純額分析（要因別分析）

1. 純額分析の基本

▶ 営業利益差異を分析する方法には、これまで見てきた総額分析の他に、純額分析があります。純額分析は、特に貢献利益の予算と実績の差異を要因（原因）別に計算する方法で、要因別分析ともいいます。

▶ そこで、まずは次の予算実績比較損益計算書の貢献利益の差異に注目してください。

予算実績比較損益計算書

	予算（販売量1,000個）		実績（販売量1,200個）		差　異
売　　上　　高	@5,000円	500万円	@4,900円	588万円	＋88万円
変 動 売 上 原 価	@1,800円	180万円	@1,900円	228万円	△48万円
変 動 販 売 費	@800円	80万円	@805円	96.6万円	△16.6万円
貢　献　利　益	@2,400円	240万円	@2,195円	263.4万円	＋23.4万円
固 定 製 造 間 接 費		40万円		42万円	△2万円
固 定 販 売 費		20万円		20万円	0万円
固 定 一 般 管 理 費		60万円		62万円	△2万円
営　業　利　益		120万円		139.4万円	＋19.4万円

貢 献 利 益 差 異：2,634,000円 － 2,400,000円 ＝ ＋234,000円（有利差異）

実績貢献利益　　　　予算貢献利益

▶ 純額分析では、この貢献利益差異を次の3つに分析します。

> 販売価格差異 … 貢献利益差異のうち、販売価格を原因とする差異
> 販売数量差異 … 貢献利益差異のうち、販売数量を原因とする差異
> 変動費差異[11] … 貢献利益差異のうち、1個あたり変動費を原因とする差異

▶ このうち、販売数量差異は数量面の差異、販売価格差異と変動費差異は価格面の差異です。

11）ここでは、変動売上原価価格差異と変動販売費予算差異の2つをまとめて変動費差異と呼んでいます。

▶ また、上記の貢献利益差異の他に、営業利益の増減の原因となる固定費差異を計算しますが、計算方法は総額分析の場合と同じです。

▶ 以上より、純額分析による営業利益差異の分析内容は、次のようにまとめることができます（直接実際原価計算の場合）。

2. 純額分析での販売数量差異

▸ 純額分析の特徴（総額分析との大きな相違点）は、販売数量差異の計算にあります。

▸ 総額分析（項目別分析）では、数量面の差異として売上高差異の一部の販売数量差異、変動売上原価数量差異、変動販売費数量差異の３つがありました。純額分析での販売数量差異は、これら３つの合計に一致します。

総額分析		純額分析
販売数量差異（売上高差異の一部）		
変動売上原価数量差異	← 一 致 →	販売数量差異
変動販売費数量差異		

▸ つまり、純額分析の販売数量差異は、販売数量の利益に対する影響を直接的に（収益マイナス費用の純額で）計算した差異という特徴があります[12]。

12) これに対して、総額分析では、販売数量の収益と費用に対する影響を別々に計算しています。

▸ それでは、次の問題で、純額分析での営業利益差異の分析について、具体的な計算を見ていきましょう。なお、問題資料の予算実績比較損益計算書は【Q2-1】（総額分析）と同じものです。

Q │ 2-2 │ 直接実際原価計算のもとでの予算実績差異分析【純額分析】

当社は直接実際原価計算を採用している。次の資料にもとづいて、純額分析による営業利益差異分析表を作成しなさい。不利差異には「−」、有利差異には「＋」を付すこと。

資料

予算実績比較損益計算書

	予算（販売量1,000個）		実績（販売量1,200個）	
売 上 高	@5,000円	500万円	@4,900円	588万円
変動売上原価	@1,800円	180万円	@1,900円	228万円
変 動 販 売 費	@800円	80万円	@805円	96.6万円
貢 献 利 益	@2,400円	240万円	@2,195円	263.4万円
固定製造間接費		40万円		42万円
固 定 販 売 費		20万円		20万円
固定一般管理費		60万円		62万円
営 業 利 益		120万円		139.4万円

A 2-2 |解答|

【純額分析】

営業利益差異分析表

1	予算営業利益				1,200,000 円
2	貢献利益差異				
	(1) 販売価格差異	−	120,000 円		
	(2) 販売数量差異	+	480,000 円		
	(3) 変動売上原価価格差異	−	120,000 円		
	(4) 変動販売費予算差異	−	6,000 円	+	234,000 円
3	固定費差異				
	(1) 固定製造間接費差異	−	20,000 円		
	(2) 固定販売費差異		0 円		
	(3) 固定一般管理費差異	−	20,000 円	−	40,000 円
4	実績営業利益				1,394,000 円

2-2 |解説|

1. 貢献利益差異

貢献利益差異：2,634,000 円 (実績貢献利益) − 2,400,000 円 (予算貢献利益)

= 234,000 円 (有利差異)

この貢献利益差異を販売数量差異、販売価格差異、変動費差異 (さらに変動売上原価価格差異と変動販売費予算差異) に分析します。

2. 販売数量差異

販売数量差異は、1 個あたりの予算貢献利益を用いて計算します。

これは、販売価格や 1 個あたり変動費の予算と実績のズレ (価格面の差異) は、販売数量差異とは別に計算するからです。

1 個あたりの予算貢献利益：

@5,000 円 (予算販売価格) − @2,600 円[13] (1 個あたり予算変動費)

= @2,400 円

13) @1,800 円 (変動売上原価) + @ 800 円 (変動販売費) = @ 2,600 円

販売数量差異：

@2,400 円 × (1,200 個 (実績販売数量) − 1,000 個 (予算販売数量))

= 480,000 円 (有利差異)

3. 販売価格差異

総額分析での販売価格差異と同じ計算内容です。

販売価格差異：(@4,900 円 (実績販売価格) − @5,000 円 (予算販売価格)) × 1,200 個 (実績販売数量)

= △ 120,000 円 (不利差異)

ここまでの販売数量差異と販売価格差異をボックスで計算してみましょう。

次のボックスは、総額分析での売上高差異の分析で用いたものです。

このボックスに、予算変動費を書き加えると次のようになります。

すると、販売数量差異の部分のタテの長さは、「@予算販売価格 − @予算変動費 ＝ @予算貢献利益」、つまり1個あたり予算貢献利益を示すようになります。よって、この部分の面積を求める計算により、販売数量差異を求めることができます[14]。

14）販売価格差異の部分は総額分析のときと変わりません。

4. 変動費差異

変動費差異は、変動売上原価価格差異と変動販売費予算差異の2つに分析します。

計算内容は総額分析のときと同じです。

変動売上原価価格差異：

（@1,800円（予算1個あたり変動売上原価）− @1,900円（実績1個あたり変動売上原価））

× 1,200個（実績販売数量）＝△120,000円（不利差異）

変動販売費予算差異：

（@800円（予算1個あたり変動販売費）− @805円（実績1個あたり変動販売費））

× 1,200個（実績販売数量）＝△6,000円（不利差異）

変動費差異についても、先ほどのボックスで計算することができます。

ボックスに、実績変動費を書き加えて変動費差異を示すと次のようになります。

@予算販売価格

@実績販売価格
実績変動費[15)
@2,705円
予算変動費
@2,600円

15) 変動費は費用なので、予算を内側、実績を外側に記入します。

実績販売量　予算販売量
1,200個

変動費差異：（@2,600円*（予算1個あたり変動費）－@2,705円*（実績1個あたり変動費））
　　　　　　×1,200個（実績販売数量）＝△126,000円（不利差異）

　　　　＊それぞれ、1個あたり変動売上原価と1個あたり変動販売費の合計です。

　上記のボックスで計算するメリットは、1つのボックスで、貢献利益差異の内訳である3つの差異を効率的に計算できることです[16)]。

16) ボックスの作成に慣れるまで練習しましょう！

5. 固定費差異

　総額分析での固定費差異と同じ計算内容です。

固定製造間接費差異：400,000円　－　420,000円＝△20,000円（不利差異）
　　　　　　　　　　　予算固定製造間接費　実績固定製造間接費

固 定 販 売 費 差 異：200,000円－200,000円＝0円
　　　　　　　　　　　予算固定販売費　実績固定販売費

固定一般管理費差異：600,000円　－　620,000円＝△20,000円（不利差異）
　　　　　　　　　　　予算固定一般管理費　実績固定一般管理費

6. 本問での営業利益差異分析のまとめ

　本問での営業利益差異分析について、その意味と内容をまとめてみましょう。

　まず、予算営業利益1,200,000円に対する実績営業利益は1,394,000円だったので、営業利益差異は194,000円の有利差異でした。

　そこで、その要因（原因）を分析したところ、貢献利益差異が234,000円の有利差異、固定費差異が40,000円の不利差異だったので、固定費に無駄があったと思われます[17)]。

　また、貢献利益差異の有利差異の要因は、何より販売数量が予算を上回ったことによる貢献利益の増加480,000円（販売数量差異）が大きく、販売価格の下落や1個あたりの変動費の上昇をカバーしています[18)]。

17) 固定費を多くかけたことが貢献利益の増加をもたらしたのかもしれません。さらに分析が必要ですね。

18) ではなぜ多く売れたのか、なぜ変動費が上昇したのかという分析のスタートラインに立ったことになります。

7. 総額分析と純額分析の比較

総額分析と純額分析の内容を比較してみましょう。

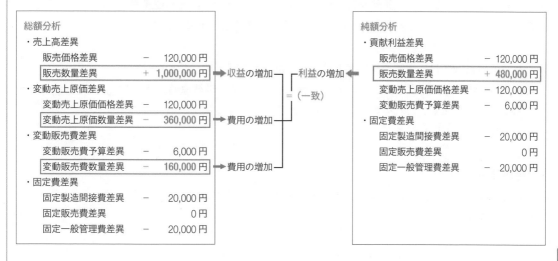

●共通点

販売価格差異、変動売上原価価格差異、変動販売費予算差異の３つは価格面の差異なので、同じ計算結果となります。

また、固定費差異も、どちらの分析方法によっても同じです。

●相違点

総額分析は、損益計算書の項目別に差異を計算するため、製品の販売数量が原因で生じる差異として、販売数量差異（売上高に関する差異）、変動売上原価数量差異、変動販売費数量差異の３つが計算されます。

一方、純額分析は、製品の販売数量の増減が貢献利益に与える影響を１個あたりの貢献利益を用いて直接的に計算します（販売数量差異）[19]。

どちらの分析方法によっても、製品の販売数量の増減が貢献利益に与える影響額が異なるはずはありません。総額分析での上記の３つの差異を合計すると 480,000 円の有利差異となり、純額分析での販売数量差異の金額に一致します。

つまり、総額分析は、製品の販売数量の増減が収益と変動費のそれぞれにいくら影響したかという"総額"で考えるのに対し、純額分析は、貢献利益（＝収益−変動費）にいくら影響したかという"純額"で考える方法です。

19) 検定試験では、総額分析なのか、純額分析なのかがはっきり指示されないことがよくあります。
その場合には、この販売数量が原因で生じる差異に関する資料などで判断します。

トレーニングⅠ　Ch8　問題３へ

4 │ 直接標準原価計算のもとでの 予算実績差異分析

これまでの学習は、直接実際原価計算を採用している場合の営業利益差異の分析でした。次に、直接標準原価計算を採用している場合を学習します。

標準原価計算では、実際原価計算と異なり、営業利益差異の分析を行う前の段階（実績損益計算書を作成するまでの段階）で、すでに標準原価差異[20]が計算されています。これを念頭に、まずは総額分析による営業利益差異の分析を見ていきましょう。

20) 2級での直接材料費差異、直接労務費差異、製造間接費差異です。

1. 総額分析

次の損益計算書は、Chapter 7 で学習した直接標準原価計算のもとでの実績損益計算書です。

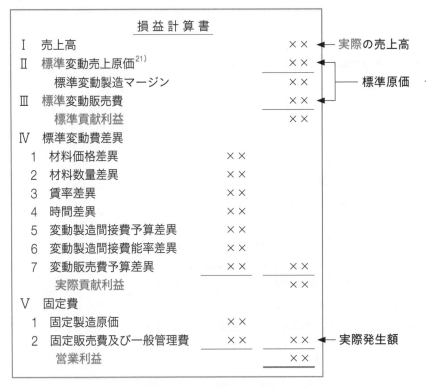

損 益 計 算 書

Ⅰ	売上高		×× ← 実際の売上高
Ⅱ	標準変動売上原価[21]		××
	標準変動製造マージン		××
Ⅲ	標準変動販売費		×× ← 標準原価
	標準貢献利益		××
Ⅳ	標準変動費差異		
1	材料価格差異	××	
2	材料数量差異	××	
3	賃率差異	××	
4	時間差異	××	
5	変動製造間接費予算差異	××	
6	変動製造間接費能率差異	××	
7	変動販売費予算差異	××	××
	実際貢献利益		××
Ⅴ	固定費		
1	固定製造原価	××	
2	固定販売費及び一般管理費	××	×× ← 実際発生額
	営業利益		××

21) 内訳を略した形式で示しています。

実際の売上高から、標準原価による変動費（標準変動売上原価と標準変動費）を差し引いて、標準貢献利益を示します。これに、標準変動費差異（標準原価差異）を加減して、実際貢献利益を示します。さらに、固定費の実際発生額を差し引いて、営業利益を示します。

総額分析では、上記の実績損益計算書と予算損益計算書を比較して項目別に差異を計算します。

具体例で見ていきましょう。次の損益計算書は、直接標準原価計算のもとでの予算の損益計算書と実績の損益計算書を示した予算実績損益計算書です。そして、右端には予算と実績の差異を示しています。

予算実績比較損益計算書

	予算（販売量1,000個）		実績（販売量1,200個）		差　異
売　　上　　高	@5,000円	500万円	@4,900円	588万円	＋88万円
標準変動売上原価	@1,800円[22]	180万円	@1,800円[22]	216万円	△36万円
標準変動販売費	@800円[22]	80万円	@800円[22]	96万円	△16万円
標準貢献利益	@2,400円	240万円	@2,300円	276万円	＋36万円
標準変動費差異	―	―		12.6万円	△12.6万円
実際貢献利益	―		@2,195円	263.4万円	＋23.4万円
固定製造間接費		40万円		42万円	△2万円
固定販売費		20万円		20万円	0万円
固定一般管理費		60万円		62万円	△2万円
営業利益		120万円		139.4万円	＋19.4万円

営業利益差異 ＝ 1,394,000円（実績営業利益）－ 1,200,000円（予算営業利益）

　　　　　　 ＝ 194,000円（有利差異）

当期の実際変動費は3,246,000円だったので、標準変動費差異は次のように計算されました。不利差異なので、実績損益計算書の標準貢献利益から減算しています。

2,160,000円（標準変動売上原価）＋ 960,000円（標準変動販売費）－ 3,246,000円
　　　　　　　　 標準変動費　　　　　　　　　　　　　　　　　　　　　実際変動費

＝△126,000円（不利差異）[23]

23) Chapter 7で学習した変動費についての標準原価差異です。

　　　　の部分が項目別に計算した差異です。標準変動費差異の予算と実績の差異は次のように計算されます。

0円（予算）[24] － 126,000円（実績）＝△126,000円（不利差異）

24) 通常、標準変動費差異が予算損益計算書に計上されることはありません。例えば、直接材料費の無駄を最初から見込んでいるというのはおかしいですよね。

売　上　高　差　異：5,880,000円 － 5,000,000円 ＝ ＋880,000円（有利差異）
　　　　　　　　　　　　実績売上高　　　　　予算売上高

標準変動売上原価差異：1,800,000円 － 2,160,000円 ＝△360,000円（不利差異）
　　　　　　　　　　　予算標準変動売上原価　実績標準変動売上原価

標準変動販売費差異：800,000円 － 960,000円 ＝△160,000円（不利差異）
　　　　　　　　　　　予算変動販売費　実績変動販売費

固定製造間接費差異：400,000円 － 420,000円 ＝△20,000円（不利差異）
　　　　　　　　　　予算固定製造間接費　実績固定製造間接費

固定販売費差異：200,000円 － 200,000円 ＝ 0円
　　　　　　　　予算固定販売費　実績固定販売費

固定一般管理費差異：600,000円 － 620,000円 ＝△20,000円（不利差異）
　　　　　　　　　　予算固定一般管理費　実績固定一般管理費

CHAPTER
8
予算管理

Section 2 ● 予算実績差異分析　　8-27

▶　このうち、売上高差異、標準変動売上原価差異、標準変動販売費差異について、さらに価格面の差異と数量面の差異とに分析できるかを考えてみましょう。

▶　売上高差異は、価格面の差異と数量（販売数量）面の差異のそれぞれに分析できることはすでに学習したとおりですが、標準変動売上原価差異と標準変動販売費差異は数量面のみからの差異です。損益計算書上、変動売上原価と変動販売費は予算、実績どちらも標準単価（原価標準）によって計算される[25]からです。

25) 変動売上原価の標準単価は@ 1,800 円、変動販売費の標準単価は@ 800 円です。

▶　変動売上原価と変動販売費の価格面の差異は、損益計算書の標準変動費差異に含まれています。次の例で考えてみましょう。

▶　例えば、変動売上原価の実際発生額（当期に販売した製品 1,200 個の実際原価）が 2,280,000 円で、実際の単価は@1,900 円（= 2,280,000 円 ÷ 1,200 個）だったとしましょう。

▶　このとき、価格面の差異は、
（@1,800 円（標準単価）− @1,900 円（実際単価））× 1,200 個 = △ 120,000 円
となりますが、これは標準原価計算で計算する標準原価差異であり、実績損益計算書の標準変動費差異 126,000 円（不利差異）に含まれています。

▶　以上より、直接標準原価計算のもとでの総額分析による営業利益差異の分析内容は、次のようにまとめることができます[26]。

26) 8-16 ページの直接実際原価計算の場合と比較しましょう。特に、変動売上原価と変動販売費については数量差異のみであるのがポイントです。

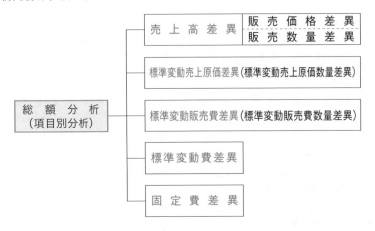

▶　では、次の問題で営業利益差異分析表を作成してみましょう。なお、問題資料の予算実績比較損益計算書は先ほどの例と同じものです。

当社は直接標準原価計算を採用している。次の資料にもとづいて、総額分析による営業利益差異分析表を作成しなさい。不利差異には「−」、有利差異には「+」を付すこと。

📄 資料

1. 製品Nの原価標準

直 接 材 料 費	@500円×2kg	= 1,000円
直 接 労 務 費	@150円×2時間	= 300円
変 動 製 造 間 接 費	@250円×2時間	= 500円
合計：標準変動製造原価		1,800円
変 動 販 売 費		800円
合 計：標 準 変 動 費		2,600円

2. 予算実績比較損益計算書

予算実績比較損益計算書

	予算（販売量1,000個）		実績（販売量1,200個）	
売 上 高	@5,000円	500万円	@4,900円	588万円
標準変動売上原価	@1,800円	180万円	@1,800円	216万円
標準変動販売費	@800円	80万円	@800円	96万円
標 準 貢 献 利 益	@2,400円	240万円	@2,300円	276万円
標準変動費差異	—	—		12.6万円
実 際 貢 献 利 益	—	—	@2,195円	263.4万円
固定製造間接費		40万円		42万円
固 定 販 売 費		20万円		20万円
固定一般管理費		60万円		62万円
営 業 利 益		120万円		139.4万円

3. 当期実際変動費と標準変動費差異

直 接 材 料 費	@510円×2,450kg	= 1,249,500円
直 接 労 務 費	@160円×2,500時間	= 400,000円
変 動 製 造 間 接 費		630,500円
実 際 変 動 製 造 費 用		2,280,000円
実 際 変 動 販 売 費	@805円×1,200個	= 966,000円
合 計		3,246,000円
当 期 標 準 変 動 費	標準 @2,600円	
	×実際生産量1,200個 =	3,120,000円
差引：標準変動費差異	3,120,000円 − 3,246,000円 =	△126,000円

4. 当期において期首・期末の仕掛品や製品は存在せず、生産量と販売量は一致している。

5. 標準変動費差異はすべて標準貢献利益に加減する。

【総額分析】

営業利益差異分析表

1	予算営業利益				1,200,000 円
2	売上高差異				
	(1) 販売価格差異	−	120,000 円		
	(2) 販売数量差異	+	1,000,000 円	+	880,000 円
3	標準変動売上原価数量差異			−	360,000 円
4	標準変動販売費数量差異			−	160,000 円
5	標準貢献利益差異			+	360,000 円
6	標準変動費差異				
	(1) 材料価格差異	−	24,500 円		
	(2) 材料数量差異	−	25,000 円		
	(3) 賃率差異	−	25,000 円		
	(4) 時間差異	−	15,000 円		
	(5) 変動製造間接費予算差異	−	5,500 円		
	(6) 変動製造間接費能率差異	−	25,000 円		
	変動製造原価差異合計	−	120,000 円		
	(7) 変動販売費予算差異	−	6,000 円	−	126,000 円
7	固定費差異				
	(1) 固定製造間接費差異	−	20,000 円		
	(2) 固定販売費差異		0 円		
	(3) 固定一般管理費差異	−	20,000 円	−	40,000 円
8	実績営業利益				1,394,000 円

💡 2-3 | 解説 |

1. 売上高差異の分析

売上高差異を販売価格差異と販売数量差異に分析します[27]。

27) 売上高差異は、【Q2-1】の直接実際原価計算のもとでの総額分析のときとまったく同じです。

		販売価格差異 △120,000 円	販売数量差異 + 1,000,000 円
予算	@5,000 円		
実績	@4,900 円		

実績販売量　1,200 個　　　予算販売量　1,000 個

販売価格差異　（@4,900 円 − @5,000 円）× 1,200 個 ＝ △ 120,000 円（不利差異）

販売数量差異　@5,000 円 × （1,200 個 − 1,000 個）＝ ＋ 1,000,000 円（有利差異）

売 上 高 差 異　　　　　　　　　　　　　　　　　＋ 880,000 円（有利差異）

2. 標準変動売上原価数量差異

標準変動売上原価差異は、製品の販売数量のみを原因とするため、損益計算書上の予算と実績の差額がそのまま、標準変動売上原価数量差異となります。

標準変動売上原価数量差異：1,800,000円（予算）－ 2,160,000円（実績）

$$= \triangle 360,000 円（不利差異）$$

ボックスによる場合には、価格差異は計算しないので次のようになります。

予算　@1,800円
（原価標準）

価格差異は計算しません。	
	標準変動 売上原価 数量差異 △360,000円*
予算販売量 1,000個	実績販売量 1,200個

＊ @1,800円×（1,000個－1,200個）＝△360,000円（不利差異）

3. 標準変動販売費数量差異

2.の標準変動売上原価差異と同じように、標準変動販売費差異は、製品の販売数量のみを原因とするため、損益計算書上の予算と実績の差額がそのまま、標準変動販売費数量差異となります。

標準変動販売費数量差異：800,000円（予算）－ 960,000円（実績）

$$= \triangle 160,000 円（不利差異）$$

ボックスによる場合には、予算差異は計算しないので次のようになります。

予算　@800円
（原価標準）

予算差異は計算しません。	
	標準変動 販売費 数量差異 △160,000円*
予算販売量 1,000個	実績販売量 1,200個

＊ @800円×（1,000個－1,200個）＝△160,000円（不利差異）

4. 標準変動費差異の分析

いずれも標準原価差異分析の方法で計算します[28]。

28) 7-16 ページ参照。

① 材料価格差異、材料数量差異[29]

29) 2 級で学習した内容と同じです。

実際 @510円

標準 @500円

材料価格差異
△24,500円

材料数量差異
△25,000円

標準消費量
2,400 kg [注]

実際消費量
2,450 kg

(注) 実際生産量 1,200 個 × @標準消費量 2 kg = 2,400 kg

材料価格差異：(@500 円 − @510 円) × 2,450 kg = △24,500 円 (不利差異)

材料数量差異：@500 円 × (2,400 kg − 2,450 kg) = △25,000 円 (不利差異)

② 賃率差異、時間差異[30]

30) 2 級で学習した内容と同じです。

実際 @160円

標準 @150円

賃率差異
△25,000円

時間差異
△15,000円

標準作業時間
2,400 時間 [注]

実際作業時間
2,500 時間

(注) 実際生産量 1,200 個 × @標準消費量 2 時間 = 2,400 時間

賃率差異：(@150 円 − @160 円) × 2,500 時間 = △25,000 円 (不利差異)

時間差異：@150 円 × (2,400 時間 − 2,500 時間) = △15,000 円 (不利差異)

③ 変動製造間接費予算差異、変動製造間接費能率差異[31]

31) 2 級で学習したシュラッター図の上半分（変動費部分）です。

実際発生額 630,500円

予算差異
△5,500円

能率差異
△25,000円

@250円

標準時間
2,400時間

実際時間
2,500時間

変動製造間接費予算差異：@250 円 × 2,500 時間 − 630,500 円 = △5,500 円 (不利差異)

変動製造間接費能率差異：@250 円 × (2,400 時間 − 2,500 時間) = △25,000 円 (不利差異)

④ 変動販売費予算差異

(@800 円 (標準) − @805 円 (実績)) × 1,200 個 = △6,000 円 (不利差異)

5. 生産量と販売量について

📄 資料4に、「当期において期首・期末の仕掛品や製品は存在せず、生産量と販売量は一致している」とあります。そのため、当期の実際生産量は販売量に等しい1,200個となり、これにもとづいて、材料の標準消費量や直接作業時間の標準時間などを計算しました。

では、もしも、期首・期末に仕掛品や製品があった場合にはどのように計算すべきでしょうか？

仕掛品（材料）		
期首　　　　30個	当期完成　1,220個	
当期生産　1,240個	期末　　　　50個	

製品		
期首　　　　80個	当期販売　1,200個	
当期完成　1,220個	期末　　　　100個	

このように、通常は当期の販売量と生産量が一致しなくなります。この場合、材料の標準消費量などは、当期の生産量にもとづいて計算する必要があります[32]。

> 32）2級で学習した基本どおりですが、間違えやすいので注意しましょう。

CHAPTER
8
予算管理

2. 純額分析

▶▶ 続いて、直接標準原価計算のもとでの純額分析による営業利益差異の分析を見ていきましょう。まずは次の予算実績比較損益計算書の標準貢献利益の差異に注目してください。

予算実績比較損益計算書

	予算（販売量1,000個）		実績（販売量1,200個）		差　　異
売　　上　　高	@5,000円	500万円	@4,900円	588万円	＋88万円
標準変動売上原価	@1,800円	180万円	@1,800円	216万円	△36万円
標準変動販売費	@800円	80万円	@800円	96万円	△16万円
標準貢献利益	@2,400円	240万円	@2,300円	276万円	＋36万円
標準変動費差異	—	—		12.6万円	△12.6万円
実際貢献利益	—		@2,195円	263.4万円	＋23.4万円
固定製造間接費		40万円		42万円	△2万円
固定販売費		20万円		20万円	0万円
固定一般管理費		60万円		62万円	△2万円
営　業　利　益		120万円		139.4万円	＋19.4万円

標準貢献利益差異：2,760,000円 － 2,400,000円 ＝ ＋360,000円（有利差異）
　　　　　　　　　実績貢献利益　　　予算貢献利益

▶▶ 純額分析では、この標準貢献利益差異を次の2つに分析します。

販売価格差異 … 標準貢献利益差異のうち、販売価格を原因とする差異

販売数量差異 … 標準貢献利益差異のうち、販売数量を原因とする差異

▸ ボックスで示すと、次のようになります。販売数量差異は、数量面からの差異なので「@予算販売価格[33] −@予算変動費＝@予算貢献利益」、つまり予算上の1個あたり標準貢献利益によって計算します。

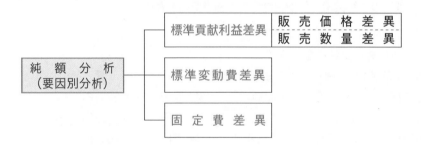

予算販売価格
@5,000円

実績販売価格
@4,900円

予算変動費
@2,600円
（標準単価）

販売価格差異
△120,000円

販売数量差異
＋480,000円

予算上の
1個あたり標準貢献利益
@2,400円

実績販売量　　　　予算販売量
1,200個　　　　　1,000個

▸ 標準変動費差異や固定費差異については、総額分析の場合と違いはありません。

▸ 以上より、直接標準原価計算のもとでの純額分析による営業利益差異の分析内容は、次のようにまとめることができます。

純 額 分 析
（要因別分析）

標準貢献利益差異 ─ 販 売 価 格 差 異 / 販 売 数 量 差 異

標準変動費差異

固 定 費 差 異

▸ では、次の問題で営業利益差異分析表を作成してみましょう。なお、問題資料の予算実績比較損益計算書は先ほどの例と同じものです。

2-4 **直接標準原価計算のもとでの予算実績差異分析【純額分析】**

当社は直接標準原価計算を採用している。次の資料にもとづいて、純額分析による営業利益差異分析表を作成しなさい。不利差異には「−」、有利差異には「＋」を付すこと。

📄 **資料**

1. 製品Nの原価標準

直 接 材 料 費	＠500円×2kg	＝ 1,000円
直 接 労 務 費	＠150円×2時間	＝ 300円
変 動 製 造 間 接 費	＠250円×2時間	＝ 500円
合計：標準変動製造原価		1,800円
変 動 販 売 費		800円
合 計 ： 標 準 変 動 費		2,600円

2. 予算実績比較損益計算書

予算実績比較損益計算書

	予算（販売量1,000個）		実績（販売量1,200個）	
売　　　上　　　高	＠5,000円	500万円	＠4,900円	588万円
標準変動売上原価	＠1,800円	180万円	＠1,800円	216万円
標準変動販売費	＠800円	80万円	＠800円	96万円
標準貢献利益	＠2,400円	240万円	＠2,300円	276万円
標準変動費差異		—	—	12.6万円
実際貢献利益		—	＠2,195円	263.4万円
固定製造間接費		40万円		42万円
固定販売費		20万円		20万円
固定一般管理費		60万円		62万円
営　業　利　益		120万円		139.4万円

3. 当期実際変動費と標準変動費差異

直 接 材 料 費	＠510円×2,450kg	＝ 1,249,500円
直 接 労 務 費	＠160円×2,500時間	＝ 400,000円
変 動 製 造 間 接 費		＝ 630,500円
実際変動製造費用		＝ 2,280,000円
実 際 変 動 販 売 費	＠805円×1,200個	＝ 966,000円
合　　　　計		＝ 3,246,000円
当 期 標 準 変 動 費	標準 ＠2,600円	
	×実際生産量1,200個	＝ 3,120,000円
差引：標準変動費差異	3,120,000円 − 3,246,000円	＝ △126,000円

4. 当期において期首・期末の仕掛品や製品は存在せず、生産量と販売量は一致している。

5. 標準変動費差異はすべて標準貢献利益に加減する。

【純額分析】

営業利益差異分析表

1	予算営業利益				1,200,000 円	
2	標準貢献利益差異					
	(1) 販売価格差異	−	120,000 円			
	(2) 販売数量差異	+	480,000 円	+	360,000 円	
3	標準変動費差異					
	(1) 材料価格差異	−	24,500 円			
	(2) 材料数量差異	−	25,000 円			
	(3) 賃率差異	−	25,000 円			
	(4) 時間差異	−	15,000 円			
	(5) 変動製造間接費予算差異	−	5,500 円			
	(6) 変動製造間接費能率差異	−	25,000 円			
	変動製造原価差異合計	−	120,000 円			
	(7) 変動販売費予算差異	−	6,000 円	−	126,000 円	
7	固定費差異					
	(1) 固定製造間接費差異	−	20,000 円			
	(2) 固定販売費差異		0 円			
	(3) 固定一般管理費差異	−	20,000 円	−	40,000 円	
8	実績営業利益				1,394,000 円	

2-4 │解説│

1. 標準貢献利益差異

標準貢献利益差異：

    2,760,000 円（実績 P／L の標準貢献利益）− 2,400,000 円（予算 P／L の標準貢献利益）

    = 360,000 円（有利差異）

この標準貢献利益差異を販売数量差異と販売価格差異に分析します。

2. 販売数量差異と販売価格差異

ボックスでの計算は次のようになります。8-34 ページのボックスに、予算と実績の標準貢献利益がどこの面積として計算されているかを加えています。

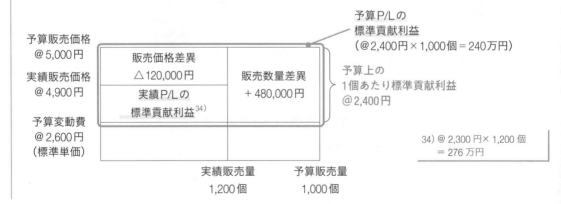

販売価格差異：（@4,900円－@5,000円）× 1,200個 ＝ △ 120,000円（不利差異）

販売数量差異：@2,400円×（1,200個－ 1,000個）　 ＝ ＋ 480,000円（有利差異）

3. 標準変動費差異、固定費差異の分析

　総額分析との違いはありません（営業利益差異分析表での標準変動費差異と固定費差異の記載
内容はまったく同じです）。

トレーニングⅠ　Ch8　問題4へ

参考 | 全部原価計算のもとでの予算実績差異分析

▶▶　全部原価計算を採用している場合の分析を見ていきましょう[35]。

35) 全部原価計算による損益計算は、利益管理にはあまり適していません。検定試験での出題可能性も低いです。

CHAPTER
8
予算管理

1. 全部実際原価計算の場合

　全部実際原価計算では、売上高から売上原価を差し引いて売上総利益を計算
し、さらに販売費や一般管理費を差し引いて営業利益を計算します。また、損
益計算書上の費用は、変動費と固定費に分けられていません。

　このような全部実際原価計算での営業利益差異の分析内容は、次のとおりで
す。

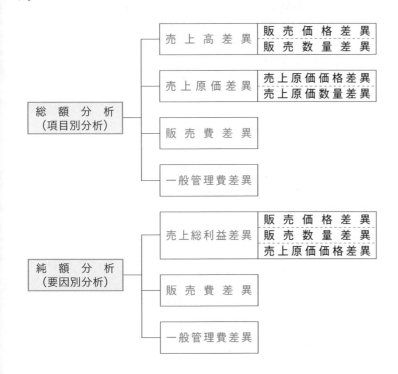

Q 2-5 | 全部実際原価計算のもとでの予算実績差異分析 |

当社は全部実際原価計算を採用している。次の資料にもとづいて、総額分析と純額分析のそれぞれの場合の営業利益差異分析表を作成しなさい。不利差異には「−」、有利差異には「＋」を付すこと。

📃 **資料**

予算実績比較損益計算書

	予算（販売量1,000個）		実績（販売量1,200個）	
売　上　高	＠5,000円	500万円	＠4,900円	588万円
売 上 原 価	＠2,200円	220万円	＠2,250円	270万円
売 上 総 利 益	＠2,800円	280万円	＠2,650円	318万円
販　売　費		100万円		116.6万円
一 般 管 理 費		60万円		62万円
営 業 利 益		120万円		139.4万円

A 2-5 | 解答 |

【総額分析】

営業利益差異分析表

1　予算営業利益			1,200,000 円
2　売上高差異			
（1）販売価格差異	−	120,000 円	
（2）販売数量差異	＋	1,000,000 円	＋　880,000 円
3　売上原価差異			
（1）売上原価価格差異	−	60,000 円	
（2）売上原価数量差異	−	440,000 円	−　500,000 円
4　販売費・一般管理費差異			
（1）販売費差異	−	166,000 円	
（2）一般管理費差異	−	20,000 円	−　186,000 円
5　実績営業利益			1,394,000 円

【純額分析】

営業利益差異分析表

1　予算営業利益			1,200,000 円
2　売上総利益差異			
（1）販売価格差異	−	120,000 円	
（2）販売数量差異	＋	560,000 円	
（3）売上原価価格差異	−	60,000 円	＋　380,000 円
3　販売費・一般管理費差異			
（1）販売費差異	−	166,000 円	
（2）一般管理費差異	−	20,000 円	−　186,000 円
4　実績営業利益			1,394,000 円

1. 総額分析（項目別分析）

営業利益差異 ＝ 1,394,000 円（実績営業利益）－ 1,200,000 円（予算営業利益）
   ＝ 194,000 円（有利差異）

予算実績比較損益計算書

	予算（販売量1,000個）		実績（販売量1,200個）		差　異
売　上　高	@5,000円	500万円	@4,900円	588万円	＋88万円
売　上　原　価	@2,200円	220万円	@2,250円	270万円	△50万円
売　上　総　利　益	@2,800円	280万円	@2,650円	318万円	＋38万円
販　売　費		100万円		116.6万円	△16.6万円
一　般　管　理　費		60万円		62万円	△2万円
営　業　利　益		120万円		139.4万円	＋19.4万円

売　上　高　差　異： 5,880,000円 － 5,000,000円 ＝ ＋880,000円（有利差異）
　　　　　　　　　実績売上高　　　　予算売上高

売　上　原　価　差　異： 2,200,000円 － 2,700,000円 ＝ △500,000円（不利差異）
　　　　　　　　　　　予算売上原価　　　実績売上原価

販　売　費　差　異： 1,000,000円 － 1,166,000円 ＝ △166,000円（不利差異）
　　　　　　　　　　予算販売費　　　　実績販売費

一般管理費差異： 600,000円 － 620,000円 ＝ △20,000円（不利差異）
　　　　　　予算一般管理費　実績一般管理費

(1) 売上高差異の分析

売上高差異を販売価格差異と販売数量差異に分析します[36]。

36）売上高差異は、直接原価計算のもとでの総額分析のときとまったく同じです。

予算　@5,000円

実績　@4,900円

| 販売価格差異 △120,000円 | |
| 販売数量差異 ＋1,000,000円 |

実績販売量　　予算販売量
1,200個　　　1,000個

販売価格差異　　（@4,900円 － @5,000円）× 1,200個 ＝ △120,000円（不利差異）
販売数量差異　　@5,000円 ×（1,200個 － 1,000個） ＝ ＋1,000,000円（有利差異）
売　上　高　差　異　　　　　　　　　　　　　　　　　＋880,000円（有利差異）

(2) 売上原価差異の分析

売上原価差異を売上原価価格差異と売上原価数量差異に分析します。

実績　@2,250円

予算　@2,200円

売上原価価格差異 △60,000円
売上原価数量差異 △440,000円

予算販売量　　実績販売量
1,000個　　　1,200個

売上原価価格差異 （@2,200円－@2,250円）× 1,200個 ＝ △ 60,000円 (不利差異)

売上原価数量差異 @2,200円×（1,000個－1,200個） ＝ △ 440,000円 (不利差異)

売 上 原 価 差 異 <u>△ 500,000円 (不利差異)</u>

(3) 販売費差異と一般管理費差異

予算額から実際発生額を差し引いて計算します。

販 売 費 差 異　1,000,000円－ 1,166,000円 ＝ △ 166,000円 (不利差異)

一般管理費差異　600,000円－ 620,000円　　＝ △ 20,000円 (不利差異)

販売費・一般管理費差異 <u>△ 186,000円 (不利差異)</u>

2. 純額分析 (要因別分析)

営業利益差異 ＝ 1,394,000円 (実績営業利益) － 1,200,000円 (予算営業利益)

　　　　　　 ＝ 194,000円 (有利差異)

予算実績比較損益計算書

	予算（販売量1,000個）		実績（販売量1,200個）		差　異
売 上 高	@5,000円	500万円	@4,900円	588万円	＋88万円
売 上 原 価	@2,200円	220万円	@2,250円	270万円	△50万円
売 上 総 利 益	@2,800円	280万円	@2,650円	318万円	＋38万円
販 売 費		100万円		116.6万円	△16.6万円
一 般 管 理 費		60万円		62万円	△2万円
営 業 利 益		120万円		139.4万円	＋19.4万円

売上総利益差異：3,180,000円 － 2,800,000円 ＝ ＋380,000円 (有利差異)
　　　　　　　　　実績売上総利益　　予算売上総利益

販 売 費 差 異：1,000,000円 － 1,166,000円 ＝△166,000円 (不利差異)
　　　　　　　　　　予算販売費　　　　実績販売費

一般管理費差異：600,000円 － 620,000円 ＝△20,000円 (不利差異)
　　　　　　　　予算一般管理費　実績一般管理費

売上総利益差異は、販売価格差異、販売数量差異、売上原価価格差異に分析されます。

販 売 価 格 差 異 … 売上総利益差異のうち、販売価格を原因とする差異 販 売 数 量 差 異 … 売上総利益差異のうち、販売数量を原因とする差異 売上原価価格差異 … 売上総利益差異のうち、1個あたり売上原価を原因とする差異

販 売 価 格 差 異	（@4,900円 − @5,000円）× 1,200個	＝ △ 120,000円（不利差異）
販 売 数 量 差 異	@2,800円 ×（1,200個 − 1,000個）	＝ ＋ 560,000円（有利差異）
売上原価価格差異	（@2,200円 − @2,250円）× 1,200個	＝ △　60,000円（不利差異）
売 上 総 利 益 差 異		＋ 380,000円（有利差異）

3. 総額分析と純額分析の比較

● 共通点

　　販売価格差異と売上原価価格差異は、どちらの分析方法によっても同じ計算結果となります。また、販売費差異と一般管理費差異も、どちらの分析方法によっても同じです。

● 相違点

　　総額分析での販売数量差異（＋ 1,000,000 円）は、販売数量の実績が予算よりも多かったことにより、その分売上高が予算を上回ったことを意味しています。一方、純額分析での販売数量差異（＋ 480,000 円）は、販売数量の実績が多かったことによる売上総利益の増加額を意味しています。

トレーニングⅠ　Ch8　問題 5 へ

2. 全部標準原価計算の場合

　　全部標準原価計算では、売上原価が標準原価で計算されます。また、その標準原価には固定製造原価も含まれるため、標準原価差異には固定製造原価に関する差異が生じます。

　　このような全部標準原価計算での営業利益差異の分析内容は、次のとおりです。

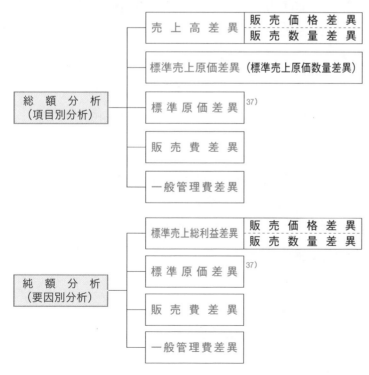

37）変動製造原価だけでなく、固定製造原価に関する原価差異（操業度差異など）が含まれます。

Q 2-6 | **全部標準原価計算のもとでの予算実績差異分析** |

　当社は全部標準原価計算を採用している。次の資料にもとづいて、総額分析と純額分析のそれぞれの場合の営業利益差異分析表を作成しなさい。不利差異には「−」、有利差異には「＋」を付すこと。

📋 **資料**

1. 製品Nの原価標準

直 接 材 料 費	＠500円×2 kg	＝	1,000円
直 接 労 務 費	＠150円×2時間	＝	300円
変動製造間接費	＠250円×2時間	＝	500円
固定製造間接費	＠200円×2時間	＝	400円
合　　　計			2,200円

(注)固定製造間接費配賦率

400,000円(固定製造間接費予算額)÷2,000時間(正常直接作業時間)＝200円/時間

2. 予算実績比較損益計算書

予算実績比較損益計算書

	予算(販売量1,000個)		実績(販売量1,200個)	
売　　上　　高	＠5,000円	500万円	＠4,900円	588万円
標 準 売 上 原 価	＠2,200円	220万円	＠2,200円	264万円
標 準 売 上 総 利 益	＠2,800円	280万円	＠2,700円	324万円
標 準 原 価 差 異		—	—	6万円
実際売上総利益		—	＠2,650円	318万円
販　　売　　費		100万円		116.6万円
一 般 管 理 費		60万円		62万円
営　業　利　益		120万円		139.4万円

3. 当期実際製造費用と標準原価差異

直 接 材 料 費	＠510円×2,450 kg	＝	1,249,500円
直 接 労 務 費	＠160円×2,500時間	＝	400,000円
変動製造間接費		＝	630,500円
固定製造間接費		＝	420,000円
合計：実際製造費用		＝	2,700,000円
当 期 標 準 原 価	原価標準＠2,200円×実際生産量1,200個	＝	2,640,000円
差引：標準原価差異	2,640,000円−2,700,000円	＝	△60,000円

4. 当期において期首・期末の仕掛品や製品は存在せず、生産量と販売量は一致している。

5. 能率差異は変動費、固定費の両方から計算している。

6. 標準原価差異はすべて標準売上総利益に加減する。

【総額分析】

営業利益差異分析表

1	予算営業利益				1,200,000 円
2	売上高差異				
	(1) 販売価格差異	−	120,000 円		
	(2) 販売数量差異	+	1,000,000 円	+	880,000 円
3	標準売上原価数量差異			−	440,000 円
4	標準売上総利益差異			+	440,000 円
5	標準原価差異				
	(1) 材料価格差異	−	24,500 円		
	(2) 材料数量差異	−	25,000 円		
	(3) 賃率差異	−	25,000 円		
	(4) 時間差異	−	15,000 円		
	(5) 変動製造間接費予算差異	−	5,500 円		
	(6) 固定製造間接費予算差異	−	20,000 円		
	(7) 製造間接費能率差異	−	45,000 円		
	(8) 製造間接費操業度差異	+	100,000 円	−	60,000 円
6	販売費・一般管理費差異				
	(1) 販売費差異	−	166,000 円		
	(2) 一般管理費差異	−	20,000 円	−	186,000 円
7	実績営業利益				1,394,000 円

【純額分析】

営業利益差異分析表

1	予算営業利益				1,200,000 円
2	標準売上総利益差異				
	(1) 販売価格差異	−	120,000 円		
	(2) 販売数量差異	+	560,000 円	+	440,000 円
3	標準原価差異				
	(1) 材料価格差異	−	24,500 円		
	(2) 材料数量差異	−	25,000 円		
	(3) 賃率差異	−	25,000 円		
	(4) 時間差異	−	15,000 円		
	(5) 変動製造間接費予算差異	−	5,500 円		
	(6) 固定製造間接費予算差異	−	20,000 円		
	(7) 製造間接費能率差異	−	45,000 円		
	(8) 製造間接費操業度差異	+	100,000 円	−	60,000 円
4	販売費・一般管理費差異				
	(1) 販売費差異	−	166,000 円		
	(2) 一般管理費差異	−	20,000 円	−	186,000 円
5	実績営業利益				1,394,000 円

1. 総額分析（項目別分析）

営業利益差異 ＝ 1,394,000 円（実績営業利益）－ 1,200,000 円（予算営業利益）
      ＝ 194,000 円（有利差異）

予算実績比較損益計算書

	予算（販売量1,000個）		実績（販売量1,200個）		差　異
売　上　高	@5,000円	500万円	@4,900円	588万円	＋88万円
標 準 売 上 原 価	@2,200円	220万円	@2,200円	264万円	△44万円
標 準 売 上 総 利 益	@2,800円	280万円	@2,700円	324万円	＋44万円
標 準 原 価 差 異	—		—	6万円	△6万円
実 際 売 上 総 利 益	—		@2,650円	318万円	＋38万円
販　売　費		100万円		116.6万円	△16.6万円
一 般 管 理 費		60万円		62万円	△2万円
営　業　利　益		120万円		139.4万円	＋19.4万円

売 上 高 差 異：5,880,000円 － 5,000,000円 ＝ ＋880,000円（有利差異）
　　　　　　　　　実績売上高　　　予算売上高

標準売上原価差異：2,200,000円 － 2,640,000円 ＝△440,000円（不利差異）
　　　　　　　　予算標準売上原価　　実績標準売上原価

販 売 費 差 異：1,000,000円 － 1,166,000円 ＝△166,000円（不利差異）
　　　　　　　　　予算販売費　　　　実績販売費

一般管理費差異：600,000円 － 620,000円 ＝△20,000円（不利差異）
　　　　　　　予算一般管理費　実績一般管理費

(1) 売上高差異の分析

売上高差異を販売価格差異と販売数量差異に分析します。

販売価格差異　（@4,900円 － @5,000円）× 1,200個 ＝ △　120,000円（不利差異）
販売数量差異　@5,000円 ×（1,200個 － 1,000個）　＝ ＋1,000,000円（有利差異）
売 上 高 差 異　　　　　　　　　　　　　　　　　＋　880,000円（有利差異）

(2) 標準売上原価数量差異

標準売上原価差異は、製品の販売数量のみを原因とするため、損益計算書上の予算と実績の差額がそのまま、標準売上原価数量差異となります。

標準売上原価数量差異：2,200,000円（予算）－ 2,640,000円（実績）＝△440,000円（不利差異）

ボックスによる場合には価格差異は計算しないので、次のようになります。

予算　　@2,200円
　（原価標準）

価格差異は計算しません。

標準売上原価
数量差異
△440,000円

予算販売量　　　実績販売量
1,000個　　　　1,200個

標準売上原価数量差異　@2,200円 ×（1,000個 － 1,200個）＝ △440,000円（不利差異）

(3) 標準原価差異の分析

① 材料価格差異、材料数量差異

実際　@510円

標準　@500円

	材料価格差異 △24,500円	
		材料数量差異 △25,000円

標準消費量　実際消費量
2,400 kg (注)　2,450 kg

(注) 実際生産量 1,200 個×@標準消費量 2 kg = 2,400 kg

材料価格差異：(@500 円 − @510 円) × 2,450 kg　= △24,500 円 (不利差異)

材料数量差異：@500 円×(2,400 kg − 2,450 kg) = △25,000 円 (不利差異)

② 賃率差異、時間差異

実際　@160円

標準　@150円

	賃率差異 △25,000円	
		時間差異 △15,000円

標準作業時間　実際作業時間
2,400 時間 (注)　2,500 時間

(注) 実際生産量 1,200 個×@標準消費量 2 時間 = 2,400 時間

賃率差異：(@150 円 − @160 円) × 2,500 時間　= △25,000 円 (不利差異)

時間差異：@150 円×(2,400 時間 − 2,500 時間) = △15,000 円 (不利差異)

③ 製造間接費の予算差異[38]、能率差異、操業度差異

38) 変動費から生じた予算差異と固定費から生じた予算差異に分けて計算する場合があります。

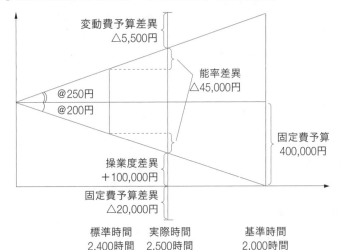

変動製造間接費予算差異：@250 円× 2,500 時間 − 630,500 円 = △5,500 円 (不利差異)

固定製造間接費予算差異：400,000 円 − 420,000 円 = △20,000 円 (不利差異)

製造間接費能率差異：(@250 円 + @200 円) × (2,400 時間 − 2,500 時間)
　　　　　　　　　= △45,000 円 (不利差異)

製造間接費操業度差異：@200 円×(2,500 時間 − 2,000 時間) = + 100,000 円 (有利差異)

2. 純額分析（要因別分析）

営業利益差異 ＝ 1,394,000 円（実績営業利益）－ 1,200,000 円（予算営業利益）

　　　　　　 ＝ 194,000 円（有利差異）

予算実績比較損益計算書

	予算（販売量1,000個）		実績（販売量1,200個）		差　異
売　上　高	@ 5,000 円	500 万円	@ 4,900 円	588 万円	＋ 88 万円
標 準 売 上 原 価	@ 2,200 円	220 万円	@ 2,200 円	264 万円	△ 44 万円
標 準 売 上 総 利 益	@ 2,800 円	280 万円	@ 2,700 円	324 万円	＋ 44 万円
標 準 原 価 差 異		―		6 万円	△ 6 万円
実 際 売 上 総 利 益		―	@ 2,650 円	318 万円	＋ 38 万円
販　売　費		100 万円		116.6 万円	△ 16.6 万円
一 般 管 理 費		60 万円		62 万円	△ 2 万円
営 業 利 益		120 万円		139.4 万円	＋ 19.4 万円

標準売上総利益差異：3,240,000 円 － 2,800,000 円 ＝ ＋ 440,000 円（有利差異）
　　　　　　　　　　　実績売上総利益　　予算売上総利益

販 売 費 差 異：1,000,000 円 － 1,166,000 円 ＝ △ 166,000 円（不利差異）
　　　　　　　　　　予算販売費　　　　実績販売費

一般管理費差異：600,000 円 － 620,000 円 ＝ △ 20,000 円（不利差異）
　　　　　　　　　予算一般管理費　　実績一般管理費

(1) 標準売上総利益差異の分析

標準売上総利益差異を販売価格差異と販売数量差異に分析します。

予算販売価格	@ 5,000 円		販売価格差異 △ 120,000 円	販売数量差異 ＋ 560,000 円	予算上の 1個あたり標準 売上総利益 @ 2,800 円
実績販売価格	@ 4,900 円		実績P/Lの 標準売上総利益		
予算売上原価	@ 2,200 円 (標準単価)				
			実績販売量 1,200 個	予算販売量 1,000 個	

販売価格差異　（@ 4,900 円 － @ 5,000 円）× 1,200 個　　　　 ＝ △ 120,000 円（不利差異）

販売数量差異　（@ 5,000 円 － @ 2,200 円）×（1,200 個 － 1,000 個）＝ ＋ 560,000 円（有利差異）

標準売上総利益差異　　　　　　　　　　　　　　　　　　　　　　 ＋ 440,000 円（有利差異）

(2) 標準原価差異、販売費差異、一般管理費差異の分析

総額分析のときとまったく同じです。

トレーニング I　Ch8　問題 6 へ

参考 | 活動区分別の営業利益差異分析表

▶ 標準原価計算のもとでの営業利益差異分析表における差異は、販売活動に関する差異、製品の製造活動に関する差異、一般管理活動に関する差異に分けることができます。

▶ そこで、これらの活動区分別に差異を表示することで、利益管理や原価管理により役立つ情報となります。

▶ 下記は、【Q2-6】の総額分析での営業利益差異分析の結果を活動区分別に示したものです。

【総額分析】

営業利益差異分析表

1	予算営業利益			1,200,000 円	
2	販売活動に関する差異				
(1)	販売価格差異	−	120,000 円		
(2)	販売数量差異	+	1,000,000 円		
	売上高差異	+	880,000 円		
(3)	標準売上原価数量差異	−	440,000 円		
(4)	販売費差異	−	166,000 円	+	274,000 円
3	製造活動に関する差異				
(1)	材料価格差異	−	24,500 円		
(2)	材料数量差異	−	25,000 円		
(3)	賃率差異	−	25,000 円		
(4)	時間差異	−	15,000 円		
(5)	変動製造間接費予算差異	−	5,500 円		
(6)	固定製造間接費予算差異	−	20,000 円		
(7)	製造間接費能率差異	−	45,000 円		
(8)	製造間接費操業度差異	+	100,000 円	−	60,000 円
4	一般管理活動に関する差異			−	20,000 円
5	実績営業利益			1,394,000 円	

▶ この場合、各差異がそれぞれの活動の責任者によって管理可能か否かを分析することで、経営管理者にとってより役立つ情報となります。

トレーニング I 　Ch8　問題 7 へ

Section

3 販売数量差異の細分化

重要度

若者の "〇〇離れ" が話題になっています（クルマ離れ、ブランド離れなど）。ただでさえ少子高齢化が進む中で、若者の需要の減少は各業界にとって大きな問題です。この状況下では、「昔はもっと売れたのに！」とセールスマンをただ叱責することではなく、製品の魅力を強くアピールするなどライバルの他社との競争に勝つための策が重要になってきます。

1 | 市場占拠率差異と市場総需要量差異

Section 2 で学習したように、総額分析での売上高差異は、販売価格差異と販売数量差異に分析されます。

01) 8-17 ページで学習しました。

このような分析結果を次期の予算編成などに役立てるためには、さらにこれらの差異が生じた原因を考える必要があります。

このうち、販売価格差異の原因は比較的単純で、販売責任者にとって管理不能であることが多いでしょう[02]。

02) 例えば、競合他社の値下げに合わせて当社も値下げせざるを得なかったから、などです。

一方、販売数量差異の原因には通常、販売責任者にとって管理不能なものもあれば、管理可能なものもあります[03]。

03) この場合の管理可能性は、責任者の販売能力、販売努力などによって販売数量が変化するかどうかです。

この視点から、販売数量差異をさらに細かく分けたものが、市場占拠率差異と市場総需要量差異です。

駅前のサラリーマン街にあるＮＳ軒の本店は、1杯800円でラーメンを売っています。この地域はラーメン店の激戦区なので、ＮＳ軒本店もいかに多くのお客さんに来てもらうかで、ライバルの他店としのぎを削っています。

初夏のある日、店長は、この街全体の翌日1日のラーメンの販売数量（総需要量）を3,000杯と予想しました。

そして、そのうちの300杯、つまり街全体の10％のシェア（占拠率）を取れると見込んでスープを仕込みました[04]。

04）予算売上高は、＠800円 ×300杯＝240,000円です。

翌日、思わぬ猛暑日となり、この街のラーメン市場は冷え込みました。街全体のラーメンの販売数量は2,000杯と推定され、ＮＳ軒本店の販売数量は220杯（実績売上高176,000円）にとどまってしまいました。

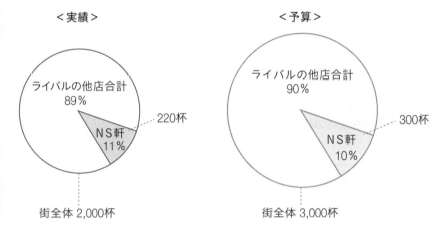

＜実績＞　　　　　　＜予算＞

ライバルの他店合計 89％　　ＮＳ軒 11％　　220杯　　街全体 2,000杯

ライバルの他店合計 90％　　ＮＳ軒 10％　　300杯　　街全体 3,000杯

CHAPTER 8 予算管理

売上高差異は、64,000円の不利差異（＝176,000円−240,000円＝△64,000円）となり、販売価格差異は生じていないので、すべて販売数量差異です。

この販売数量差異、ラーメン80杯分の不利差異に、店長にはどうにもならない、つまり管理不能な差異は含まれていないかを考えてみましょう。

思わぬ猛暑日となったことは店長の責任ではありません。店長には管理できない原因によって、街全体の販売数量が1,000杯も減ってしまったので、その10％[05]の100杯の販売が減って、200杯の販売となったとしても、店長を責めることはできません。

05）予算上のシェアです。

しかし、実績販売数量は220杯です。差の20杯は店長の販売努力で、シェアを予算よりも伸ばしたことを示しています[06]。よって、店長の業績を測定するさいには、この20杯分の16,000円を有利差異として、プラスの業績と考えるべきです。

06）暑い中、店頭で「冷房効いてますよ～」と大声で呼込みをした結果、シェアの実績が11％となりました（220÷2,000＝11％）。

以上をまとめると、次のようになります。

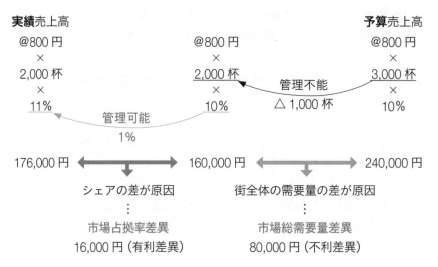

市場占拠率差異
16,000 円（有利差異）

市場総需要量差異
80,000 円（不利差異）

●市場占拠率差異

　販売数量差異のうち、当社の市場占拠率[07]が予算と実績とで異なったことによる差異です。

07) 市場占有率、マーケット・シェアともいいます。

$$市場占拠率 = \frac{当社の販売数量}{販売する製品の市場全体の総需要量（販売数量）} [08]$$

08) 同じような製品を販売する競合他社の販売数量も含めた合計です。

●市場総需要量差異

　販売数量差異のうち、市場全体の総需要量が予算と実績とで異なったことによる差異です。

次の問題でこれらの差異を計算してみましょう。

Q ᒡ-ᒻ │ **市場占拠率差異と市場総需要量差異** │

当社は直接実際原価計算を採用している。次の資料にもとづいて、総額分析 (項目別分析) により営業利益差異を分析しなさい。不利差異には「－」、有利差異には「＋」を付すこと。

📋 **資料**

	予　算	実　績
Ⅰ　売　上　高	＠800円 × 500個 = 400,000円	＠780円 × 600個 = 468,000円
Ⅱ　変　動　費		
変動売上原価	＠350円 × 500個 = 175,000円	＠350円 × 600個 = 210,000円
変動販売費	＠120円 × 500個 = 60,000円	＠125円 × 600個 = 75,000円
貢　献　利　益	165,000円	183,000円
Ⅲ　固　定　費	80,000円	95,000円
営　業　利　益	85,000円	88,000円

	予　算	実　績
市場総需要量	4,000個	5,000個
市場占拠率	12.5%	12%

8

予算管理

A ᒡ-ᒻ │ **解答** │

営業利益差異　＋　3,000　円

（内訳）

売上高差異

　販売価格差異　　　　　　　　　　　－　12,000 円

　販売数量差異

　　市場占拠率差異　　　－　20,000 円

　　市場総需要量差異　　＋ 100,000 円　＋　80,000 円

変動売上原価差異　　　　　　　　　　－　35,000 円

変動販売費差異　　　　　　　　　　　－　15,000 円

固定費差異　　　　　　　　　　　　　－　15,000 円

　合　計　　　　　　　　　　　　　　＋　3,000 円

1. 売上高差異

売上高差異は、次のようなボックスで計算すると効率的です。

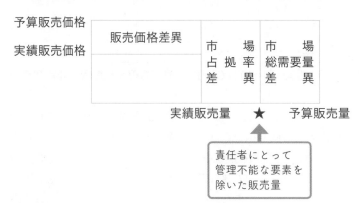

販売数量差異を市場占拠率差異と市場総需要量差異に細分化すると、左側が市場占拠率差異、右側が市場総需要量差異になります。

そして、この２つに細分化するために、実績販売量と予算販売量の間には、実績販売量から責任者にとって管理不能な要素を除いた販売量を置きます。

責任者にとって、市場総需要量の変化は管理不能、市場占拠率の変化は管理可能なので、責任者にとって管理不能な要素を除いた販売量は次のように計算します。

管理不能な要素を除いた販売量（★）＝ 実績市場総需要量 × 予算市場占拠率

以上より、市場占拠率差異と市場総需要量差異の計算式は次のようになります。

市場占拠率差異 ＝ 予算販売価格 ×（実績販売量 － ★）
市場総需要差異 ＝ 予算販売価格 ×（★ － 予算販売量）

予算販売価格 @800 円

実績販売価格 @780 円

販売価格差異 △ 12,000 円		
	市場占拠率差異 △ 20,000 円	市場総需要量差異 ＋ 100,000 円

実績販売量　　管理不能な要素を　　予算販売量
　600 個　　　除いた販売量　　　　500 個
　　　　　　　　625 個

管理不能な要素を除いた販売量：5,000 個（実績市場総需要量）× 12.5%（予算市場占拠率）
　　　　　　　　　　　　　　　　　= 625 個

販 売 価 格 差 異：(@780 円－@800 円)× 600 個 ＝ △ 12,000 円（不利差異）
市 場 占 拠 率 差 異：@800 円×（600 個－ 625 個）　 ＝ △ 20,000 円（不利差異）
市場総需要量差異：@800 円×（625 個－ 500 個）　 ＝ ＋ 100,000 円（有利差異）

2. 変動売上原価差異

175,000 円 − 210,000 円＝△ 35,000 円（不利差異）

3. 変動販売費差異

60,000 円 − 75,000 円＝△ 15,000 円（不利差異）

4. 固定費差異

80,000 円 − 95,000 円＝△ 15,000 円（不利差異）

２ | セールス・ミックス差異と総販売数量差異

▶▶　生産販売する製品が１種類のみであれば、販売数量差異の細分化についての検定試験対策は、１で学習した市場占拠率差異と市場総需要量差異で十分です。

▶▶　しかし、生産販売する製品がたった１種類というのは現実的ではなく、検定試験でも２種類以上の製品を生産販売しているときの分析が問われることがあります。

　２種類以上の製品がそれぞれまったく異なる種類の製品であれば、それぞれ別々に１の市場占拠率差異と市場総需要量差異を計算するだけのことです [09]。

09) そのような出題パターンは過去の試験では見受けられません。

▶▶　これから学習するのは、２種類以上の製品が同種の製品で、同じ市場で販売されているケースです。

▶▶　このケースでは、ある製品の販売量がその他の製品の販売量に影響 [10] するので、ある製品だけの販売数量差異だけを単独で見てもあまり意味がありません。

10) ある製品がよく売れる（ある製品のセールス・ミックスの割合が高くなる）と、その分他の製品が売れないということです。

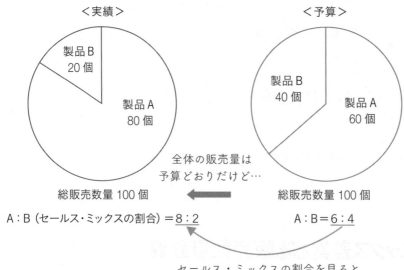

<実績>

製品B 20個

製品A 80個

総販売数量 100 個

A:B(セールス・ミックスの割合)＝8:2

<予算>

製品B 40個

製品A 60個

総販売数量 100 個

A:B＝6:4

全体の販売量は
予算どおりだけど…

セールス・ミックスの割合を見ると
製品Aがよく売れた！（その分製品Bが売れなかった）

▶ この視点から、販売数量差異をさらに細かく分けたものが、セールス・ミックス差異と総販売数量差異です。

▶ ＮＳ軒の本店は、7月某日に1日限定で「冷やし中華始めました！キャンペーン」を実施することになりました。

その日は、冷やし中華とラーメンの2本立てで勝負です。店長は、この日の予算売上高を次のように設定しました。平均客単価は、650円[11]になる予定です。

11) 260,000円（予算売上高）
÷ 400 杯＝@ 650 円

メニュー	販売価格	販売数量	セールス・ミックス割合	売上高
冷やし中華	600 円	300 杯	75%	180,000 円
ラーメン	800 円	100 杯	25%	80,000 円
		400 杯		260,000 円

▶ いよいよ当日、キャンペーンは盛況のうちに終了しました。早速、売上データを集計してみると…。

メニュー	販売価格	販売数量	セールス・ミックス割合	売上高
冷やし中華	600 円	350 杯	70%	210,000 円
ラーメン	800 円	150 杯	30%	120,000 円
		500 杯		330,000 円

▶ 売上高差異（すべて販売数量差異）は、70,000円（= 330,000 円 - 260,000 円）の有利差異です。

もちろん、店長はこれで満足したわけではなく、今後の営業のために、この有利差異の内容をチェックしたいと考えています。以下はチーフアルバイトのS君との会話です。

店長：「今日は、本当におつかれさま！おかげで目標以上の売上げがあったよ」
S君：「いつもより忙しかったけど、多くのお客さんに来てもらえて嬉しかったです」
店長：「ところで、この売上データなんだけど、売上高差異は70,000円の有利差異だよね？」
S君：「そうですね。えっ、臨時ボーナスですか？♪」
店長：「まぁ、それも考えておこう。それより気になるのは、予算上の平均客単価は650円だから、100杯多く売れたなら、65,000円の有利差異にならないのかな？」
S君：「それは、ラーメンが思いの他売れたからですよ。セールス・ミックス割合を見てください。予算では、全体の25％のお客さんがラーメンを注文する見込みでしたが、実績では30％ものお客さんが注文しています」
店長：「冷やし中華を特別価格で出したけど、常連さんはうちの伝統のラーメンを注文してくれたってところか」
S君：「そのおかげで、平均客単価が660円になった [12] ので、有利差異がさらに5,000円増えた [13] のではないかと」
店長：「なるほど。今後も、ラーメンは大事にしていかないとな」

12) 330,000円（実績売上高）
÷500杯＝@660円
平均客単価が@10円アップしたのは、思いの他売れたラーメンの方が販売価格が高いからです。

13) @10円×500杯＝5,000円

店長は今回のキャンペーンでの販売数量について、次のようにまとめてみました。

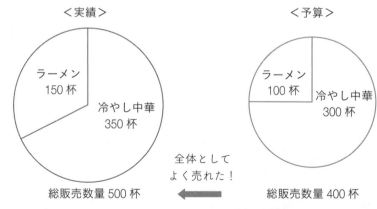

＜実績＞
ラーメン 150杯
冷やし中華 350杯
総販売数量 500杯
冷やし中華：ラーメン＝70％：30％

＜予算＞
ラーメン 100杯
冷やし中華 300杯
総販売数量 400杯
冷やし中華：ラーメン＝75％：25％

全体としてよく売れた！

セールス・ミックスの割合を見るとラーメンがよく売れた！

これをもとに、冷やし中華とラーメンのそれぞれについて、セールス・ミックス差異と総販売数量差異を考えてみましょう。

●セールス・ミックス差異

販売数量差異のうち、各製品のセールス・ミックスの割合が予算と実績とで異なったことによる差異です。

●総販売数量差異

販売数量差異のうち、総販売数量（各製品の販売数量合計）が予算と実績とで異なったことによる差異です。

冷やし中華の分の計算について、ボックスで示すと次のようになります。

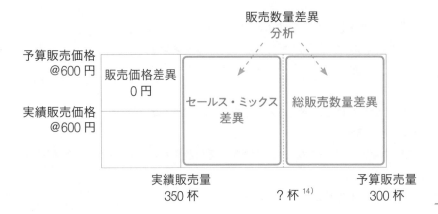

14) ここを何杯とするかがポイントです。

最初は、冷やし中華についてです[15]。

15) 製品別にそれぞれの差異を計算します。

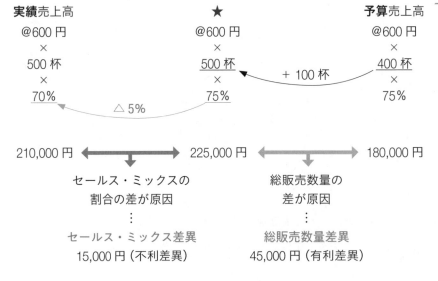

⟫　まずは、全体として予算よりも 100 杯多く売れたことから、その 75%の 75 杯分を総販売数量差異として計算します。

⟫　上記の 75%は予算上のセールス・ミックス割合 [16] です。これは、お客さんが多く来店してくれたことの影響を純粋に分析するためで、実績のセールス・ミックス割合が予算と異なることは、セールス・ミックス差異として分析します。

16) 平均客単価を@ 650 円と考えて計算することを意味します。

●総販売数量差異（冷やし中華）

$$= @600 円 × (\underline{375 杯} - \underline{300 杯}) = + 45,000 円$$

　　　　　　　　　　★　　　　　　予算
　　　　　　　（500 杯 × 75%）（400 杯 × 75%）

⟫　次に、冷やし中華が思いの他売れなかった、つまりセールス・ミックス割合が予算より低かったことをセールス・ミックス差異として計算します。

●セールス・ミックス差異（冷やし中華）

$$= @600 円 × (\underline{350 杯} - \underline{375 杯}) = △ 15,000 円$$

　　　　　　　　　実績　　　　　★
　　　　　　　（500 杯 × 70%）（500 杯 × 75%）

⟫　ラーメンについての差異も同じように計算します。

●総販売数量差異（ラーメン）

$$= @800 円 × (\underline{125 杯} - \underline{100 杯}) = + 20,000 円$$

　　　　　　　500 杯 × 25%　　予算
　　　　　　　　　　　　　（400 杯 × 25%）

●セールス・ミックス差異（ラーメン）

$$= @800 円 × (\underline{150 杯} - \underline{125 杯}) = + 20,000 円$$

　　　　　　　　実績　　　500 杯× 25%
　　　　　　（500 杯 × 30%）

⟫　総販売数量差異の合計は 65,000 円の有利差異です。これは、先ほどの会話の中で店長が予算上の平均客単価 @650 円から計算した金額です。

⟫　また、セールス・ミックス差異の合計は 5,000 円の有利差異です。これは、S 君が説明した平均客単価のアップによる金額です。

⟫　次の問題で、セールス・ミックス差異と総販売数量差異をボックスを用いて計算してみましょう。

Q ３-２ | **セールス・ミックス差異と総販売数量差異** |

　当社は、容量の異なる３種類のペットボトルの飲料水（製品Ａ、Ｂ、Ｃ）を製造・販売しており、営業利益差異について、総額分析（項目別分析）を行っている。次の資料にもとづいて各問に答えなさい。なお、不利差異には「－」、有利差異には「＋」を付すこと。

📖 **資料**

1. 当年度の予算

製品種類	販売単価	販売数量	セールス・ミックス	売　上　高
製品Ａ	90 円	750,000 本	50%	67,500 千円
製品Ｂ	110 円	600,000 本	40%	66,000 千円
製品Ｃ	130 円	150,000 本	10%	19,500 千円
合　　計		1,500,000 本	100%	153,000 千円

2. 当年度の実績

製品種類	販売単価	販売数量	セールス・ミックス	売　上　高
製品Ａ	88 円	792,000 本	55%	69,696 千円
製品Ｂ	105 円	432,000 本	30%	45,360 千円
製品Ｃ	124 円	216,000 本	15%	26,784 千円
合　　計		1,440,000 本	100%	141,840 千円

問１　各製品の売上高差異について、販売価格差異と販売数量差異に分析しなさい。

問２　問１の販売数量差異を、さらにセールス・ミックス差異と総販売数量差異に分析しなさい。

A ３-２ | **解答** |

問１

製品種別	販売価格差異	販売数量差異
製品Ａ	－　　1,584 千円	＋　　3,780 千円
製品Ｂ	－　　2,160 千円	－　18,480 千円
製品Ｃ	－　　1,296 千円	＋　　8,580 千円
合　　計	－　　5,040 千円	－　　6,120 千円

問２

製品種別	セールス・ミックス差異	総販売数量差異
製品Ａ	＋　　6,480 千円	－　　2,700 千円
製品Ｂ	－　15,840 千円	－　　2,640 千円
製品Ｃ	＋　　9,360 千円	－　　　780 千円
合　　計	－　　　　0 千円	－　　6,120 千円

製品種類別に、次のようなボックスで計算すると効率的です。

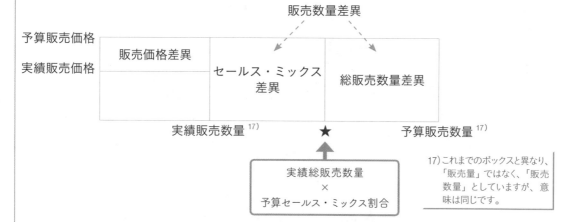

$$\text{セールス・ミックス差異} = \text{予算販売価格} \times (\text{実績販売数量} - ★)$$
$$\text{総 販 売 数 量 差 異} = \text{予算販売価格} \times (★ - \text{予算販売数量})$$

17)これまでのボックスと異なり、「販売量」ではなく、「販売数量」としていますが、意味は同じです。

【製品 A】

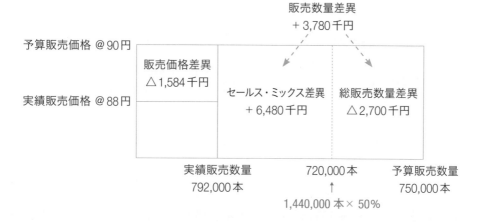

販 売 数 量 差 異：@90円×（792,000本－750,000本）＝＋3,780千円（有利差異）
セールス・ミックス差異：@90円×（792,000本－720,000本）＝＋6,480千円（有利差異）
総 販 売 数 量 差 異：@90円×（720,000本－750,000本）＝△2,700千円（不利差異）

【製品B】

販売数量差異：@110円×（432,000本－600,000本）＝△18,480千円（不利差異）
セールス・ミックス差異：@110円×（432,000本－576,000本）＝△15,840千円（不利差異）
総販売数量差異：@110円×（576,000本－600,000本）＝△ 2,640千円（不利差異）

【製品C】

販売数量差異：@130円×（216,000本－150,000本）＝＋8,580千円（有利差異）
セールス・ミックス差異：@130円×（216,000本－144,000本）＝＋9,360千円（有利差異）
総販売数量差異：@130円×（144,000本－150,000本）＝△ 780千円（不利差異）

⇨　店長とS君の会話の続きです。

S君：「それはそうと、店長がいつも分析している市場占拠率差異と市場総需
　　　要量差異の計算はこれからですか？」
店長：「え？」
S君：「予算よりも100人も多くのお客さんが来てくれました。ということは、
　　　その分、ライバル店のお客さんを減らしたのか、そもそも今日この街
　　　で外食する人が多かったのか…」
店長：「なるほど！ そこまで考えると、今日のキャンペーンの効果や今後の営
　　　業方針がより具体的になってくるね。ところで、どうしてそんなに会
　　　計に詳しいの？」
S君：「日商簿記1級に合格してますからねぇ✧」
店長：「よし、臨時ボーナスを出そう！今後もよろしく！」

⇨　予算よりも100人も多くのお客さんが来てくれたことについては、先ほど
65,000円の有利差異の総販売数量差異として計算しています。

⇨　総販売数量は市場占拠率と市場総需要量によって決まるので、総販売数量差
異をさらに市場占拠率差異と市場総需要量差異に細分化することがあります。

販売数量差異 → セールス・ミックス差異と総販売数量差異に分析

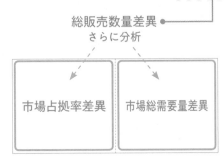

Q ｜ ３-３ ｜ 総販売数量差異の細分化

　次の資料にもとづいて、【Q３-２】で計算した総販売数量差異を、市場占拠率差異と市場総需
要量差異に分析しなさい。なお、各差異は製品種類別ではなく、全社的な金額を計算すること。また、
不利差異には「−」、有利差異には「＋」を付すこと。

📄 資料
　　予算市場占拠率　55％
　　実績市場占拠率　60％

A |ヨ-ヨ | 解答 |

市場占拠率差異　　＋ 12,240 千円
市場総需要量差異　－ 18,360 千円

💡 |ヨ-ヨ | 解説 |

1. 市場総需要量

まずは、実績の市場総需要量[18]を計算します。

実績市場総需要量：1,440,000 本（実績販売数量合計）÷ 60％
= 2,400,000 本

18）3 種類の製品についての合計です。

2. 加重平均販売価格

市場占拠率差異と市場総需要量差異について、製品種類別ではなく、全社的な金額が問われているため、予算セールス・ミックス割合にもとづく加重平均販売価格を用いて計算します。

加重平均販売価格：

153,000 千円（予算売上高合計）÷ 1,500,000 本（予算販売数量合計）
= @102 円[19]

または、各製品の個別のデータから次のように計算します。

@90 円（製品A）× 50％ ＋ @110 円（製品B）× 40％
＋ @130 円（製品C）× 10％ = @102 円

19）(@ 90 円 ＋ @ 110 円 ＋ @ 130 円）÷ 3 ＝@ 110 としないように。これは、加重平均ではなく、単純平均です。

3. 市場占拠率差異と市場総需要量差異

すでに学習したボックスに沿って計算します[20]。

20）8−52ページ参照。

加重平均販売価格
@102 円

市場占拠率差異	市場総需要量差異
＋ 12,240 千円	△ 18,360 千円

実績総販売数量　　　管理不能な要素を　　　予算総販売数量
1,440,000 本　　　除いた総販売数量　　　1,500,000 本
　　　　　　　　　　1,320,000 本

管理不能な要素を除いた販売数量：2,400,000 本（実績市場総需要量）× 55％（予算市場占拠率）
= 1,320,000 本

市場占拠率差異：@102 円×（1,440,000 本 − 1,320,000 本）= ＋ 12,240 千円（有利差異）

市場総需要量差異：@102 円×（1,320,000 本 − 1,500,000 本）=△ 18,360 千円（不利差異）

▶▶ ▎2 ▏で学習してきた差異分析を流れ図にまとめると、次のようになります。

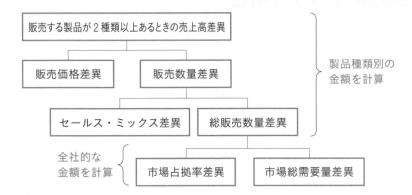

▶▶ この場合の市場占拠率差異と市場総需要量差異を、製品種類別に計算することも可能です。

▶▶ しかし、通常は全社的な金額を計算します。製品が2種類以上あるといっても、それらは同種の製品で同じ市場で販売する製品なので、すべての製品をまとめて分析した金額の方がよりわかりやすく、意味のあるデータとなることが多いからです。

∃ │ 純額分析（要因別分析）の場合

▶▶ 　販売数量差異の細分化についてのこれまでの内容は、すべて総額分析（項目別分析）のもとでの売上高差異を出発点にしたものでした。

▶▶ 　純額分析（要因別分析）のもとでも、市場占拠率差異、市場総需要量差異、セールス・ミックス差異、総販売数量差異の基本的な考え方は変わりません。

▶▶ 　例えば、直接原価計算を採用しているときの市場占拠率差異と市場総需要量差異を計算するボックスは、次のようになります。

▶▶ 　純額分析でのポイントは、販売量の差に掛けるのは予算販売価格ではなく、予算上の単位あたりの貢献利益であることです。

▶▶ 　また、直接原価計算を採用しているときのセールス・ミックス差異と総販売数量差異を計算するボックス（製品種類別）は、次のようになります。

トレーニングⅠ　Ch8　問題8～12へ

Chapter 9

セグメント別損益計算

Point

　この Chapter では、企業の損益計算を製品ごとや事業部ごとに分けて行うというセグメント別損益計算を学習します。

　特に事業部別の損益計算では、各事業部が会社全体にどれほど貢献しているかと、事業部長個人の業績がどうだったかは別々に考える必要があります。

用語集

セグメント
製品種類別、販売地域別、事業部別などで区分した企業の収益単位のこと

個別固定費
どのセグメントで発生したかが明らかな固定費

共通固定費
各セグメントに共通して発生した固定費

セグメントマージン
各セグメントの貢献利益から個別固定費を差し引いて計算された利益であり、各セグメントが企業全体の利益獲得にどれだけ貢献したのかを表す

事業部制組織
社長の下に事業部を設け、各事業部が独立採算を前提として製造、販売、財務などの職能をすべて担当する組織

投下資本利益率
投下資本に対する利益の比率であり、投資の収益性を表す

残余利益
損益計算書上の利益額から、それを得るために要した資本コストを差し引いて計算される利益

経済的付加価値
残余利益の一種で、効率的な経営によって株主にとっての企業価値（株主価値）を増大させることを重視した業績測定の尺度

内部振替価格
供給事業部から受入事業部に部品を引き渡すなど、事業部間における内部振替取引で用いられる取引価格

市価基準
事業部間で振り替えられる部品などの市場価格にもとづいて内部振替価格を設定する方法

原価基準
事業部間で振り替えられる部品などの原価にもとづいて内部振替価格を設定する方法

1 セグメント別損益計算

> セグメント別損益計算も、直接原価計算によって行うことが適しています。それは、各セグメントの会社全体に対する貢献度を貢献利益によって測ることができるからです。ただし、その貢献利益は、売上高から変動費だけでなく固定費も差し引いて計算する必要がある場合があります。「それって営業利益じゃないの??」と思いましたよね。どういうことか、見ていきましょう。

1 セグメント別損益計算の基礎知識

▶ セグメントとは、製品種類別、販売地域別、事業部別[01]などで区分した企業の収益単位のことです。

01) 事業部について、詳しくはSection 2 で学習します。

▶ このセグメント別の損益計算を直接原価計算によって行うことで、企業全体についての短期利益計画のためのCVP分析を行うことができるようになります。

▶ また、セグメント別の利益が明らかになるため、各セグメントの業績測定や意思決定に役立つ情報を得ることができるようになります。

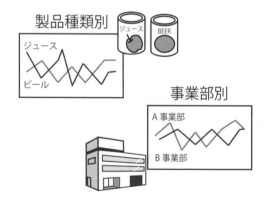

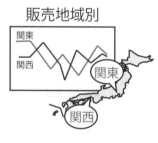

2 | セグメント別の損益計算書

▶▶ セグメント別の損益計算書を、例えば製品種類別に作成すると次のように
なります。

製品種類別損益計算書 （単位：千円）

	A製品	B製品	合　計
Ⅰ　売　上　高	1,000	2,000	3,000
Ⅱ　変動売上原価	600	1,000	1,600
変動製造マージン	400	1,000	1,400
Ⅲ　変動販売費	100	150	250
貢　献　利　益	300	850	1,150
Ⅳ　固　定　費			
1.　固定製造原価			700
2.　固定販売費・一般管理費			300
営　業　利　益			150

▶▶ A製品の貢献利益は300千円、B製品の貢献利益は850千円と別々に計算
されています。
　　そして、その合計1,150千円が企業全体の貢献利益であり、当期の固定費
合計1,000千円の全額を回収して、150千円の営業利益を得られたことが示
されています。

▶▶ A製品とB製品の貢献利益率をそれぞれ計算してみましょう。

$$A製品の貢献利益率 = \frac{300\ 千円（貢献利益）}{1,000\ 千円（売上高）} = 30\%$$

$$B製品の貢献利益率 = \frac{850\ 千円（貢献利益）}{2,000\ 千円（売上高）} = 42.5\%$$

▶▶ よって、B製品の方が貢献利益率は高く収益性が高いため、B製品の生産
販売に力を入れると効率的に企業全体の利益を増やせることがわかります。

▶▶ A製品については、どうでしょうか？ 確かに、A製品の貢献利益率はB製
品に劣りますが、300千円のプラスの貢献利益を得ることができています。

▶▶ 結果として、A製品の売上を減らさないとB製品の売上を増やすことがで
きないといった状況でない限り、A製品の生産販売は今後も継続すべきです。

⏩ 次の問題を見ていきましょう。

Q | 1-1 | セグメント別の損益計算書

当社は製品Ａ、Ｂ、Ｃの３種類の製品を製造・販売している。以下の資料にもとづいて、各問に答えなさい。

📋 **資料**

1. 当期の製品種類別の損益計算書

製品種類別損益計算書　　　　　　（単位：千円）

	製品Ａ	製品Ｂ	製品Ｃ	合　計
Ⅰ　売　上　高	1,000	2,000	1,500	4,500
Ⅱ　売上原価	700	1,500	1,350	3,550
売上総利益	300	500	150	950
Ⅲ　販売費・一般管理費	200	300	250	750
営　業　利　益	100	200	△ 100	200

2. 製品種類別の変動費

（1）上記の損益計算書の売上原価に含まれる固定製造原価

製品Ａ	製品Ｂ	製品Ｃ
300 千円	600 千円	500 千円

これらは、各製品に共通に発生する固定製造間接費の実際配賦額である。

（2）上記の損益計算書の販売費・一般管理費に含まれる変動販売費

製品Ａ	製品Ｂ	製品Ｃ
100 千円	200 千円	150 千円

他の販売費・一般管理費はすべて各製品に共通に発生する固定費であり、各製品に均等に配賦している。

3. その他

期首・期末に仕掛品・製品の在庫はない。

問1　直接原価計算によるセグメント別（製品種類別）の損益計算書を作成しなさい。なお、各製品に共通して発生する固定費は各製品に配賦しない。

問2　資料１の損益計算書を見た社長から、「製品Ｃは赤字じゃないか。この製品の生産販売を止めてはどうか？」との提言があった。製品Ｃの生産販売を中止すべきかどうかを判断しなさい。

問 1

製品種類別損益計算書　　　　（単位：千円）

	製品 A	製品 B	製品 C	合　計
Ⅰ　売　上　高	1,000	2,000	1,500	4,500
Ⅱ　変動売上原価	400	900	850	2,150
変動製造マージン	600	1,100	650	2,350
Ⅲ　変動販売費	100	200	150	450
貢　献　利　益	500	900	500	1,900
Ⅳ　共通固定費				
1. 固定製造原価				1,400
2. 固定販売費・一般管理費				300
営　業　利　益				200

問 2

　製品 C の生産販売によって 500 千円の貢献利益が得られているため、それを中止すると、企業全体の営業利益が 500 千円減少し、300 千円の営業損失となってしまう。したがって、製品 C の生産販売は中止すべきで　ない　。

🔘 | 1-1 | 解説 |

問 1

　問題資料のセグメント別損益計算書は全部原価計算にもとづくものです。よって、Ⅱの売上原価やⅢの販売費・一般管理費には、各製品に配賦された共通の固定費が含まれています。

　そこで、各製品の変動費と共通の固定費を分けて把握して、直接原価計算によるセグメント別損益計算書を作成します。

1. 各製品の変動売上原価

　　製品 A：700 千円（売上原価）− 300 千円（固定製造間接費の配賦額）= 400 千円

　　製品 B、製品 C も同様に計算します。

　　製品 B：1,500 千円 − 600 千円 = 900 千円　　　製品 C：1,350 千円 − 500 千円 = 850 千円

2. 各製品に共通の固定費

（1）固定製造原価：300 千円 + 600 千円 + 500 千円 = 1,400 千円[02]

（2）固定販売費・一般管理費：

　　　750 千円（販売費・一般管理費合計）− 450 千円（変動販売費合計）= 300 千円

02）各製品への実際配賦額の合計が当期の実際発生額です。

問 2

　本問の固定製造間接費や固定販売費・一般管理費は、各製品に共通して発生する固定費なので、たとえ製品 C の生産販売を中止しても、その発生額は変化しません[03]。

　このような固定費も含めて計算されたセグメント別の利益には、本問の社長の提言のように、誤った業績測定や意思決定につながりやすいという欠点があります。

03）意思決定会計上の無関連原価です。

トレーニング I　Ch9　問題 1 へ

∃ 固定費の段階的差引計算

▶ 【Q1-1】の固定費は、すべて各セグメント（各製品）に共通して発生する固定費でした。このような固定費を共通固定費といいます。

▶ 固定費には、そのような共通固定費だけでなく、あるセグメントにだけ発生したことが明らかな個別固定費があります。

> 個別固定費 … どのセグメントで発生したかが明らかな固定費 [04]
> 共通固定費 … 各セグメントに共通して発生した固定費 [05]

04) 製品種類別の損益計算では、ある製品のためだけの製造機械の減価償却費など。

05) すべての製品の生産に使用される機械や本社建物の減価償却費、全社的な広告費など。

▶ セグメント別損益計算書では、個別固定費と共通固定費を段階的に差し引くことによって、セグメントマージンを示すことができます。

セグメントマージンは、各セグメントが企業全体の利益獲得にどれだけ貢献したのか、その貢献度を表す利益です。

製品種類別損益計算書			（単位：千円）
	A 製品	B 製品	合 計
売 上 高	1,000	2,000	3,000
変動売上原価	600	1,000	1,600
変動製造マージン	400	1,000	1,400
変動販売費	100	150	250
貢 献 利 益	300	850	1,150
個別固定費	**150**	**550**	**700**
製品貢献利益	150	300	450
共通固定費			**300**
営 業 利 益			150

段階的差引 ↓

セグメントマージン

▶ この損益計算書は、9-3 ページの損益計算書の固定費のうち 700 千円が個別固定費、残りの 300 千円が共通固定費であったとして、各製品のセグメントマージン（製品貢献利益）[06] を示したものです。

06) 損益計算書上は、セグメントの内容に応じて「○○貢献利益」と示すことが一般的です。

▶ B 製品は A 製品の 3 倍近い貢献利益を得ていますが、セグメントマージンでは 2 倍に留まっていることがわかります。

▶ 個別固定費は、それが発生したセグメントが全額を負担すべきです。よって、各セグメントの業績は貢献利益から個別固定費を差し引いて計算されるセグメントマージンによって測定されるべきです [07]。

07)【Q1-1】のような意思決定も、セグメントマージンにもとづくべきです。いかに貢献利益が高くても、それ以上に個別固定費が高ければ、企業全体への貢献はマイナスだからです。

4 | 個別固定費の分類

⟫ ここで、個別固定費についてもう少し詳しく見ていきましょう。

⟫ まずは用語の整理を兼ねて、変動費と固定費の分類からです。
　２級で学習したように、この分類は操業度（活動量）との関連における分類で、操業度に応じて変化する原価が変動費、操業度にかかわらず一定額が発生する原価が固定費です。

⟫ この変動費をアクティビティ・コスト（活動原価）、固定費をキャパシティ・コスト（能力原価）[08] と呼ぶことがあります。
　そして、キャパシティ・コストの一種である個別固定費は、次のように分類できます。

08）固定費は製品の生産販売など企業活動のための能力を備える目的の原価だからです。

1．短期利益計画のための分類
　短期利益計画を立てるにあたっては、短期的に発生額を変化させることができる固定費か否かによる分類が役立ちます。

個別固定費 { マネジド・コスト（自由裁量固定費）[09]
　　　　　　 コミッテッド・コスト（拘束固定費）

09）プログラムド・コストともいいます。

マネジド・コストは、その発生額が経営管理者の方針によって短期的に決定される固定費です [10]。コミッテッド・コストは、設備投資などの長期的な意思決定によって発生額が決まってしまう固定費です [11]。

10）例えば、広告費や研究開発費などです。今年はいくら、来年はいくらと臨機応変に決定できる固定費です。

11）例えば、設備の減価償却費や長期契約の賃借料などです。

2．業績測定のための分類
　各セグメントの責任者の業績を測定するためには、その責任者にとって管理可能な固定費か否かによる分類が役立ちます。

個別固定費 { 管理可能個別固定費
　　　　　　 管理不能個別固定費

　ここでの「管理可能」とは、各セグメントの責任者が自らの権限で、内容や金額を決定することができるという意味です [12]。

12）マネジド・コストは管理可能固定費です。また、責任者に設備投資の意思決定の権限があれば、設備投資に関連するコミッテッド・コストも管理可能固定費になります。

Q | 1-2 | 固定費の段階的差引計算 |

　当社は製品 D、E の 2 種類の製品を製造・販売しており、直接標準原価計算を採用している。また、固定費については、各製品の責任者にとって管理可能か否かによって区分している。以下の資料にもとづいて、次期の製品種類別予算損益計算書を作成しなさい。

資料

1. 次期の生産販売量と販売単価

	生産販売量	販売単価
製品 D	2,000 個	@500 円
製品 E	1,500 個	@600 円

2. 変動費の原価標準

	変動製造原価	変動販売費
製品 D	@150 円	@60 円
製品 E	@200 円	@50 円

3. 固定費予算
　⑴　固定製造原価

　　　予算総額は 600,000 円である。

　　　このうちの 20％は製品 D と製品 E の共通固定費、50％は製品 D の個別固定費、残りは製品 E の個別固定費である。

　　　また、上記の個別固定費はいずれもその 30％はマネジド・コストである。残りの 70％はコミッテッド・コストであり、全額管理不能である。

　⑵　固定販売費・一般管理費

　　　予算総額は 200,000 円である。

　　　全額が製品 D と製品 E の共通固定費である。

4. その他

　　共通固定費はすべて管理不能であり、各製品に配賦しないものとする。

A 1-2 | 解答 |

製品種類別予算損益計算書 （単位：円）

		製品 D	製品 E	合　計
Ⅰ	売　上　高	1,000,000	900,000	1,900,000
Ⅱ	変動売上原価	300,000	300,000	600,000
	変動製造マージン	700,000	600,000	1,300,000
Ⅲ	変動販売費	120,000	75,000	195,000
	貢 献 利 益	580,000	525,000	1,105,000
Ⅳ	管理可能個別固定費	90,000	54,000	144,000
	管理可能利益	490,000	471,000	961,000
Ⅴ	管理不能個別固定費	210,000	126,000	336,000
	製品貢献利益	280,000	345,000	625,000
Ⅵ	共通固定費			
	1. 固定製造原価			120,000
	2. 固定販売費・一般管理費			200,000
	営 業 利 益			305,000

1-2 | 解説 |

各製品の個別固定費を、さらに管理可能個別固定費と管理不能個別固定費に分けて計算するケースです。よって、このケースでは、固定費を3段階で差し引くことになります。

1. 管理可能個別固定費と管理可能利益

貢献利益から管理可能個別固定費を差し引いて計算される利益を管理可能利益といいます[13]。管理可能利益の計算要素（損益計算書のⅠ～Ⅳ）がすべてセグメントの責任者にとって管理可能だからです。

[13] 管理可能利益による業績測定について、詳しくはSection 2で学習します。

製品 D の管理可能個別固定費：600,000 円（固定製造原価総額）× 50% × 30% ＝ 90,000 円

製品 E の管理可能個別固定費：600,000 円 × 30% × 30% ＝ 54,000 円

2. 管理不能個別固定費とセグメントマージン

管理可能利益から管理不能個別固定費を差し引いてセグメントマージン（製品貢献利益）を計算します。

製品 D の管理不能個別固定費：600,000 円 × 50% × 70% ＝ 210,000 円

製品 E の管理可能個別固定費：600,000 円 × 30% × 70% ＝ 126,000 円

3. 共通固定費（固定製造原価）

600,000 円 × 20% ＝ 120,000 円

CHAPTER 9 セグメント別損益計算

Section 2 事業部制のもとでの業績測定

> 会社が赤字続きだとまずいですよね。各事業部もそれぞれが独立した会社のようなものなので、ある事業部で発生したすべての収益費用から計算した純損益が赤字続きだと、その事業部の存在意義が問われてしまいます。
>
> でも、それがすべて事業部長の責任かというと話は別です。あくまで会社のトップは社長です。赤字の原因が社長の独断による設備投資だとしたら？

1 企業組織と事業部制

▶ たった一人でラーメン店のＮＳ軒を起業した店主（社長）。最初のうちは、ラーメンの企画・開発、材料の購入、製造、販売、財務と何から何まで一人でこなしていました[01]。

01）それだけ企業規模が小さかったからできたことといえます。

▶ しかし、現在は、日本各地に店舗を構えるほどに企業規模が拡大しており、もちろん一人だけでは立ち行かず、多くの従業員に支えられながら、さらなる事業の拡大を目指して日々奮闘中です。

▶ このような企業規模の拡大は同時に、最初はすべて社長にあった権限をどのように下におろすか、つまり企業をどのような組織で運営していくかを考えなくてはならない局面であることを意味します。

1. 職能別組織

▶ ＮＳ軒では現在、職能別組織といわれる形態を採用しています。
職能別組織とは、社長の下に製造、販売、財務などの職能[02]ごとに部門を設ける組織形態です。

02）仕事の種類、役割といった意味です。

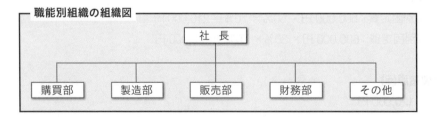

職能別組織の組織図

▶ 職能別組織の各部門は、原価または収益についての責任を負うことになります[03]。

03）企業の組織と会計を結び付けて、各部門の責任に応じた業績測定などを行う制度を責任会計といいます。

⟫　例えば、製造部は製品の製造原価に責任を負うことから、原価（責任）セン
　　ターといわれます。

⟫　このような職能別組織は、部門間で仕事の重複がなく、効率的な経営がで
　　きることや、社長が職能別の部門に直接つながっているため、あらゆる情報
　　を集めての意思決定がしやすいといったメリットがあります。

2. 事業部制組織

⟫　今、ＮＳ軒にはラーメンだけでなく、寿司、イタリアンなどの専門店を展
　　開し、さらに海外に進出する計画があります。
　　　もし、計画が実現すると、現在の職能別組織では様々な問題が生じること
　　になるでしょう[04]。

⟫　このようなときは通常、事業部制組織が採用されます。
　　　事業部制組織とは、社長の下に事業部[05]を設け、各事業部が独立採算を前
　　提として製造、販売、財務などの職能をすべて担当する組織です。

```
┌─ 事業部制組織の組織図 ──────────────────────┐
│                      ┌─────────┐                      │
│                      │  社　長  │                      │
│                      └────┬────┘                      │
│                     ┌──────┴──────┐[06]               │
│                     │  スタッフ部門  │                   │
│                     └─────────────┘                   │
│      ┌──────────────┼──────────────┐              │
│  ┌───┴───┐      ┌───┴───┐      ┌───┴───┐          │
│  │ A事業部 │      │ B事業部 │      │ C事業部 │          │
│  └───────┘      └───┬───┘      └───────┘          │
│          ┌──────┬──────┼──────┬──────┐          │
│      ┌───┴──┐┌──┴──┐┌──┴──┐┌──┴──┐┌──┴──┐      │
│      │購買部││製造部││販売部││財務部││その他│      │
│      └──────┘└─────┘└─────┘└─────┘└─────┘      │
└────────────────────────────────────────────┘
```

⟫　各事業部は、特定の事業に特化して、あたかも一つの会社のように活動し
　　ます。よって、部門間の調整は軽減され、迅速で柔軟な意思決定が可能とな
　　ります。

2 ｜ 業績測定のための損益計算

⟫　各事業部は利益センターとして、事業部の収益と原価の両方に責任を負う
　　ことになる反面、各事業部長には事業に関する多くの権限が与えられます[07]。

⟫　そのため、各事業部や各事業部長の業績を適切に測定する必要があります。

04) 各部門が多種の製品を扱
　うので、部門間の調整が
　難しくなります。また、社
　長がすべての部門の状況
　を完全に把握することは実
　質不可能です。

05) 事業部の単位には、製品
　別、地域別、顧客別など
　があります。

06) 経営企画部、広報部など
　の間接部門です。

07) 各事業部に投資を行うか
　否かの決定の権限も与え
　られている場合、事業部は
　その投資にも責任を負うた
　め、投資センターといわれ
　ます。

CHAPTER
9
セグメント別損益計算

1. 事業部別損益計算書

▶ 前記の業績測定のために、セグメント別損益計算書としての事業部別損益計算書を作成したときの例は、次のようになります。

事業部別損益計算書	A 事業部	B 事業部	（単位：千円）
Ⅰ 売 上 高	5,000	4,000	
Ⅱ 変 動 費	3,000	2,800	
貢 献 利 益	2,000	1,200	
Ⅲ 管理可能個別固定費	500	700	
管理可能利益	1,500	500	事業部長の業績測定のベース
Ⅳ 管理不能個別固定費	500	300	
事業部貢献利益	1,000	200	事業部自体の業績測定のベース
Ⅴ 共通固定費配賦額	300	100	
事業部営業利益	700	100	

▶ まず、貢献利益から管理可能個別固定費[08]を差し引いて、管理可能利益を計算します。管理可能利益の計算要素に注目すると、すべてが事業部長にとって管理可能です。

08) 9-9 ページ参照。

よって事業部長の業績測定は、この管理可能利益にもとづいて行います。

▶ 次に、管理可能利益から管理不能個別固定費[08]を差し引いて、事業部貢献利益 (セグメントマージン) を計算します。

▶ 事業部自体の業績を測定する場合、事業部長にとっての管理可能性は無関係となり、収益や原価がその事業部に跡づけられるか[09]どうかが重要です。

09) 追跡可能性といいます。

▶ よって、その事業部で発生したことが明らかな個別固定費をすべて差し引いて計算される事業部貢献利益にもとづいて業績を測定します。

2. 共通固定費の配賦

▶ 先ほどの事業部別損益計算書では、最後に共通固定費の配賦額を差し引いて、事業部営業利益を計算しています。

▶ 事業部制組織にとっての共通固定費は、本社費[10]などの各事業部に共通して発生した固定費なので、各事業部や各事業部長の業績と直接の関係はありません。

10) 本社による全般的な管理のための費用です。

しかし、共通固定費は各事業部にとっての一種の税金のように考えて配賦すべきとする考え方があり、実際、日本企業の多くは共通固定費を各事業部に配賦しています[11]。

11) 売上高や従業員数などを配賦基準とするケースが多いようです。

3 | 業績測定の尺度

▶▶ 2 で学習したように、事業部自体の業績測定は事業部貢献利益にもとづいて行われ、事業部長の業績測定は管理可能利益にもとづいて行われます。

▶▶ といっても、それらの利益額がそのまま業績測定に用いられるわけではありません。そのままでは投資額との関係が不明なので、適切な測定ができないからです[12]。

12) 事業部の利益も、あくまでその企業が株主などから調達した資本の一部を利用して得られたはずです。

▶▶ そこで、事業部自体や事業部長の業績測定を行うための尺度（指標）として、投下資本利益率や残余利益が用いられます。

1. 投下資本利益率

▶▶ 投下資本利益率（ROI）[13]は、投下資本に対する利益の割合を示します。

13) rate of Return On Investment 投資利益率、資本利益率ともいいます。

$$投下資本利益率 = \frac{利益額}{投資額} \ (\%)$$

▶▶ 各事業部が企業全体の利益に貢献しているといえるためには、この投下資本利益率が資本コスト率を上回っている必要があります[14]。

14) 資本コスト率は、最低所要投下資本利益率を意味します。5-8 ページ参照。

▶▶ また、投下資本利益率は、どれだけの投資額からの利益額なのかという投資の効率性を示すため、投資規模の異なる事業部に関する業績の比較に適しています。

▶▶ 投下資本利益率の計算は、事業部自体と事業部長のどちらの業績を測定するのかにより、計算式の利益額と投資額が次のように変わります。

＜事業部自体の業績測定尺度＞

$$投下資本利益率 = \frac{事業部貢献利益}{事業部総投資額^{15)}} \ (\%)$$

15) その事業部に投下された資本の総額、つまり基本的にはその事業部の資産総額です。

＜事業部長の業績測定尺度＞

$$管理可能投下資本利益率 = \frac{管理可能利益}{管理可能投資額^{16)}} \ (\%)$$

16) 事業部長の権限によって投下された資本の額です。

2. 残余利益

▶▶ 残余利益（RI）[17]とは、損益計算書上の利益額から、それを得るために要した資本コストを差し引いて計算される利益です。

17) Residual Income

$$残余利益 = 利益額 - \underset{資本コスト}{\underline{投資額 \times 資本コスト率}}$$

CHAPTER
9
セグメント別損益計算

▶▶ 各事業部が企業全体の利益に貢献しているといえるためには、この残余利益がプラスである必要があります。

▶▶ 資本コストは、投資によって最低限獲得しなければならない利益額なので、各事業部はそれを上回る利益を獲得しなければならないからです。

▶▶ また、残余利益は率ではなく金額を尺度とするため、各事業部の活動を企業全体の利益が1円でも多くなるように促すことに適しています[18]。

18) 詳しくは、次の 4 で学習します。

▶▶ 残余利益の計算は、事業部自体と事業部長のどちらの業績を測定するかにより、計算式の利益額と投資額が次のように変わります。

＜事業部自体の業績測定尺度＞

　残余利益 ＝ 事業部貢献利益 － 事業部総投資額 × 資本コスト率
　　　　　　　　　　　　　　　事業部総投資額に対する資本コスト

＜事業部長の業績測定尺度＞

　管理可能残余利益 ＝ 管理可能利益 － 管理可能投資額 × 資本コスト率
　　　　　　　　　　　　　　　　　　管理可能投資額に対する資本コスト

Q | 2-1 | 投下資本利益率と残余利益 |

　当社では、3つの事業部を有し、事業部別の損益計算を行っている。また、固定費と投資額については、各事業部長にとって管理可能か否かによって区分している。以下の資料にもとづいて、各問に答えなさい。

📄 **資料**

1. 当期の製品種類別実績損益計算書

（単位：千円）

	D事業部	E事業部	F事業部
Ⅰ 売 上 高	6,000	3,000	3,500
Ⅱ 変 動 費	3,200	1,800	1,900
貢 献 利 益	2,800	1,200	1,600
Ⅲ 管理可能個別固定費	1,450	600	1,000
管理可能利益	1,350	600	600
Ⅳ 管理不能個別固定費	630	100	300
事業部貢献利益	720	500	300
Ⅴ 共通固定費配賦額	250	150	120
事業部営業利益	470	350	180

2. 各事業部における投資額

　D事業部：12,000千円（うち管理可能投資額　9,000千円）

　E事業部：　8,000千円（　　同　上　　6,000千円）

　F事業部：　6,000千円（　　同　上　　5,000千円）

9-14　工業簿記・原価計算 ● テキストⅠ ● 管理会計編

3. その他

(1) 資本コスト率　5%

(2) 共通固定費は、経営者の方針によって配賦されたものであり、各事業部の業績には直接的には関係しない。

問 1　各事業部について、事業部自体の業績測定の尺度としての投下資本利益率と残余利益を求めなさい。また、それぞれの業績測定尺度によった場合、2 番目に業績の良い事業部を答えなさい。

問 2　各事業部について、事業部長の業績測定の尺度としての投下資本利益率と残余利益を求めなさい。また、それぞれの業績測定尺度によった場合、2 番目に業績の良い事業部長を答えなさい。

A 2-1 解答

問 1　事業部自体の業績測定

	投下資本利益率		残余利益	
D 事業部	6	%	120	千円
F 事業部	6.25	%	100	千円
F 事業部	5	%	0	千円

投下資本利益率によって測定した業績が 2 番目に良い事業部　D　事業部

残余利益によって測定した業績が 2 番目に良い事業部　E　事業部

問 2　事業部長の業績測定

	投下資本利益率		残余利益	
D 事業部	15	%	900	千円
E 事業部	10	%	300	千円
F 事業部	12	%	350	千円

投下資本利益率によって測定した業績が 2 番目に良い事業部長　F　事業部

残余利益によって測定した業績が 2 番目に良い事業部長　F　事業部

2-1 解説

問 1　事業部自体の業績測定

1. 投下資本利益率 $= \dfrac{\text{事業部貢献利益}}{\text{事業部総投資額}}$

D 事業部：$\dfrac{720\text{ 千円}}{12{,}000\text{ 千円}} = 0.06 = 6\%$　　E 事業部：$\dfrac{500\text{ 千円}}{8{,}000\text{ 千円}} = 0.0625 = 6.25\%$

F 事業部：$\dfrac{300\text{ 千円}}{6{,}000\text{ 千円}} = 0.05 = 5\%$

⇒ 2 番目に業績の良い事業部 … D 事業部

事業部貢献利益がもっとも大きいのは D 事業部ですが、総投資額がもっとも大きいのも D 事業部です。投資の効率性という点では E 事業部が上回っています。

CHAPTER 9 セグメント別損益計算

2. 残余利益 ＝ 事業部貢献利益 － 事業部総投資額 × 資本コスト率

D事業部：720千円 － 12,000千円× 5% ＝ 120千円

E事業部：500千円 － 8,000千円× 5% ＝ 100千円

F事業部：300千円 － 6,000千円× 5% ＝ 　0千円

⇒2番目に業績の良い事業部 … E事業部

問2　事業部長の業績測定

1. 管理可能投下資本利益率 ＝ $\dfrac{\text{管理可能利益}}{\text{管理可能投資額}}$

D事業部：$\dfrac{1,350\text{千円}}{9,000\text{千円}}$ ＝ 0.15 ＝ 15%　　E事業部：$\dfrac{600\text{千円}}{6,000\text{千円}}$ ＝ 0.1 ＝ 10%

F事業部：$\dfrac{600\text{千円}}{5,000\text{千円}}$ ＝ 0.12 ＝ 12%

⇒2番目に業績の良い事業部 … F事業部

　F事業部の投資額はE事業部の投資額よりも少ないにもかかわらず、E事業部と同額の利益を獲得しています。これは、投資の効率性という点で、F事業部長の手腕が上回っていることを示しています。

2. 管理可能残余利益 ＝ 管理可能利益 － 管理可能投資額 × 資本コスト率

D事業部：1,350千円 － 9,000千円× 5% ＝ 900千円

E事業部： 600千円 － 6,000千円× 5% ＝ 300千円

F事業部： 600千円 － 5,000千円× 5% ＝ 350千円

⇒2番目に業績の良い事業部 … F事業部

トレーニング I　Ch9　問題2へ

参考 ┃ 経済的付加価値

▷ 　残余利益の一種として、経済的付加価値（EVA®）[19] があります。

19) Economic Value Added

経済的付加価値 ＝ 税引後営業利益 － 投資額 × 加重平均資本コスト率

▷ 　経済的付加価値は、効率的な経営によって株主にとっての企業価値（株主価値）を増大させることを重視した業績測定の尺度です[20]。

20) 検定試験対策としては、利益から資本コストを差し引くという残余利益の考え方に沿ったものであることを知っていれば十分と思われますので、経済的付加価値の詳細について深入りする必要はありません。

トレーニング I　Ch9　問題4へ

4 事業部長の業績測定上の問題点

▶▶ 事業部長の業績測定は、管理可能投下資本利益率や管理可能残余利益によって行われます。

▶▶ この場合、事業部長は、自らの業績をアップさせるために管理可能投下資本利益率や管理可能残余利益を高めることを最優先に行動することになります。

ROIを高めるのだ！

▶▶ それは基本的には企業全体の利益にとって望ましい行動です[21]。

21) 例えば、同じ投資額のもとで、投下資本利益率が高くなれば、利益額は大きくなります。

▶▶ しかし、管理可能投下資本利益率のみによって業績を測定する場合には、企業全体の利益に対してマイナスの影響を及ぼすことがあります。それはどのようなときなのか、次の問題で見ていきましょう。

Q | 2-2 | 事業部長の業績測定上の問題点 |

【Q2-1】の資料の翌年度に関する以下の資料にもとづいて、各問に答えなさい。

📋 資料

現在、D事業部には生産能力に余力がある。そこでこの余力を利用して、翌年度より新製品Sを生産販売する案が検討されている。

新製品Sの生産販売について、D事業部長の管理可能投資額は年間1,000千円、管理可能利益額は年間100千円である。

なお、D事業部がこの案を採用しないときの翌年度の損益や投資額は、当年度と同一になるものとする。

問1 事業部長の業績測定尺度が管理可能投下資本利益率であるとする。新製品Sの生産販売案を採用したときのD事業部長の管理可能投下資本利益率を答えなさい。また、D事業部長はこの案を採用するか否かを答えなさい。

問2 事業部長の業績測定尺度が管理可能残余利益であるとする。新製品Sの生産販売案を採用したときのD事業部長の管理可能残余利益を答えなさい。また、D事業部長はこの案を採用するか否かを答えなさい。

A 2-2 |解答|

問1

　管理可能投下資本利益率 ___14.5___ ％

　新製品Sの生産販売案を採用すると管理可能投下資本利益率が ___低く___ なるため、
D事業部長は、当該投資案を ___採用しない___ 。

問2

　管理可能残余利益 ___950___ 千円

　新製品Sの生産販売案を採用すると管理可能残余利益が ___大きく___ なるため、
D事業部長は、当該投資案を ___採用する___ 。

2-2 |解説|

問1

1. 管理可能投下資本利益率

$$\frac{1,350 \text{千円} + 100 \text{千円（新製品Sによる利益の増加）}}{9,000 \text{千円} + 1,000 \text{千円（新製品Sのための投資額の増加）}}$$

$= 0.145 = 14.5\%$

2. D事業部長の判断

　新製品Sの生産販売案を採用すると、管理可能投下資本利益率は14.5％となり、採用しない場合の15％よりも低くなってしまいます。よって、D事業部長は自らの業績が低く測定されることを避けるため、新製品Sの生産販売案を採用しません。

　このD事業部長の判断は、企業にとって望ましい判断といえるでしょうか？
　そこで、新製品Sの生産販売案だけについての投下資本利益率を計算してみましょう。

$$\frac{\text{管理可能利益}}{\text{管理可能投資額}} = \frac{100 \text{千円（新製品Sによる利益）}}{1,000 \text{千円（新製品Sのための投資額）}} = 10\%$$

　すると、資本コスト率の5％を上回っているため、この投資を行うことによって企業としての利益は増加することがわかります。
　よって、D事業部長の判断は、企業の利益を最大化するという目的に反するものといえます。

問2

1. 管理可能残余利益

　1,350千円 + 100千円（利益の増加）－（9,000千円 + 1,000千円（投資額の増加））× 5％
　= 950千円

2. D事業部長の判断

　新製品Sの生産販売案を採用すると、管理可能残余利益は950千円となり、採用しない場合の900千円よりも大きくなります。よって、D事業部長は自らの業績が高く測定されると考えて、新製品Sの生産販売案を採用します。

以上より、事業部長の個人的な判断が企業全体の利益にとっても正しい判断となるためには、管理可能残余利益によって業績を測定する方が適しています。

　事業部長の業績測定にあたっては、投資の効率性を測ることができる管理可能投下資本利益率と管理可能残余利益を併用することも一つの手法といえるでしょう。

トレーニングⅠ　Ch9　問題 3 へ

5 ｜ 内部振替価格

▶▶ 　事業部制組織を採用している企業では、事業部間での内部振替取引が行われることがあります。

　例えば、ある事業部の製品の製造に必要な部品を社内の他の事業部から調達するといった取引です。

▶▶ 　このような内部振替取引での取引価格（部品 1 個あたりの価格など）を内部振替価格といいます[22]。

22) 商業簿記の本支店間の商品取引での振替価格と同じイメージです。

▶▶ 　企業外部からの材料仕入や企業外部への製品販売では、取引価格が契約によって決まります。一方、内部振替価格は社内で設定されるため、いくらでも良い…というわけにはいきません。

▶▶ 　内部振替価格をいくらに設定するかは、事業部の業績測定や事業部に関係する意思決定を行う上で重要だからです。

▶▶ 　内部振替価格の設定方法を大きく分類すると、市価基準と原価基準があります。

1. 市価基準

▶▶ 　市価基準とは、事業部間で振り替えられる部品などの市場価格にもとづいて内部振替価格を設定する方法で、さらに単純市価基準と市価差引基準とがあります。

● 単純市価基準

　市場価格をそのまま内部振替価格とする方法。

● 市価差引基準

　市場価格から販売費を差し引いた金額を内部振替価格とする方法[23]。

23) 供給事業部が部品を外部に販売するときにかかる販売費が、内部振替ではかからないことがあります。この場合の販売費を市場価格から差し引く方法です。

▶ 事業部間で振り替えられる部品などに市場価格がある場合には、市価基準がもっとも適切な方法です。

▶ 例えば、単純市価基準による場合、受入事業部は外部から仕入れるときと同じ価格で供給事業部から調達します。よって、供給事業部での部品の製造原価の影響を受けずに、受入事業部の業績を適切に測定することができます。

▶ 一方、供給事業部では、部品の製造原価によって事業部の利益が増減するため、それによって供給事業部の業績を適切に測定することができます[24]。

<aside>24) 供給事業部と受入事業部の利益がともに適切に計算され、各事業部の企業全体に対する貢献度を測ることができます。</aside>

▶ また、例えば、供給事業部が現在は外部に販売している部品について、受入事業部がその部品を使用して新製品を製造すべきかといった意思決定にさいしても、受入事業部の判断は企業全体としても正しい判断になります[25]。

<aside>25) 供給事業部の利益は変化しませんので、受入事業部の利益が増加するならば、企業全体の利益も増加します。</aside>

Q | 2-3 | 内部振替価格(単純市価基準)

当社のS事業部は部品aを製造し、T事業部に供給している。T事業部は、受け入れた部品aに加工を施して製品Aを製造して外部に販売している。以下の資料にもとづいて、事業部別損益計算書(貢献利益まで)を作成しなさい。

📄 資料

1. 原価標準(部品や製品の1個あたり標準変動製造原価)

<部品a>		<製品A>	
材 料 費	500円	材 料 費	? 円(部品a)
変動加工費	600円	変動加工費	800円
計	1,100円	計	? 円

2. 当期の生産販売データ

S事業部:部品aを100個製造し、全部をT事業部へ供給した。

T事業部:製品Aを100個製造し、全部を外部へ販売した(価格3,000円/個)。

3. その他

(1) 事業部間の内部振替価格は、単純市価基準を採用している。部品aの市価は1,500円/個である。

(2) 製品Aの販売にあたって変動販売費は200円/個である。

A | 2-3 | 解答 |

事業部別損益計算書　　　（単位：円）

		S事業部	T事業部
Ⅰ	売　上　高	150,000	300,000
Ⅱ	変動売上原価	110,000	230,000
	変動製造マージン	40,000	70,000
Ⅲ	変動販売費	—	20,000
	貢　献　利　益	40,000	50,000

2-3 | 解説 |

1. S事業部

売上高：T事業部への内部振替高を売上高として計上します。

　　@1,500円（部品aの市場価格）× 100個 ＝ 150,000円
　　　　　　内部振替価格

変動売上原価：@1,100円（＝@500円（材料費）＋@600円（変動加工費））× 100個
　　　　　　　 ＝ 110,000円

2. T事業部

売上高：@3,000円（製品Aの市場価格）× 100個 ＝ 300,000円

変動売上原価：S事業部からの内部振替高を変動売上原価（材料費分）として計上します[26]。

　　　　@2,300円（＝@1,500円（部品a）＋@800円（変動加工費））× 100個
　　　　＝ 230,000円

変動販売費：@200円× 100個 ＝ 20,000円

26）内部振替高は、供給事業部にとっては収益、受入事業部にとっては原価です。

note CHAPTER 9 side tab

CHAPTER 9 セグメント別損益計算

3. 企業全体

部品aの内部振替は企業の内部取引なので、それを除いて企業全体の損益計算を行うと、次のようになります。

Ⅰ	売　上　高	300,000円	… @3,000円（製品Aの市場価格）× 100個
Ⅱ	変動売上原価	190,000円	… @1,900円* × 100個
	変動製造マージン	110,000円	
Ⅲ	変動販売費	20,000円	
	貢献利益	90,000円	

　＊　@500円（S事業部の材料費）
　　＋@600円（S事業部の変動加工費）
　　＋@800円（T事業部の変動加工費）
　　＝@1,900円

市価基準によると、この企業全体の貢献利益90,000円のうちの40,000円がS事業部に、50,000円がT事業部に、それぞれ適切に配分されているとみることができます。

【Q2-3】の資料3.(1)を次のように変更する。他の資料には変更はないものとして、事業部別損益計算書を作成しなさい(貢献利益まで)。

📄 資料

3. (1) 事業部間の内部振替価格は、市価差引基準を採用している。部品 a の市価は 1,500 円 / 個である。また、部品 a を外部に販売するさいの変動販売費 100 円 / 個は内部振替では生じない。

A | 2-4 | 解答 |

事業部別損益計算書		(単位:円)
	S 事業部	T 事業部
Ⅰ 売 上 高	140,000	300,000
Ⅱ 変動売上原価	110,000	220,000
変動製造マージン	30,000	80,000
Ⅲ 変動販売費	—	20,000
貢 献 利 益	30,000	60,000

💡 | 2-4 | 解説 |

1. 内部振替価格

市価差引基準では、市場価格から内部振替では不要になる変動販売費を差し引いた金額を内部振替価格とします。

内部振替価格:@1,500 円(部品 a の市場価格)- @100 円(部品 a の不要となる変動販売費)
= @1,400 円

2. S 事業部

売上高:T 事業部への内部振替高を売上高として計上します。
@1,400 円 × 100 個 = 140,000 円
内部振替価格

3. T 事業部

変動売上原価:S 事業部からの内部振替高を変動売上原価(材料費分)として計上します。
@2,200 円(= @1,400 円(部品 a)+ @800 円(変動加工費))× 100 個
= 220,000 円

2. 原価基準

▸ 原価基準とは、事業部間で振り替えられる部品などの原価にもとづいて内部振替価格を設定する方法で、原価そのものを内部振替価格とする場合と原価に一定の利益を加算した額を内部振替価格とする場合があります[27]。

▸ さらに、ベースとなる原価についても、全部原価とする場合と変動費のみとする場合があります[28]。以上により、原価基準は次の4つに分類することができます。

● 全部原価基準

全部原価計算による製造原価を内部振替価格とする方法。

● 全部原価加算基準

全部原価計算による製造原価にマーク・アップ率[29]などによる一定の利益を加算した額を内部振替価格とする方法。

● 変動費基準（差額原価基準）

変動製造原価を内部振替価格とする方法。

● 変動費加算基準（差額原価加算基準）

変動製造原価にマーク・アップ率などによる一定の利益を加算した額を内部振替価格とする方法。

27) 原価基準は、部品などの市場価格が得られないときに採用されます。

28) いずれの場合でも、供給事業部での原価管理の良否を受入事業部に影響させないために、実際原価よりも標準原価の方が適切です。

29) 付加利益率を意味します。例えば、原価の10％にあたる金額を利益とするとき、この10％がマーク・アップ率です。

CHAPTER
9
セグメント別損益計算

Q | 2-5 | 内部振替価格（原価基準） |

　当社のＳ事業部は部品ａを製造し、Ｔ事業部に供給している。Ｔ事業部は、受け入れた部品ａに加工を施して製品Ａを製造して外部に販売している。以下の資料にもとづいて、各問に答えなさい。

📄 **資料**

1. 全部原価計算による原価標準（部品ａ1個あたりの標準原価）

材　料　費	500円
変動加工費	600円
固定加工費	900円
計	2,000円

2. 当期の生産販売データ

　Ｓ事業部は、部品ａを100個製造し、全部をＴ事業部へ供給した。

問1　全部原価基準によっている場合の部品ａの内部振替価格を答えなさい。また、当期のＳ事業部の全部原価計算による損益（売上総利益）を答えなさい。なお、標準原価差異は生じていないものとする。

問2　全部原価加算基準によっている場合の部品ａの内部振替価格を答えなさい。なお、標準原価に対するマーク・アップ率は20％である。

A | 2-5 | 解答 |

問1	全部原価基準による内部振替価格	2,000	円
	Ｓ事業部の当期の損益	0	円
問2	全部原価加算基準による内部振替価格	2,400	円

問1　全部原価基準

　全部原価基準では、すべての製造原価（変動製造原価と固定製造原価）を内部振替価格とします。よって、📄 資料1の全部原価計算による原価標準@2,000円が内部振替価格となります。

　仮に供給事業部の全部原価計算による損益を考えると、内部振替価格 ＝ 全部原価であるため、売上高 ＝ 売上原価となり、売上総利益はゼロになります[30]。

　　　　S事業部の損益計算書

Ⅰ　売　上　高　　　　　200,000 円
Ⅱ　売 上 原 価　　　　　200,000 円
　　　売上総利益　　　　　　　 0 円

30) 全部原価基準による場合には、全部原価計算が採用されるというわけではありません。

　例えば、供給事業部のS事業部が原価の引下げに成功し、原価標準を@1,800円に下げたとしても、内部振替価格も@1,800円に下がることになるため、やはり売上総利益がゼロになってしまいます。

　もしもこのような利益額にもとづいてS事業部に関する業績測定が行われるとすると、S事業部は原価を引き下げる動機を失いかねず、企業全体にとっても望ましい状況とはいえません。

　また、全部原価基準による内部振替価格には固定費が含まれているため、それが意思決定上の無関連原価であるとき、受入事業部が判断を誤り、利益の最大化という企業全体の目的に反した行動をしてしまうおそれがあります。

問2　全部原価加算基準

　全部原価加算基準では、すべての製造原価に一定の利益を加算した額を内部振替価格とします。

　　内部振替価格：@2,000円×（1 ＋ 20%）＝@2,400円
　　　　　　　　　　　　　　マーク・アップ率

　この場合には、供給事業部に一定の利益が計上されるため、全部原価基準のように、利益が常にゼロという業績測定上の欠点は解消されます。

CHAPTER **9** セグメント別損益計算

● 変動費基準と変動費加算基準

この問題を利用して、変動費基準と変動費加算基準についても確認しておきましょう。

(1) 変動費基準 (差額原価基準)

変動費基準では、部品の変動製造原価を内部振替価格とします。よって、
📋 **資料1**の原価標準のうち、材料費と変動加工費の原価標準の合計の@1,100円が内部振替価格となります。

この場合の直接原価計算による損益を考えると、内部振替価格＝変動費であるため、供給事業部では売上高＝変動費となり、貢献利益はゼロとなります。

よって、先ほどの全部原価基準と同じように、業績測定上の問題が生じてしまいます。

その反面、変動費基準は差額原価基準ともいわれるように、事業部に関する意思決定との相性は良好です。

例えば、供給事業部の生産能力に余力があり、受入事業部が供給事業部からの部品を使用して新製品を製造すべきかといった意思決定を考えてみましょう。

受入事業部は製品の売上収入を差額収益、部品の内部振替額や製品のための変動加工費を差額原価として、差額利益が生じるようであればその製品を製造すべきと判断するでしょう[31]。この判断では、差額原価が製品を製造するときに生じる変動費のみから計算されており、無関連原価である供給事業部の固定費が混入していません。よってこの判断は、企業全体で考えても正しい判断となります。

31) 受入事業部で追加的な固定費は発生しないことを前提とします。

(2) 変動費加算基準 (差額原価加算基準)

変動費加算基準では、変動製造原価に一定の利益を加算した額を内部振替価格とします。

よって、マーク・アップ率を20%とすると、内部振替価格は

@1,100円 (＝@500円 (材料費) ＋@600円 (変動加工費)) × (1 ＋ 20%)
マーク・アップ率

＝@1,320円
となります[32]。

32) 供給事業部の貢献利益がゼロという業績測定上の欠点は解消されます。

トレーニング I　Ch9　問題5・6へ

Chapter 10

新しい原価計算と 管理会計

Point

　本書の最後の Chapter では、比較的最近に生み出された新しい原価計算、管理会計の手法について学習します。

　財務会計（商業簿記・会計学）で、新たな会計基準が次々と制定されてきているのは、企業取引の多様化、高度化などによるものです。

　管理会計でも、企業環境が変化すれば、新しい手法が生まれてくるのは当然といえるでしょう。

用語集

品質原価計算
製品の品質に関連する原価である品質原価を分析して、どのくらいの品質原価をかけて、どのくらいの品質を確保していくのかを検討するための原価計算

予防原価
不良品の発生を予防するためのコスト

評価原価
不良品を発見するためのコスト

内部失敗原価
出荷前（販売前）に工場内で発見された不良品に関するコスト

外部失敗原価
不良品を出荷してしまったことによるコスト

原価企画
新製品の製造販売に向けて、企画・開発といった製品ライフサイクルの初期段階で目標原価を作り込む活動

許容原価
予定売価から目標利益を差し引いて計算された原価

成行原価
自社の現状の生産方法や設備を前提として見積もられた原価

ライフサイクル・コスト
企画・開発から廃棄に至るまでの製品のライフサイクル全体を通じて発生するコスト

重要度

1 品質原価計算

海外では「Made in Japan」に対する信頼は厚く、日本製品は機能が豊か、不良品が少ない、壊れにくいというのが定評になっていることはご存知ですよね。

しかし、それだけの高品質を保つために、多額のコストをかけてきたわけで、それが日本企業の国際的な競争力の低下につながっている面が指摘されることがあります。

1 企業環境と原価計算

1. 企業環境の変化

▶ 企業は、日々変化する企業環境のもとで活動しています。

日本の高度経済成長期[01]では、多くの製造業の企業では、製品を「作れば作っただけ売れる」という状況でした。そのときは、とにかく製品を大量生産して、製造原価をなるべく低くすることが企業の戦略の中心となっていました。

01) 1950年代から70年代のことです。そんな昔のこと…と思わずに。

▶ しかし、その後の企業環境は大きく変化しています。例えば、
- ・生産技術、情報処理技術の急速な進歩
- ・消費者の価値観、ニーズの多様化
- ・製品のライフサイクル[02]の短縮化
- ・バブルの崩壊

などです。

02) 製品が生まれてから姿を消すまでの期間のことです。

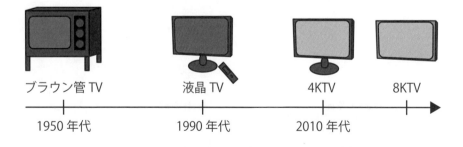

| ブラウン管 TV | 液晶 TV | 4KTV | 8KTV |

| 1950 年代 | 1990 年代 | 2010 年代 |

2. 新しい原価計算と管理会計

▶ 上記のような企業環境の変化が製造業の企業にもたらしたことの一つは、多品種少量生産への移行[03]です。

03) 少品種大量生産からの移行です。

▶▶ 消費者のニーズの多様化に対応するためには多くの種類の製品が必要となり、製品のライフサイクルの短縮化によって大量生産は難しくなりました。また、技術の大幅な進歩が多品種少量生産を可能にしたという面もあります[04]。

04) CAD/CAM、FMS などが有名です。検定試験で問われることはないと思いますが、興味のある方は調べてみましょう。

▶▶ 現代の企業は、多品種少量生産で、かつ高い品質の製品をリーズナブルな価格で消費者に提供しなければ、他のライバル企業との競争に打ち勝つことはできなくなっています。

▶▶ このような状況にあって、原価計算や管理会計の内容は昔と変わらない…ということはもちろんありません。

▶▶ そこで、この Chapter では長い歴史の中で比較的最近に生み出された新しい原価計算、管理会計の手法について学習します。
　本書では、検定試験対策として重要な次の３つを取り上げます[05]。

05) これらの他に、活動基準原価計算がありますが、それは『テキストⅡ／製品原価計算編』で学習します。

● 品質原価計算
　→　製品の品質に関連する原価の分析
● 原価企画、原価維持、原価改善
　→　製品の企画・開発段階から量産段階にわたる新しい原価管理の手法
● ライフサイクル・コスティング
　→　製品のライフサイクル全体にわたる原価の分析

▶▶ これらに共通するのは、製品の量産開始後の製造原価だけを対象にするのではなく、量産開始前の段階での管理[06]を視野に入れているということです。

06) 川の流れに例えて、源流管理や上流管理と呼ばれます。

桃が流れて来ないねぇ…

▶▶ さらに、ライフサイクル・コスティングでは、製品が顧客にわたり、最終的に廃棄されるまでの原価も分析の対象とします。

▶▶ それではまず、品質原価計算から詳しく見ていくことにしましょう。

2 | 品質原価計算

1. 品質原価計算の基礎知識

▶ まず、品質原価計算の「品質」とは、主に製品が設計どおりに生産されているかという適合品質を意味します。

▶ そのような品質に焦点をあてたものが品質原価計算ですが、必ずしも生産した製品の100％が設計どおり（つまり不良品が0％）であることを最優先にするというわけではありません[07]。

07) 不良品をゼロにするために巨額のコストをかけて赤字になってしまっては元も子もありません。

▶ 品質原価計算は、製品の品質に関連する原価である品質原価を分析して、どのくらいの品質原価をかけて、どのくらいの品質を確保していくのが望ましいのかを検討するための原価計算です[08]。

08) 過剰品質になっても良くないですからね。

2. 品質原価の分類

▶ 品質原価はまず、品質適合コストと品質不適合コストの2つに分類されます。

● 品質適合コスト

　製品が設計どおりに生産されるようにするためのコスト[09]

09) 不良品が生じる前にかかるコスト

● 品質不適合コスト

　製品が設計どおりに生産されなかったことによるコスト[10]

10) 不良品が生じた後にかかるコスト

▶ 設計どおりでない製品、つまり不良品を生じさせないための活動のコストである品質適合コストをかけたにもかかわらず、結果として生じてしまった不良品によるコストが品質不適合コスト、という関係です。

▶ 品質適合コストと品質不適合コストは、さらに次のように分類されます。

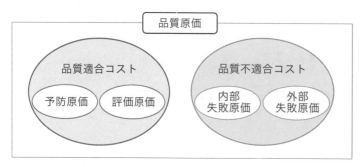

● 品質適合コスト

　　予防原価 … 不良品の発生を予防するためのコスト

　　　　　　例) 品質教育訓練費、製品設計改善費、製造工程改善費 etc.

　　評価原価 … 不良品を発見するためのコスト

　　　　　　例) 購入材料受入検査費、製品出荷検査費 etc.

● 品質不適合コスト

　　内部失敗原価 … 出荷前 (販売前) に工場内で発見された不良品に関する

　　　　　　　　　コスト

　　　　　　例) 仕損費、手直費[11] etc.

11) この仕損費は補修不能な仕損品のコスト、手直費は補修可能な仕損品の補修コストです。

　　外部失敗原価 … 不良品を出荷してしまったことによるコスト

　　　　　　例) 回収・廃棄費、クレーム処理費、

　　　　　　　　信用失墜による販売の減少 (機会原価)[12] etc.

12) 不良品を販売し信用を損ねるようなことがなければ、より多く得られたはずの利益額のことです。

▶ このような分類によって品質原価を考える方法を、予防 – 評価 – 失敗アプローチ[13] といいます。

13) 予防 (Prevention)、評価 (appraisal)、失敗 (Failure) の頭文字をとって、PAFアプローチ、PAF法とも呼ばれます。

Q | 1-1 | 品質原価の分類

　　以下の資料の品質原価について、予防原価、外部失敗原価のそれぞれに該当するものを記号 (ア～ク) で答えなさい。また、品質適合コストの総額を答えなさい。

📋 **資料**

(単位：千円)

ア) 仕損費	1,700		オ) 返品された製品の廃棄処分費	2,300
イ) 従業員の品質教育訓練費	200		カ) 製品の出荷検査費	1,280
ウ) 購入材料の受入検査費	320		キ) 製品・工程の設計改善費	1,100
エ) 顧客からの苦情処理費	700		ク) 不良品の手直費	2,400

A | 1-1 | 解答

予防原価　　**イ, キ**　　　外部失敗原価　　**エ, オ**

品質適合コストの総額　　**2,900** 千円

Section 1 ● 品質原価計算　　10-5

💡 1-1 解説

予防原価は、不良品の発生を予防するコストなので、**イ**（従業員の品質教育訓練費）と **キ**（製品・工程の設計改善費）が該当します。

外部失敗原価は、不良品を出荷したことによるコストなので、**エ**（顧客からの苦情処理費）と **オ**（返品された製品の廃棄処分費）が該当します。

また、評価原価（不良品を発見するためのコスト）は、**ウ**（購入材料の受入検査費）と **カ**（製品の出荷検査費）が該当します。内部失敗原価（出荷前の不良品にかかるコスト）は、**ア**（仕損費）と **ク**（不良品の手直費）が該当します

以上より、原価を集計すると次のようになります。

予 防 原 価： 200 千円（イ）＋ 1,100 千円（キ）＝ 1,300 千円 ⎱ 品質適合コスト　2,900 千円
評 価 原 価： 320 千円（ウ）＋ 1,280 千円（カ）＝ 1,600 千円 ⎰
内部失敗原価：1,700 千円（ア）＋ 2,400 千円（ク）＝ 4,100 千円 ⎱ 品質不適合コスト 7,100 千円
外部失敗原価： 700 千円（エ）＋ 2,300 千円（オ）＝ 3,000 千円 ⎰

3. 品質原価計算の目的

▶ 品質適合コストと品質不適合コストには、トレード・オフ関係[14]があります。

　14）経済的発注量の学習での発注費と保管費にも同様の関係があります（4-22ページ参照）。

▶ 製品の品質に対する適合度（設計どおりに生産されている製品の割合）を高めようとすればするほど、多額の品質適合コストが必要になる一方で、品質不適合コストは少額で済みます[15]。

　15）例えば、製品の出荷前の検査で不良品が確実にはじかれれば、お客さんからのクレームはなくなるはずです。

▶ 逆に、適合度を低めてしまうと、それに応じて品質適合コストは少額で済む一方で、品質不適合コストは多額になっていきます。

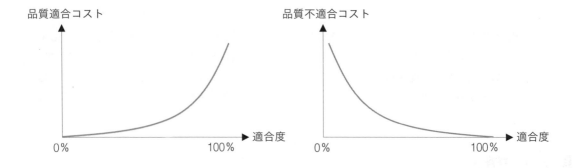

品質適合コスト　　0%　　100%　適合度

品質不適合コスト　　0%　　100%　適合度

▶ この2つのグラフを1つにまとめてみましょう。

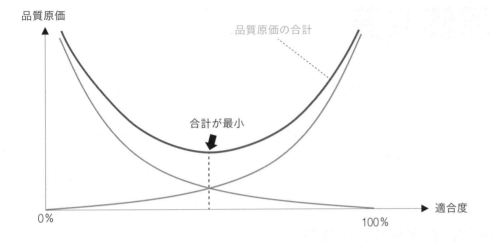

▶ このように、品質原価の合計（品質適合コストと品質不適合コストの合計）が最小となる点、つまり最適な品質原価を求めることが品質原価計算の目的です [16]。

16) 検定試験で、最小点を求める具体的な計算が出題されることはほぼありません。

CHAPTER
10

新しい原価計算と管理会計

▶ この品質原価計算が、日本企業の中に急速に広まった理由の一つは、バブルの崩壊前までの品質に対する考え方にあると考えられます。
　当時の日本企業は、多額の予防コストをかけて非常に高い品質を追求していました。
　このことが、バブルの崩壊によって「過剰な品質の追求であった」と評価され、最適な品質レベルへと見直しを図ることになったのです。

4. 品質原価計算の展開

▶ 1. 品質原価計算の基礎知識で説明したとおり、品質原価計算の「品質」とは、主に製品が設計どおりに生産されているかという適合品質です。

▶ しかし、品質原価計算はそれだけにとどまらず、製品の設計そのものが消費者のニーズに合致しているかという設計品質、さらには環境問題にも配慮した品質を考慮するものへ発展しつつあります。

トレーニングⅠ　Ch10　問題1へ

原価企画・原価維持・原価改善

重要度

ラーメン店NS軒の失敗談です。新規開店の当初、独自性を打ち出そうとした店主は、豪華食材に手間暇をかけて、高級ラーメンとして売り出しました。さすがに一杯1,500円は高すぎてまったく売れません。値下げするなら、原価も減らす必要がありましたが、食材を変えるわけにもいかず…販売中止です。まさに製品企画の失敗です。

1 原価企画の登場の背景

1. 標準原価計算の役割低下

▶ 2級で標準原価計算を学習したときのことを思い出してみましょう。

▶ 標準原価計算の目的の一つに原価管理がありました。
標準原価計算では、製品の原価の達成すべき目標としての原価標準を設定します。そして、当月の標準原価と実際発生額の差異（標準原価差異）を計算して、さらにその原因を分析することにより、次月以降の生産活動に活かしていきます。

▶ しかし、Section 1 1 で説明したような企業環境の変化により、上記の標準原価計算による原価管理の役割は低下しました。

▶ 標準原価計算による原価管理がとても効果的だった時代は、生産技術が安定しているもとで少品種大量生産を行い、その生産の主力はヒト（直接工）という状況でした。
つまり、直接工の直接労務費の管理が重要だった時代です。

サボらず
がんばります！

主役の変化

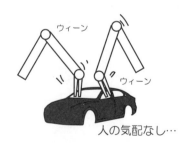

ウィーン
ウィーン
人の気配なし…

▶ その後、企業環境の変化にともなって多品種少量生産への移行が進むと同時に、工場の自動化[01]が進められ、生産の主力はヒトから設備に代わっていきました。

よって、直接労務費の管理という標準原価計算の役割も低下していったのです。

2. 原価決定曲線

▶ 設備投資の意思決定で学習したように、設備投資の投資期間は長期間です。よって、いったん設備投資を行うと決めたら、その後の長期にわたってどのようなコストがどのくらい発生するかの大筋が決まってしまいます。

▶ 次のグラフは、製品の企画・開発、設計、製造の各段階を通じて決定される原価の割合を示した原価決定曲線の例です[02]。

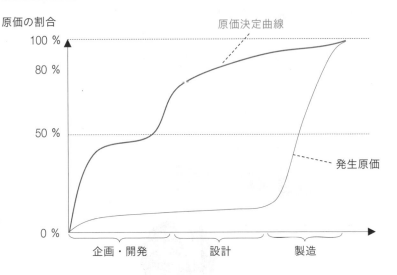

▶ ここから、製品の量産開始前の源流管理の重要性を読み取ることができます。

▶ この例では、企画・開発の終了時点ではこの製品に係る原価全体の70％程度、設計が終わる段階では90％程度の金額が決定されてしまいます。最後の製造段階になると、もう原価を変更できる要素はほとんど残っていないことを示しています。

▶ よって、製造段階に入ってから原価を削減しようとしても大きな効果は期待できないため、その前の段階での原価管理にエネルギーを費やすべきだということになります。

▶ このような背景のもとで、原価企画という新しい原価管理の手法が登場しました。

CHAPTER 10 新しい原価計算と管理会計

2 | 原価企画

1. 原価企画の基礎知識

▶▶ 原価企画とは、新製品の製造販売に向けて、企画・開発といった製品ライフサイクルの初期段階で目標原価を作り込む活動をいいます。

▶▶ 「作り込む」という言葉は、単に原価の引下げだけを追求するのではなく、顧客（市場）に受け入れられる⁰³⁾品質、価格、納期なども総合的に考慮して、原価を決定していくことを意味しています。

03) このような顧客や市場を重視する考え方を顧客志向、マーケット・イン志向などといいます。これに対して、自社の技術を重視する考え方を技術志向、プロダクト・アウト志向などといいます。

2. 目標原価の設定プロセス

▶▶ 目標原価は、次のように設定されていきます。

(1) 許容原価の計算

まずは、新製品には利益計画にもとづいて目標利益が割り当てられます。

この目標利益を達成するためには、製品の原価は予定売価から目標利益を差し引いた金額よりも小さいことが必要です。この金額を許容原価といいます。

許容原価 ＝ 予定売価 － 目標利益

1台あたり100万円あたりの利益が欲しい。
売価は300万円の予定だから…。
原価は200万円で頼むよ！

(2) 成行原価の計算

自社の現状の生産方法や設備によると、原価がいくらになりそうかを見積もります。これを成行原価（なりゆき）といいます。

(3) 原価の削減目標額の計算

多くの場合、成行原価は許容原価を上回ります。よって、このままでは目標利益が達成できないので、原価の削減を図らなくてはなりません。

原価の削減目標額 ＝ 成行原価 － 許容原価

この原価削減には、価値工学（VE）⁰⁴⁾の手法が活用されます。

04) VE（Value Engineering）は、

価値 ＝ $\dfrac{製品の機能}{原価}$

と考えて、機能と原価の両面から製品の価値の向上を図ろうとするものです。

(4) 目標原価の設定

(3)の削減後の原価が目標原価となります。

目標原価 ＝ 成行原価 － 原価削減額

　もしも、原価削減額が(3)の目標額よりも小さい場合、この段階での目標原
価は許容原価を上回ることになります。この場合には、製品の量産段階で残
りの原価削減に向けての継続的な活動 [05] が行われます。

05) 3 で学習する原価改善が
これに該当します。

Q | 2-1 | **目標原価の設定** |

　以下の資料にもとづいて、(1) 許容原価、(2) 原価削減目標額、(3) 当面の目標原価を答えなさい。

📋 **資料**

1. 新製品の販売価格など

　　当社では、次期に製造を開始する新製品の販売価格を 30,000 円とする予定である。また、目
標売上総利益率は 30％である。

2. 新製品の見積製造原価

　　既存製品の原価を参考に、これまでどおりの生産方法によって上記の新製品を製造した場合、
その製造原価は 1 個あたり 24,500 円であると見積もられた。

3. 原価の削減

　　許容原価と成行原価の隔たりは大きく、その差額である原価削減目標を製品の量産開始前に達
成することは不可能である。現時点で実現できた原価削減により、当面の売上総利益率は 24％と
なる予定である。

A | 2-1 | **解答** |

(1) 許容原価 _____21,000_____ 円 　(2) 原価削減目標額 _____3,500_____ 円
(3) 当面の目標原価 _____22,800_____ 円

💡 | 2-1 | **解説** |

(1) **許容原価**

　　予定売価から目標利益を差し引いて、許容原価を計算します。

　　30,000 円－ 30,000 円× 30％（目標売上総利益率）＝ 21,000 円

　　または、30,000 円× 70％（目標売上原価率）＝ 21,000 円

(2) **原価削減目標額**

　　成行原価から許容原価を差し引いて、原価削減目標額を計算します。

　　24,500 円（資料 2 より）－ 21,000 円＝ 3,500 円

(3) **当面の目標原価**

　　目標の 3,500 円全額の原価削減は達成できず、売上総利益率が 24％になる水準までの削減と
なりました。

　　現時点までの削減後の金額：30,000 円× 76％（売上原価率）＝ 22,800 円

　　よって、この金額を当面の目標原価とし、残りの 1,800 円（＝ 22,800 円－ 21,000 円（許容原価））
は量産開始後に削減を目指します。

3 | 原価維持・原価改善

1. 原価維持

▶▶ 　原価維持とは、製品の量産段階での原価管理として、原価企画で設定された目標原価を達成するための活動です。

▶▶ 　具体的には、標準原価計算の採用による原価管理や予算による原価管理の活動です。

▶▶ 　標準原価計算のもとでの原価維持と原価企画の関係は、原価維持は原価の実際発生額を標準原価になるべく近づけるようにする活動であるのに対して、原価企画は標準原価自体を引き下げるための活動であるといえます。

2. 原価改善

▶▶ 　原価改善とは、日常的な製造活動の中での継続的な原価削減のための活動です [06]。

▶▶ 　この原価改善は、原価削減の目標額に向けて製造現場の小集団によって行われることが一般的です。

▶▶ 　製品の量産段階に入ってからの原価管理であることは原価維持と同じですが、上記の原価維持と原価企画の関係のように、原価改善は標準原価自体を引き下げるための活動である点で原価維持と異なります。

▶▶ 　よって、原価改善による原価削減の成果は、それ以降の製造での原価標準に反映されて、原価維持の対象になるというサイクルを繰り返すことになります。

▶▶ 　以上の原価企画、原価維持、原価改善の関係をまとめると、次のようになります。

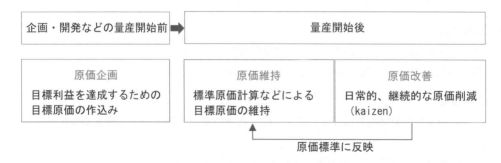

トレーニングⅠ　Ch10　問題2へ

Section 3 ライフサイクル・コスティング

重要度 ≡

> 私たちの身の回りにも、購入した後にかかるコストまでよく考えた上で購入するかどうかを決めたい製品が増えてきています。例えば、ガソリン車は安いですが、その後のガソリン代はハイブリッド車よりもかかります。また、価格が妙に安い家電製品の中に、省エネ仕様ではなく電気代が多くかかってしまうものがあります。

1 製品のライフサイクル

▶▶ 製品は、企業での企画・開発で産声をあげ、生産販売を経て顧客に使用され、やがては顧客のもとで廃棄され、またはリサイクルに出されることになります。このような製品の一生涯のことを製品のライフサイクルといいます。

企画・製造　　　　　　　　　　販売　　　　　　　　　　廃棄

企画書

CHAPTER
10
新しい原価計算と管理会計

2 ライフサイクル・コスティング

1. ライフサイクル・コスティングの基礎知識

▶▶ ライフサイクル・コスティングとは、上記の製品のライフサイクル全体にわたる原価（ライフサイクル・コスト、LCC[01]）を計算することです。

01) Life-Cycle Cost

▶▶ 伝統的な原価計算との大きな違いは、製品を購入する企業外部の顧客のもとでのコスト[02]も原価計算の対象としていることです。

02) ランニング・コスト、メンテナンス・コスト、廃棄コストなど。顧客は製品の購入原価だけでなく、これらのコストも負担します。

▶▶ ライフサイクル・コスティングは、原価企画とも密接な関係があります。

▶▶ すでに学習したように、原価の多くは企画・開発などのライフサイクルの初期段階で大半が決定されてしまいます。そこで、ライフサイクル・コスティングを実施する企業では、原価企画のさいに、顧客のもとでのコストも考慮に入れて、製品が顧客に受け入れられるように目標原価を作り込みます。

2. ライフサイクル・コストの分類

▶ ライフサイクル・コストは、次の4つに分類されます。

● 研究・開発コスト

製品の企画費、設計費など

● 生産・構築コスト

材料費、労務費などの製造原価、生産設備の購入原価など

● 運用・支援コスト

製品の広告費、運送費、顧客へのアフターサービス費、

顧客のもとでのランニング・コスト、メンテナンス・コストなど [03]

03) 例えば自動車であれば、ガソリン代はランニング・コスト、点検費用はメンテナンス・コストです。

● 退役・廃棄コスト

顧客のもとでの製品の廃棄費やリサイクル費など

▶ ライフサイクル・コストの段階別の発生状況は、次のようなグラフで示されます。

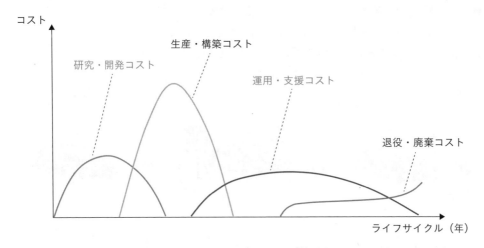

▶ これらのライフサイクル・コストの間には、トレード・オフ関係があります。

▶ 生産・構築コストが高い（販売価格が高い）分、顧客の運用コストであるランニング・コストは安く済むなどです [04]。

04) 例えば、ソーラーパネル付きの住宅は高価ですが、日々の電気代は安くなります。

3 | メーカーにとっての ライフサイクル・コスティング

▶ 製品の生産者にとっては、製品の企画・開発から販売終了までのすべての原価を集計することによって、製品のライフサイクル全体の収益性を明らかにすることができます。

▶ 次の問題では、製造原価だけでなく、製造前の研究開発費や販売後のアフターコストなどを含めた、3年間にわたるコストを集計します。それでは問題を見ていきましょう。

Q | 3-1 | **メーカーにとってのライフサイクル・コスティング** |

以下の資料にもとづいて、予算上の (1) ライフサイクルの収益合計、(2) ライフサイクル・コスト合計、(3) ライフサイクルの営業利益合計を答えなさい。

📋 **資料**

1. 新製品のライフサイクル

当社が製造販売を予定している新製品の企画・開発から販売終了までの期間は3年間である（製造販売は2年目から開始する）。

2. 新製品の原価の見積りなど

3年間にわたる原価や販売価格などのデータは、次のとおりである。

	ライフサイクルの1年目	2年目	3年目
販売価格		@20,000円	@18,000円
販売数量		5,000個	4,000個
原価			
変動製造原価		@8,000円	@7,000円
発送費		@500円	@500円
研究開発費	25,000千円	20,000千円	―
固定製造原価		10,000千円	10,000千円
顧客へのアフターサービス費		2,200千円	2,200千円

A | 3-1 | **解答** |

(1) ライフサイクルの収益合計	172,000	千円
(2) ライフサイクル・コスト合計	141,900	千円
(3) ライフサイクルの営業利益合計	30,100	千円

	1年目	2年目	3年目	合　計
収益 (売上高)		100,000 千円	72,000 千円	172,000 千円
原価				
製造原価		50,000 千円	38,000 千円	88,000 千円
発送費		2,500 千円	2,000 千円	4,500 千円
研究開発費	25,000 千円	20,000 千円	—	45,000 千円
顧客へのアフターサービス費		2,200 千円	2,200 千円	4,400 千円
営業利益				30,100 千円

(1) ライフサイクルの収益合計

　　新製品の製造販売は2年目からなので、1年目の収益はありません。

　　@20,000円 (販売価格) × 5,000個 (販売数量) + @18,000円× 4,000個 = 172,000千円

(2) ライフサイクル・コスト合計

　　製造原価：2年目 … @8,000円 (変動製造原価) × 5,000個 (販売数量) + 10,000千円 (固定製造原価)

　　　　　　　　　　= 50,000千円

　　　　　　　　3年目 … @7,000円× 4,000個 + 10,000千円 = 38,000千円

　　　　　　　　合　計 … 88,000千円

　　発　送　費：@500円× 5,000個 (販売数量) + @500円× 4,000個 = 4,500千円

　　研究開発費：25,000千円 + 20,000千円 = 45,000千円

　　アフターサービス費：2,200千円 + 2,200千円 = 4,400千円

　　合　　　計：141,900千円

(3) ライフサイクルの営業利益合計

　　172,000千円 - 141,900千円 = 30,100千円

4 ｜顧客にとっての ライフサイクル・コスティング

▶ 　顧客にとっては、製品の購入から廃棄までのすべての原価を集計することによって、その製品を購入するか否か、あるいは複数の候補からどのメーカーの製品を購入するかといった意思決定に役立てることができます。

▶ 　特に後者の意思決定では、どのメーカーの製品のライフサイクル・コストが最も少ないかが検討されます。

▶ 　また、メーカーにとっても、顧客が負担するライフサイクル・コストがどれ位かを知ることにより、顧客志向の製品の生産に役立てることができます。

なお、この場合のライフサイクル・コストの集計期間は長期にわたるため、現在価値計算を行うことがあります。その場合には、設備投資の意思決定での正味現在価値法の知識を応用して、次のようなタイムテーブルにもとづいて計算することができます。

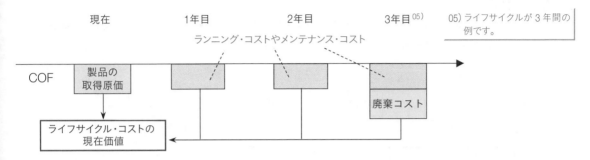

Q 3-2 │ **顧客にとってのライフサイクル・コスティング** │

当社は家電製品である製品Qを製造販売している。以下の資料にもとづいて、顧客が負担する製品Qのライフサイクル・コストの現在価値を答えなさい。なお、計算上端数が生じる場合は、最終解答にあたって円未満を四捨五入すること。

📋 **資料**

1. 製品Qのライフサイクル・コストに関するデータ

(1) 販売価格　120,000円

(2) 想定使用年数　3年

(3) 電気料金　7,000円／年

(4) 修理費用：使用開始から2年後に故障が生じ、修理費用が発生する可能性を次のように見積もった（修理費用は顧客が負担する）。

発生確率	修理費用
6%	5,000円
3%	15,000円
1%	25,000円

(5) 使用後の廃棄費用　3,000円

2. その他

(1) 使用開始日を期首として、すべてのコストは期末に一括して支払うものとする。

(2) 現在価値計算にあたっては次の現価係数表を用いること（割引率5%）。

n ＼ r	5%
1	0.9524
2	0.9070
3	0.8638

A | ∃-2 | **解答** |

ライフサイクル・コストの現在価値 ___142,561___ 円

💡 | ∃-2 | **解説** |

製品の取得原価、電気料金 (ランニング・コスト)、修理費用 (メンテナンス・コスト)、廃棄コストをタイムテーブルで整理すると、次のようになります。

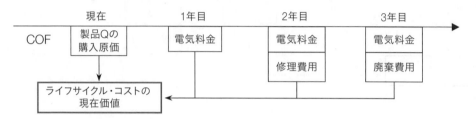

- 製品Qの取得原価　120,000 円
- 電気料金の現在価値：7,000 円×(0.9524 + 0.9070 + 0.8638) = 19,062.4 円
  年金現価係数　2.7232

- 修理費用の現在価値

　故障が生じ、修理費用が発生する確率は 10% (= 6% + 3% + 1%) です (発生しない確率は 90%)。

　6%の確率で生じる修理費用 5,000 円、3%の確率で生じる修理費用 15,000 円、1%の確率で生じる修理費用 25,000 円の平均値 (期待値[06]) を、次のように計算します。

　　5,000 円× 6% + 15,000 円× 3% + 25,000 円× 1% = 1,000 円
　　現在価値：1,000 円× 0.9070 = 907 円

> 06) このような確率による加重平均値を、期待値といいます。

- 廃棄費用の現在価値
　　3,000 円× 0.8638 = 2,591.4 円

以上を合計して、顧客が負担するライフサイクル・コストの現在価値を求めます。

　　120,000 円+ 19,062.4 円+ 907 円+ 2,591.4 円= 142,560.8 円 → 142,561 円

(円未満四捨五入)

トレーニングⅠ　Ch10　問題 3 へ

● 割引率 4% から 15%、期間 1 年から 10 年の現価係数表及び年金現価係数表

現 価 係 数 表

n＼r	4%	5%	6%	7%	8%	9%	10%	11%	12%	13%	14%	15%
1	0.9615	0.9524	0.9434	0.9346	0.9259	0.9174	0.9091	0.9009	0.8929	0.8850	0.8772	0.8696
2	0.9246	0.9070	0.8900	0.8734	0.8573	0.8417	0.8264	0.8116	0.7972	0.7831	0.7695	0.7561
3	0.8890	0.8638	0.8396	0.8163	0.7938	0.7722	0.7513	0.7312	0.7118	0.6931	0.6750	0.6575
4	0.8548	0.8227	0.7921	0.7629	0.7350	0.7084	0.6830	0.6587	0.6355	0.6133	0.5921	0.5718
5	0.8219	0.7835	0.7473	0.7130	0.6806	0.6499	0.6209	0.5935	0.5674	0.5428	0.5194	0.4972
6	0.7903	0.7462	0.7050	0.6663	0.6302	0.5963	0.5645	0.5346	0.5066	0.4803	0.4556	0.4323
7	0.7599	0.7107	0.6651	0.6227	0.5835	0.5470	0.5132	0.4817	0.4523	0.4251	0.3996	0.3759
8	0.7307	0.6768	0.6274	0.5820	0.5403	0.5019	0.4665	0.4339	0.4039	0.3762	0.3506	0.3269
9	0.7026	0.6446	0.5919	0.5439	0.5002	0.4604	0.4241	0.3909	0.3606	0.3329	0.3075	0.2843
10	0.6756	0.6139	0.5584	0.5083	0.4632	0.4224	0.3855	0.3522	0.3220	0.2946	0.2697	0.2472

年 金 現 価 係 数 表

n＼r	4%	5%	6%	7%	8%	9%	10%	11%	12%	13%	14%	15%
1	0.9615	0.9524	0.9434	0.9346	0.9259	0.9174	0.9091	0.9009	0.8929	0.8850	0.8772	0.8696
2	1.8861	1.8594	1.8334	1.8080	1.7833	1.7591	1.7355	1.7125	1.6901	1.6881	1.6467	1.6257
3	2.7751	2.7332	2.6730	2.6243	2.5771	2.5313	2.4869	2.4437	2.4018	2.3612	2.3216	2.2832
4	3.6299	3.5460	3.4651	3.3872	3.3121	3.2397	3.1699	3.1024	3.0373	2.9745	2.9137	2.8550
5	4.4518	4.3295	4.2124	4.1002	3.9927	3.8897	3.7908	3.6959	3.6048	3.5172	3.4331	3.3522
6	5.2421	5.0757	4.9173	4.7665	4.6229	4.4859	4.3553	4.2305	4.1114	3.9975	3.8887	3.7845
7	6.0021	5.7864	5.5824	5.3893	5.2064	5.0330	4.8684	4.7122	4.5638	4.4226	4.2883	4.1604
8	6.7327	6.4632	6.2098	5.9713	5.7466	5.5348	5.3349	5.1461	4.9676	4.7988	4.6389	4.4873
9	7.4353	7.1078	6.8017	6.5152	6.2469	5.9952	5.7590	5.5370	5.3282	5.1317	4.9464	4.7716
10	8.1109	7.7217	7.3601	7.0236	6.7101	6.4177	6.1446	5.8892	5.6502	5.4264	5.2161	5.0188

INDEX

日商簿記1級

簿記検定の最高峰、日商簿記1級の WEB 講座では、実務的な話も織り交ぜながら、誰もが納得できるよう分かりやすく講義を進めていきます。

また、WEB 講座であれば、自宅にいながら受講できる上、受講期間内であれば何度でも繰り返し納得いくまで受講できるため、範囲が広くて1つひとつの内容が高度な日商簿記1級の学習を無理なく進めることが可能です。

ネットスクールと一緒に、日商簿記1級に挑戦してみませんか？

標準コース　学習期間（約1年）

じっくり学習したい方向けのコースです。初学者の方や、実務経験のない方でも、わかり易く取引をイメージして学習していきます。お仕事が忙しくても1級にチャレンジされる方向きです。

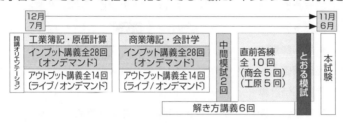

速修コース　学習期間（約6カ月）

短期間で集中して1級合格を目指すコースです。比較的残業が少ない等、一定の時間が取れる方向きです。また、税理士試験の受験資格が必要な方にもオススメのコースです。

※1級標準・速修コースをお申し込みいただくと、特典として2級インプット講義が本試験の前日まで学習いただけます。
　2級の内容に少し不安が…という場合でも安心してご受講いただけます。

Point

日商簿記1級WEB講座で採用『反転学習』とは？

【従　来】　INPUT（集合授業）　➡　OUTPUT（各自の復習）

簿記の授業でも、これまでは上記のように問題演習を授業後の各自の復習に委ねられ、学習到達度の大きな差が生まれる原因を作っていました。そこで、ネットスクールの日商簿記対策 WEB 講座では、このスタイルを見直し、反転学習スタイルで講義を進めています。

【反転学習】　INPUT（オンデマンド講義）　➡　OUTPUT（ライブ講義）

各自、オンデマンド講義でまずは必要な知識のインプットを行っていただき、その後のライブ講義で、インプットの復習とともに具体的な問題演習を行っていきます。ライブ講義とオンデマンド講義、それぞれの良い点を組み合わせた「反転学習」のスタイルを採用することにより、学習時間を有効活用しながら、早い段階で本試験レベルの問題にも対応できる実力が身につきます。

講義中は、先生がリアルタイムで質問に回答してくれます。対面式の授業だと、むしろここまで質問できない場合が多いと思います。

（loloさん）

ネットスクールが良かったことの1番は講義がよかったこと、これに尽きます。講師と生徒の距離がとても近く感じました。ライブに参加すると同じ時間を先生と全国の生徒が共有できる為、必然的に勉強する習慣が身につきました。

（みきさん）

試験の前日に桑原先生から激励の電話を直接いただきました。ほんとうにうれしかったです。WEB講座の端々に先生の人柄がでており、めげずに再試験を受ける気持ちにさせてくれたのは、先生の言葉が大きかったと思います。

（りんさん）

合格出来たのは、ネットスクールに出会えたからだと思います。
40代、2児の母です。小さな会社の経理をしています。勉強できる時間は1日1時間がせいぜいでしたが、能率のよい講座のおかげで3回目の受験でやっと合格できました！

（M.Kさん）

WEB講座受講生の声

合格された皆様の喜びの声をお届けします！

本試験直前まで新しい予想問題を作って解説していただくなど、非常に充実したすばらしい講座でした。WEB講座を受講してなければ合格は無理だったと思います。

（としくんさん）

無事合格しました!!
平日休んで学校に通うわけにもいかず困っていましたが、WEB講座を知り、即申し込みました。桑原先生の解説は本当に解りやすく、テキストの独学だけでは合格出来なかったと思います。本当に申し込んで良かったと思っています。

（匿名希望さん）

専門学校に通うことを検討しましたが、仕事の関係で週末しか通えないこと、せっかくの休日が専門学校での勉強だけの時間になる事に不満を感じ断念しました。
WEB講座を選んだ事は、素晴らしい講師の授業を、自分の好きな時間に早朝でも深夜でも繰り返し受講できるので、大正解でした！

（ラナさん）

予想が面白いくらい的中して、試験中に「ニヤリ」としてしまいました。更なるステップアップを目指したいと思います。

（NMさん）

せっかく日商簿記1級に向けて学習したのであれば
全経簿記上級にも挑戦してみよう！

右の図をご覧下さい。どうしても本試験日まで日数があると、学習のモチベーションが上がらず、手を緩めてしまいがちです。すると、日商簿記1級の試験後に実力が下がってしまい、次の日商簿記1級の試験直前で追い上げようとしても、合格できるかどうか分かりません（Aの線）。

ところが、次の日商簿記1級試験までの間に全経簿記上級の受験も加えるとどうなるでしょうか。仮に日商簿記1級にギリギリのところで合格できなくても、全経簿記上級に向けてモチベーションを維持して学習し続けることで、次の日商簿記1級に向けて確実に実力を向上させることができます（Bの線）。力を落とさないためにも、日商簿記1級を学習されるのであれば、ぜひ全経簿記上級にも挑戦してみましょう！

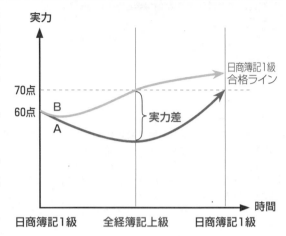

日商簿記1級		全経簿記上級
商業簿記・会計学、工業簿記・原価計算	試験科目	商業簿記・会計学、工業簿記・原価計算
毎年6月・11月の年2回	試験日程	毎年7月・2月の年2回
税理士試験の受験資格が付与される	合格者への特典	税理士試験の受験資格が付与される
各科目25点、合計100点満点	配点	各科目100点、合計400点満点
4科目合計70点以上 ただし、各科目10点以上	合格ライン	4科目合計280点以上 ただし、各科目40点以上

▶ 試験範囲は日商簿記1級とほぼ同じ
　⇒ 日商簿記1級で学んだ知識や使った教材はほとんど活用可能。
▶ 採点は各科目100点満点の計400点満点
　⇒ 計100点満点の日商簿記1級と比べて配点が細かいため、実力が点数に反映されやすい。
▶ 合格すれば税理士試験の受験資格が得られる
　⇒ 日商簿記1級と組み合わせることで、税理士試験の受験資格を得るチャンスが年4回に。

全経簿記上級の試験対策は…？

日商簿記1級合格に向けて学習してきた基本知識はほぼそのまま活用できるので、あとは過去問題対策を中心に、全経簿記上級特有の出題形式や出題内容（理論問題や財務分析など）の対策を進めよう！

全経簿記上級
過去問題集
出題傾向と対策

■ 分かりやすい解説で初めての方も安心
■ 理論問題・財務分析対策記事で全経簿記上級特有の内容もバッチリ対策

全経簿記上級WEB講座
試験対策コース

■ 講師の解答テクニックを動画で解説
■ 過去問対策や模試を通じて、全経簿記上級特有の論点を中心に対策

書籍及び講座の名称やデザイン、価格等は予告なく変更となる場合がございます。
書籍や講座の最新情報は弊社ホームページをご確認下さい。

ネットスクール　検索　今すぐアクセス！ https://www.net-school.co.jp/

ネットスクールが誇る講師、スタッフが一丸となってこの1冊ができあがりました。
十分理解できましたか？
繰り返し学習し、合格の栄冠を勝ち取ってください。
制作スタッフ一同、心よりお祈り申し上げます。

■制作総指揮■
桑原　知之

■制作スタッフ■
神原　大二／山田　暁人／中村　雄行／森田　文雄

■カバーデザイン■
久積　昌弘（B-rain）

■DTP■
株式会社 日本制作センター

■本文イラスト■
桑原　ふさみ

■編集コーディネート■
落合　明江